U0015965

思想

REFLEXION 37

「五四」一百週年

編輯委員會

總 編 輯：錢永祥

編輯委員：王智明、白永瑞、汪宏倫、林載爵
　　　　　周保松、陳正國、陳宜中、陳冠中

聯絡信箱：reflexion.linking@gmail.com

網址：www.linkingbooks.com.tw/reflexion/

目次

譯書人的古今遭逢

金庸武俠世界的內外

金庸武俠世界的大象

武俠小說是中國特有，而武功作為強調精英主義，事事訴諸權威的中國文化的象徵是最貼切不過了。讀聖賢書而悟得武功一方面是儒弱書生的狂想，但另一方面卻入木三分地刻劃了儒生以天下為己任的背後是一個自視極高，無所不能的自我。

金庸的晚年心境

我是一個「金迷」，可是，金庸晚年的一些作為，讓我百思不得其解，不禁心生當面求教的念想。

致讀者

現實與歷史的糾葛：
內藤湖南的中國觀及其反響：百年後重讀《支那論》

戴 燕

明治維新之後，日本在東亞崛起。

面對最大的對手與鄰國，也是歷史上對日本影響至深的中國，日本政界與學界總有一點焦慮，覺得需要重新認識中國，因此一時間出現了很多題為「支那論」的論著[1]。在內藤湖南《支那論》以前，

---

[1] 「支那」一詞，據說最早出現在18世紀新井白石的《采覽異言》、寺島良庵的《和漢三才圖會—異國人物部》（1713），19世紀逐漸流行，與「中華」、「清國」並用，明治維新以後，基本上都是稱「支那」，梁啟超流亡日本時，也使用過這個稱呼，如1900年發表有〈論支那獨立之實力與日本東方政策〉，文章中寫「支那」。1912年中華民國成立，日本一般還是稱「支那」或「支那共和國」。但是後來逐漸演變，主要是由於中國對日本觀感發生變化，所以1936年郭沫若曾說，「日本人稱中國為『支那』，本來，支那並非惡意，有人說本是『秦』字的音變，但出自日本人口中，則比歐洲人稱猶太還要下作。」1930年5月，南京國民政府曾向外交部發令，要求凡使用「支那」一詞的日本公函一概拒收，在日本引起震盪，同年10月，日本政府決定改「支那共和國」為「中華民國」，不過在民間，「支那」一語依然流行，要到二戰結束，1946年，中國國民政府派出代表團常駐日本，提出禁止使用的抗議，才由日本政府提出避免使用「支那」，統稱「中國」，1949年中華人民共和國成立，則稱「新中國」。參看劉家鑫，〈日語中「支那」一詞蔑視中國的歷史成因〉，載《日本近代知識分子的中國觀：中國通代表人物的

有竹越與三郎的《支那論》（1894）、尾崎行雄的《支那處分論》
（1895）、伊藤宏的《支那新論》（1898）、日本平原的《支那論》
（1906）、鬼頭玉汝的《支那必亡論》、酒卷貞一郎的《支那分割
論》（1913）等[2]。就在內藤湖南《支那論》出版的這一年也就是1914
年[3]，也還有內田良平的《支那觀》，其後若干年中，又有稻葉君山
的《支那帝政論》（1916）、山路愛山的《支那論》（1916）、大
谷光瑞的《支那論》（1923）、矢野仁一的《近代支那論》（1923）
等陸續出版，而在1924年內藤湖南發表《新支那論》之後，又還有
田崎仁義的《支那改造論》（1926）、井上雅二的《支那論》（1930）、
池崎忠孝的《新支那論》（1930）、尾崎秀實的《現代支那論》（1939）
等出版，說明在明治、大正以至昭和時代的日本，這是一個很熱門
的題目。

　　儘管討論「中國」的論著如此之多，但其中最值得討論的，還
是1914年東京文會堂出版的內藤湖南《支那論》。儘管內藤湖南作
為歷史學家或者東洋史家，早已被中國學界所關注，但他當年對古
代中國歷史的研究，卻和他那個時代對現實中國的觀察相連，這現
實與歷史之間，究竟有什麼關聯，仍需要回到那個時代再加討論。
因為從內藤湖南的《支那論》這部討論清亡之後中國的著作中，我
們不僅可以看到明治、大正時代日本政界對中國現實的認知，也可
以看到日本東洋史學界對中國歷史的認識，並且可以看到這種歷史
認識是如何與他們對現實中國的看法相聯繫的。

（續）————————————
　　思想軌跡》（天津：南開大學出版社，2015），頁234-248。
　2　參看楊棟樑主編，《近代以來日本的中國觀》第一卷《總論》，頁
　　79-94。
　3　內藤湖南《支那論》，由東京文會堂書店於大正三年（1914）3月
　　23日初版、27日發行，共397頁。

一、巨變時代的觀察者：內藤湖南及其十一次中國之行

　　內藤湖南（1866-1934）出生在江戶末期慶應二年（1866）的秋田縣鹿角市十和田町，原名虎次郎，號湖南。祖父、外祖父都是南部藩儒者，他父親內藤調一還曾向那珂通高問學，那珂通高便是著名東洋史家那珂通世的養父。而那珂通世則是在日本最早提出要把日本史之外的外國史分成西洋史、東洋史的學者。所謂東洋史，按照那珂通世的說法，不僅僅是中國史，而是以中國為中心，研究東洋各國也就是亞洲的治亂興衰歷史之學問，這一歷史觀念在某種意義上，促成了日本學界超越中國的亞洲史研究領域的形成，也在某種程度上影響了內藤湖南對中國歷史的認識[4]。

　　內藤湖南三歲那年，日本明治維新。因為南部藩是德川幕府支持者，他父親曾參加了對勤王官軍的戰爭，以此被剝奪家臣身分。受家學影響，內藤湖南從小讀漢文的《二十四孝》、《長恨歌》及四書[5]，也讀江戶後期的大學者賴山陽（1780-1832）《日本外史》，

4　那珂通世編寫的中等學校教科書《支那通史》，是明治時期日本最重要，也是最有影響的歷史教材，其中，他把中國自戰國以前的歷史稱作上世史，秦至南宋為中世史，這一分期也改變了日本傳統中國歷史教育所用的《十八史略》等傳統史書的寫法。特別是他注意到中國史要超越傳統中央王朝及其歷史文獻的局限，所以，為了繼續撰寫元代以後的歷史，他和內藤湖南一道，從文廷式那裡要到《元朝秘史》的鈔本，並於去世之前，完成了被內藤湖南稱作「蒙古史研究東洋三大家」代表作之一的譯注本《成吉思汗實錄》。見田中正美《那珂通世》，江上波夫編，《東洋學系譜I》（東京：大修館書店，1992），頁2-11。

5　貝塚茂樹在〈內藤湖南：開化の國民主義者〉（1963）中強調，內藤湖南在家庭接受的是「儒教教育」（《貝塚茂樹著作集》（東京：

學寫漢詩漢文。到明治十六年（1883），他考入秋田師範學校，依
然保持這個習慣，大量閱讀中國詩文典籍，進一步閱讀了賴山陽的
《日本政記》。曾為內藤湖南寫過傳記的三田村助泰就說，內藤湖
南在賴山陽身上看到，學問是與人的氣概及敘事能力分不開的[6]。負
責編輯《內藤湖南全集》的神田喜一郎更注意到，儘管他後來與賴
山陽的研究思路、方法已經不同，內藤湖南更偏向於考證，但在敏
銳地運用直覺這一點上，他是繼承了賴山陽的[7]。張廣達則認為，賴
山陽的詩文及其「卑賤者取代尊貴者的史觀」，對內藤湖南有極大
影響[8]。明治十八年（1885），他從秋田師範學校畢業後，曾在北秋
田郡綴子小學校當教師，又接觸到了佛學和國學，在歷史教學中講
中國故事，也曾讀到盧梭的《民約論》[9]，因為讀平田篤胤的古學，
開始嚮往做一名歷史學者[10]。

　　明治二十年（1887），二十二歲的內藤湖南到東京投奔日本著
名的佛教學者大內青巒（1845-1918），在主張「尊皇奉佛」的大內
青巒所主編的《明教新志》當記者，開始了他未來二十年的記者生
涯。而明治二十年，恰好是一個關鍵的歷史轉捩點，明治日本通過

（續）───────────────

　　　中央公論社，1977）第七卷，頁292。

6　三田村泰助，《內藤湖南》（東京：中央公論社，1972；中公新書
　　278），頁77。

7　吉川幸次郎編，《東洋學の創始者たち‧內藤湖南》（東京：講談
　　社，1976），頁74。

8　張廣達，〈內藤湖南的唐宋變革說及其影響〉，《唐研究》（北京：
　　北京大學出版社，2005）第十一卷，頁25。

9　三田村泰助，《內藤湖南》，頁101。

10　內藤湖南，〈我が少年時代の回顧〉，《內藤湖南全集》（東京：
　　筑摩書房，1971；1997年第三版，以下凡引用《內藤湖南全集》，
　　皆同此，不一一注明）第二卷，頁699-714。

對西洋的效仿取得初步成果後，這時隨著國力上升而「向世界各處
膨脹」[11]，想要在亞洲充當盟主，故而民族主義和國家主義思想氾
濫。這個時候，內藤湖南在東京認識了西村茂樹（1828-1902），西
村主張日本道德的重建，要在傳統儒家的基礎上，結合西洋精密的
學理，這對他人格思想的形成，大概不會沒有影響[12]。此後，他先
後就職於志賀重昂、三宅雪嶺合編的《日本人》雜誌、大阪朝日新
聞社、《台灣日報》、《三河報》、《萬朝報》等，並且加入了志
賀重昂、三宅雪嶺、陸羯南、高橋健三等領導的政教社。眾所周知，
政教社以宣揚國粹主義聞名，正是在《日本人》的發刊詞裡，志賀
重昂提出了「國粹保存」的著名主張[13]，三宅雪嶺在著名的《真善
美日本人》（明治二十四年）一書中也強調，因為懂得漢文，日本
人在東洋學研究領域比西洋人更有優勢[14]。毫無疑問，內藤湖南的
世界觀、歷史觀就是在這樣一個時代潮流下建立起來的[15]。當時，
福澤諭吉、內村鑑三等宣揚所謂「日本的天職」，內藤湖南也發表
過〈所謂日本的天職〉、〈日本的天職和學者〉。他說，日本的天
職就是當白種人與黃種人對抗之際，日本雄霸東洋，與歐洲人較一

11　參見德富蘇峰，《大日本膨脹論》（東京：民友社，1894）。

12　三田村泰助，《內藤湖南》，頁107-109。

13　據三田村泰助說，「國粹」一詞，就是志賀重昂所創造，相當英語
　　的nationality。見《內藤湖南》，頁117-118。

14　三田村泰助注意到，《真善美日本人》正是由內藤湖南和長沢別天
　　兩個人根據三宅雪嶺的口述整理出版的，他以為，這也促成了內藤
　　湖南後來選擇的道路。見《內藤湖南》，頁137-138。

15　宮崎市定指出，當時是「歐化主義全盛時期」，同時也有針對它的
　　「國粹保存」運動，內藤湖南不屬於任何一方，「他是站在進步的
　　立場，重新評價日本的古典、佛教思想」。見宮崎市定，〈獨創的
　　シナ思想〉（1967），載《宮崎市定全集》（東京：岩波書店，1994）
　　第24卷，頁251。並參見三田村泰助，《內藤湖南》，頁124。

短長。一面喚醒「困醉倦臥」的五億萬黃種人，一面阻斷歐人到亞洲的探險之路[16]。他還呼籲，日本學者不應該只是轉售西洋學術，更要向亞洲大陸去探險，搜集新資料、發揮新理論、創造新學說，以取代歐洲成為新的坤輿文明的中心[17]。

明治二十六年（1893）內藤湖南離開政教社，翌年（1894）加入前內閣官房長官高橋健三任編輯顧問和主筆的《大阪朝日新聞》。這時正逢中日甲午戰爭（1894），在新聞第一線，內藤湖南親身經歷了中日韓關係的冷熱，同時也看到了中國時局的變化。據說，《大阪朝日新聞》7月29日所發表署名為「高橋健三」的社論〈交戰國人民の心得〉，就是在內藤湖南的協助下撰寫的[18]，這說明，他對中國的觀察和研究，從一開始就並非局限於書本而是直面現實，同時無可避免地帶有日本立場。正如後來京都大學教授礪波護所說，甲午戰爭是他投身中國研究的契機，雖然也有些意外和偶然原因[19]，

---

16 內藤湖南，〈亞細亞大陸の探險〉，原載《日本人》第63號（明治23年12月23日），收入《內藤湖南全集》第一卷，頁535-538。

17 內藤湖南，〈日本の天職と學者〉，原載《大阪朝日新聞》（明治27年11月9、10日），收入《內藤湖南全集》第一卷，頁126-133。三田村泰助認為，發表在甲午戰爭剛開始時的這篇文章和之前的〈所謂日本の天職〉、〈地勢臆說〉等三篇，表明在內藤湖南看來，戰爭的真正意義並非獲利，而是實現使日本的光芒更加壯闊高遠的理想，這才是日本的天職，《內藤湖南》，頁161。

18 三田村泰助，《內藤湖南》，頁152-154。

19 所謂「意外與偶然契機」，正如日本歷史學家貝塚茂樹所說，內藤湖南年輕時從儒家經書和佛典中學到的知識，在這一年對奈良、京都古寺所遺留大陸文物的考察中，得到進一步深化。而如他自己所說，就在他一心嚮往中國本土時，東京宿舍遭遇大火，將他收集的關於日本近世文學的資料焚毀之後，他下決心清算雜學，一心投入中國研究。貝塚茂樹，〈內藤湖南：開化の國民主義者〉，《貝塚茂樹著作集》第七卷，頁301。

但對現實中國的觀察和對日本所處的東亞之關懷，仍是最重要的契機[20]。

因此，討論內藤湖南對歷史中國的認識和對現實中國的觀察，就不能不注意到從1897年到1932年這三十多年中他十一次進入中國的經歷。

內藤湖南第一次到中國，是在明治三十年（1897）。由於甲午戰爭的失敗，李鴻章於1895年前往日本馬關，被迫同日本簽署了承認朝鮮獨立、割讓台灣及澎湖列島並向日本賠款等協議。馬關條約簽署一年之後，內藤湖南出任《台灣日報》主筆，於1897年4月到達臺北。抵台前，他寫下《諸葛武侯》一書，題詞中有「抑禹域之形勝，素所潛心，武侯之遭遇，素所深感，此冊子蓋於此再三致意」，似乎表達的是一種「孔明出廬」似的心情[21]。他在台灣住了一年，為乃木希典和兒玉源太郎前後兩任總督治理台灣獻言獻策。

他第二次進入中國，是在明治三十二年（1899），也就是中國戊戌（1898）變法的第二年。1898年6月11日開始的百日維新，受到日本的高度關注，9月20日光緒皇帝接見了伊藤博文，第二天慈禧太后就恢復監政，維新派人士康有為、梁啟超逃亡日本。美國學者任達注意到，「百日維新」失敗後，日本為了自身利益，不僅向中國

---

20 礪波護，〈內藤湖南〉，收入礪波護、藤井讓治編，《京大東洋學百年》（京都：京都大學學術出版會，2002），頁61-98。

21 《內藤湖南全集》第一卷，頁142。據著者〈例言〉，《諸葛武侯》原計劃二卷，一卷為傳記，一卷匯輯前人評論及歷史古跡，但最後只出版了傳記。內藤湖南說他寫三國形勢，可與日本維新前後比照，而他在27歲時將「經南荒，跋涉禹域」，也讓他想起「諸葛武侯出處之事」。說明他本來有從台灣到中國大陸的念頭，即「或橫越黃河，或渡洞庭，或入邊塞苦寒之地，或登崑崙，或灑淚定軍山下，或聽歌揚子江頭」（頁143）。

提供幫助，也提供各種策略，得到中國方面的熱烈回應。這一年的2
月，內藤湖南在《東亞時論》發表社評說，日本講求「支那保全」，
正是為謀求中國的「變法自強」[22]。就在任達所謂中日關係「黃金
十年」的開啟之時，內藤湖南就職《萬朝報》，並為報紙寫下〈清
國改革的風氣〉。這一年九月初，內藤湖南從神戶到天津，在北京、
上海、杭州、蘇州、武昌漢口、南京旅行，三個月時間裡，他見到
了嚴復、文廷式、羅振玉、張元濟等人。在這次自費旅行中[23]，他
寫下《燕山楚水》（又名《禹域鴻爪記》）一書，據日本學者小島
祐馬說，其中頗多「經世之論」亦即對時政的議論，該書附錄的《禹
域論纂》十四篇，與後來的《支那論》、《新支那論》都屬同一類
型，都是針對日本的對華政策的獻計獻策[24]。

　　內藤第三次到中國，是在明治三十五年（1902）。由於義和團
事件，1900年8月，八國聯軍占領了北京，1901年9月，李鴻章與十
一國代表簽署《辛丑各國合約》後，聯軍撤出，1902年1月清廷還都。
在這期間，俄國完成了對滿洲的入侵。這一事件引起日本、英國、
德國的憂慮，1902年1月英日簽訂盟約，宣稱要維護中國與朝鮮的獨
立和領土完整，並要求一切國家在這兩國的機會均等。10月，已經
轉入《大阪朝日新聞》的內藤湖南受報社派遣，先登陸朝鮮的釜山、
仁川、首爾，再到達中國的旅順、大連、瀋陽、北京、天津、上海、
寧波，直至1903年1月返回日本。這一次大陸旅行，據說，在政治和
學問兩方面對內藤湖南都意義重大，政治上，使他從對俄的非戰派

22　任達（Douglas R. Reynolds）《新政革命與日本：中國，1898-1912》，
　　李仲賢譯（南京：江蘇人民出版社，2010），頁37。
23　據三田村泰助考證，此次是自費遊覽（《內藤湖南》，頁182）。
24　小島祐馬，〈湖南先生の《燕山楚水》〉，《支那學》第七卷第三
　　號（1934年7月），頁88。

變成了主戰派，而學術上，由於發現了瀋陽黃寺所藏滿蒙二體文《大藏經》、杭州文瀾閣《四庫全書》等重要的東洋學「寶物」，又認識了沈曾植、曹廷傑、劉鶚、夏曾佑等一批著名學者和作家，這成為他研究清朝史的動機[25]。

　　內藤第四次中國之行，是在明治三十八年（1905）。1904年2月，日俄兩國在遼東開戰，1905年春，日本占領了旅順口，並在庫頁島登陸，9月，日俄兩國簽訂《北京條約》，俄國被迫將旅順、大連租借地和長春、大連間的南滿鐵路及租借地讓給日本，日本代替俄國成了滿洲的主要帝國主義者[26]。戰爭剛一結束，有關清、韓國境「間島問題」的調查，以及對遼東半島情報的收集，就在日本迅速展開。作為「主戰論」者的內藤湖南，自當年3月起，就呼籲日本學者注意瀋陽文溯閣的《四庫全書》和黃寺的《滿蒙大藏經》，同時也表示願意去考察「盛京（瀋陽）政務」狀況。1905年7月9日，他奉外務省之命抵大連，在其後的近五個月中，他去過營口、旅順、瀋陽、撫順、北京。親眼看到黃寺的滿蒙文藏經，以及文溯閣《四庫全書》，還看到了滿文老檔、蒙文《蒙古源流》和五體《清文鑒》等，考察了清朝早期的歷史遺跡，這些內容後來他編為《滿洲寫真帖》和《目睹書譚》。這些寶貴文獻，刺激了他對近世東亞和清朝史的興趣，甚至可以說，是促使他下定決心離開「操觚界」、專心於東洋史研究的契機[27]。

25　貝塚茂樹，〈內藤湖南：開化の国民主义者〉，《貝塚茂樹著作集》第七卷，頁303；三田村泰助，《內藤湖南》，頁187-192。

26　費正清編，《劍橋中國晚清史（1800-1911）》，中國社科院歷史研究所譯（北京：中國社會科學出版社，1985）下冊，頁164。

27　礪波護，〈內藤湖南〉，收入礪波護、藤井讓治編，《京大東洋學百年》，頁61-98。

　　緊接著第五次，是在明治三十九年（1906）。1905年11月，日本變成朝鮮的宗主國，在中、朝邊界間島駐軍，宣稱有領土權。內藤湖南1906年1月回到日本，7月再度奉外務省之命，就「間島（「間島」是朝鮮的稱呼，指圖們江以北、海蘭江以南的中國吉林延邊一帶）問題」做歷史調查。他先在首爾住了一個多月，然後到瀋陽，通過行賄去看了滿文的《蒙古源流》，還看了《西域同文志》《舊清語》、《滿文長白山圖》、《盛京折疊輿圖》等，11月回國。翌年，他將這些材料和五冊「間島問題調查書」交給外務省。印藤和寬強調，對於內藤湖南來說，在有關間島問題的調查期間，他查閱各種歷史文獻，不過是「外交問題之副業」[28]。

　　就在不斷進出中國的這大約十年中，作為一個記者，同時又是與政府密切合作的中國問題專家，內藤湖南在日本的影響力逐日上升，也逐漸為學界矚目。明治四十年（1907），京都大學文科大學開設史學科，四十二歲的內藤湖南自秋天起，受聘為東洋史第一講座的講師，兩年後轉為教授，一直到1926年退休[29]。轉入學院後的內藤湖南，雖然一方面任東洋史學教授，在學校講授中國近世史、清朝史、朝鮮史、東洋史，可是另一方面，仍然保持著關心時事、介入現實的習慣。日本中國學家加賀榮治說，在內藤湖南的學術研究中，始終有一種「經世之抱負與國士之氣概」，可以稱之為「明

28　印藤和寬，〈肇始的歷史學：內藤湖南的清史研究與間島問題〉，孫雪梅譯、劉雨珍校，南開大學世界近現代史研究中心編，《世界近現代史研究》（北京：社會科學文獻出版社，2014）第十一輯，頁10。

29　參見小川環樹，《內藤湖南》（東京：中央公論社，1971；「日本的名著」41）、三田村助泰，《內藤湖南》、宮崎市定，〈內藤湖南與漢學〉等。

治國粹主義的風骨」[30]。特別值得提出的是，正如美國學者任達指出的，中國在1898年到1910年這十二年的思想和體制轉化過程中，其實每一步都有作為「樣本」的日本的參與，其中，1898年到1907年又堪稱中日關係的「黃金十年」，日本在各個方面參與了清政府的改革[31]。可以說，內藤湖南對現實中國懷著濃厚興趣的積極介入，正是順應著日本這一時代的大潮流。

　　此後若干年，內藤仍然頻繁地進入中國進行考察。明治四十一年（1908），內藤湖南第六次到中國。雖然這時他已經在京都大學開講「清朝建國史」，但仍奉外務省之命第二次就「間島問題」進行調查。8-10月，他從朝鮮到間島、吉林，進行實地考察，考察報告的內容很多出現在翌年官方「有關間島的日清協議」中[32]。內藤湖南第七次到中國，是在明治四十三年（1910）9-10月，他與狩野直喜、小川琢治等京都大學同仁到北京進行學術訪問，調查伯希和發現的敦煌文獻以及清內閣大庫的藏書。明治四十五年（1912）3月到5月，內藤湖南第八次到中國，與京都大學的富岡謙三、羽田亨等再到瀋陽採集史料。值得注意的是，在此前的1912年1月1日，孫中山就任中華民國臨時大總統，2月12日清帝退位，3月10日，袁世凱又接替孫中山任新舉臨時大總統。就在內藤湖南回國後這一年七月，日本改元大正。有意思的是，中國推翻了清朝君主制採用共和制，卻在日本引起了擔憂，其中一個原因，不僅是顧慮這一巨變會導致中國混亂，也好像會波及日本天皇制度之穩定。

30　加賀榮治，〈內藤湖南の學問形成：二十三日の生誕百年祭に〉，原載《秋田さきがけ》，1965年5月23日，轉引自氏《內藤湖南ノート》（東京：東方書店，1987），頁37。

31　任達，《新政革命與日本：中國，1889-1912》，頁5。

32　三田村泰助，《內藤湖南》，頁200。

　　大正六年（1917）10月到12月，內藤湖南第九次到達中國，遊歷北京、青島、濰縣、濟南、南京、上海、杭州、漢口、長沙、岳陽。就在內藤到中國之前，世界歷史以及東亞現實，正在發生巨大變動。由於1914年7月第一次世界大戰爆發，給日本武力進攻山東以及滿洲租借地提供了機會，1915年中日簽訂「二十一條」，日本妄圖把中國變成附屬。正在此時，1916年元旦袁世凱稱帝，但3月22日即撤銷承認帝位案，到6月6日袁世凱去世。這一段時間裡，中國發生了如此多變故，而內藤湖南恰在此時又一次到中國考察。大正七年（1918）10月，內藤湖南第十次到中國的瀋陽，原本這次訪華是為滿鐵讀書會作巡迴演講，但他也同時會見了當時東北的統治者張作霖。以後的若干年，內藤有很長時間沒有訪問中國[33]，一直到昭和七年（1932）3月偽滿洲國成立。翌年（1933），內藤湖南不僅參與了外務省對支文化事業部有關新的滿蒙文化事業的規劃，同時，也與東京大學著名教授池內宏共同擔任《李朝實錄》、《明實錄》選讀的學術研究班負責人。這一年的10月，他最後一次也是第十一次到中國，抱病在瀋陽出席了「日滿文化協會」的成立典禮，並與鄭孝胥、羅振玉會面[34]。

33　大正13-14年，他到歐洲半年，歸國後發表了〈歐洲にて見たる東洋學資料〉，而在〈民族の文化と文明とに就て：歐美文明の禮贊に反對す〉的文章中，他比較東西文化，仍然強調與西方文化相比，中國文化是先進和高級的。他在大正十五年（1926）從京都大學退休。

34　1934年4月，偽滿洲國國務總理鄭孝胥到日本訪問，看望內藤湖南，6月他就去世了。

二、《支那論》的寫作緣起及內容

　　前面提到，1910年10月，內藤湖南作為京都大學教授，第七次
到中國訪問，整整一年之後，中國發生了辛亥革命。1911年10月11
日，革命軍在武昌起義，僅僅一個月，十三省和上海就宣佈獨立。
1912年元旦，孫中山在臨時大總統就職典禮上，宣誓要「傾覆滿洲
專制政府，鞏固中華民國，圖謀民生幸福」[35]。

　　這時內藤湖南正好在京都大學開設清史課程。1911年11月、12
月，也就是辛亥革命剛發生不久，他迅速作出反應，連續三次在京
都大學發表題為「清朝の過去及現在」的講演，介紹清朝軍備、財
政和思想的歷史變遷。他批評日本政府不肯接納改為共和制度中國
之立場，指出清政府最新頒佈的《憲法重大信條十九條》，其實已
經透露出「中國那樣極端專制的國家，將要一變而為極其民主的國
家」，而辛亥革命的主張及思想，正是歷史發展的結果，革命必將
成功[36]。這三次講演，在翌年3月結集為《清朝衰亡論》出版，印藤
和寬指出，「《清朝衰亡論》是政論，同時也是內藤湖南欲溯及肇
始，理解清朝與中國的研究成果」[37]。

　　辛亥革命兩年後，剛剛成立的中華民國又發生巨大動盪，孫中
山發動第二次革命失敗後逃亡日本。1913年10月10日，袁世凱宣佈

35　《孫中山全集》（北京：中華書局，1981）第2卷，頁11。

36　內藤湖南，《清朝衰亡論》，《內藤湖南全集》（東京：筑摩書房，
　　1972年初版，1997年第3版；下同，不一一注明）第五卷，頁189-290。

37　印藤和寬，〈肇始的歷史學：內藤湖南的清史研究與間島問題〉，
　　孫雪梅譯、劉雨珍校，前引南開大學世界近現代史中心編，《世界
　　近現代史研究》第十一輯，頁7。

當選中華民國第一任大總統,11月4日解散國會,在美國顧問幫助下
炮製新的憲法。從11月11日起,內藤湖南陸續發表談話,正是這些
講話,翌年春整理出版,就是我們要討論的《支那論》。內藤湖南
在〈緒言〉裡說「支那的時局,如走馬燈急轉變化」,要把握形勢
變化的方向,需要透過順逆混雜的水流,到水底去觀察它的潛流。
而對於歷史研究者來說,這也是有史記載的數千年變遷中最重要的
一節,如果想要知道清朝滅亡之後,中國會朝哪個方向建設新時代
建設,就要先去看一看中國歷史尤其是近世的趨勢。

　　正如前面所說,討論中國未來走向,是當時日本朝野上下的熱
點。儘管當時的日本心理上對中國占有優勢,但面對中國的劇烈動
盪,他們還是覺得鄰國的未來和體制似乎有些無從把握,因而深懷
憂懼。就在內藤湖南《支那論》出版的這一年,曾經對梁啟超影響
很深的浮田和民,也發表了〈支那之將來〉一文,覺得中國保全十
八省就算不錯,那些滿蒙回藏之地,最好不要多管,「改革支那第
一要義,當先削其領土,減少其人口」[38]。同樣在這一年,內田良
平發表《支那觀》,以其極右翼團體黑龍會創始者的身分,就袁世
凱上臺後的中國局勢向日本政府獻言,主張借機支持滿蒙獨立,由
日本加以保護[39]。當時,日本不僅有許多題為「支那論」的論著,
還有專門談論中國領袖袁世凱的論文,如酒卷貞一郎在1913年7月出
版的《支那分割論》之後,就附有滿川龜太郎執筆的一篇〈袁世凱〉,
而浮田和民乾脆就說,袁世凱就是支那的獨裁君主,「皇帝也,大

38　浮田和民,〈中國之將來〉(原題〈支那之將來〉),逯微譯,《獨
　　立週報》(1913)第十六、十七、十八期連載,這段話見於第十八
　　期,頁40。

39　參見野村浩一,《近代日本的中國認識》,張學鋒譯(南京:江蘇
　　人民出版社,2014),頁42。

總統也，名稱雖異，實一事也」[40]。

　　內藤湖南的《支那論》就是在日本這樣的輿論環境中出版的。據內藤湖南在書中〈自敘〉說，在1913年的夏秋時分，他就想要寫這本書，因為中間去了一趟朝鮮，一直到11、12月才在《朝日新聞》記者的協助下，分五次口述筆錄完成[41]。這五次口述也因此分為五講，分別是：（一）君主制抑或共和制，（二）領土問題，（三）內政問題之一（地方制度），（四）內政問題之二（財政），（五）內政問題之三（政治上的德義及國是）。在全書五講題目下，都各有若干小標題，起著鉤玄提要的作用。全書最後是「附錄」，收入了內藤湖南自明治四十四年到大正二年發表在《大阪朝日新聞》、《太陽》上的七篇文章，它們分別是〈清國的立憲政治〉（明治44年）、〈革命軍的將來〉（明治44年）、〈支那時局的發展〉（明治44年）、〈關於承認中華民國〉（明治45年）、〈關於支那時局〉（大正元年）、〈支那現勢論〉（大正2年）、〈第二次革命戰亂〉（大正2年）。

　　下面，為了閱讀者方便，我把《支那論》做一個簡要介紹：

40　同上引，浮田和民，〈中國之將來〉十六期，頁41。

41　竹內實，〈大正時期的中國形象及袁世凱之評價〉，載《竹內實文集》第九卷《中國歷史與社會評論》，程麻譯（北京：中國文聯出版社，2006），頁91。

第一講：君主制抑或共和制[42]

　　內藤湖南在開篇第一講裡，首先討論「君主制抑或共和制」的
問題，是緣於袁世凱當政之後，他將要選擇什麼樣的政體？是繼承
辛亥革命的共和政治，還是恢復到辛亥革命以前清朝的君主制度？
這很為當時的日本人所關心。當然，事實上他在1915年12月宣佈成
立「洪憲帝制」，又在八十三天後被迫取消。在此一年之前的內藤
湖南敏銳地察覺到，恢復君主制還是走向共和制，是當時中國最值
得觀察的問題。

　　內藤湖南的方法，是到歷史中找答案，即通過考察中國歷史上
政治制度的演化，推測未來可能的趨向。同時，他又主張超越「歷
史的行跡」，以貫通「歷史的精神」，而他所謂超越「歷史的行跡」，
主要指的是超越王朝史觀，引入西洋史的時代劃分，在中國史的敘
述裡採用上古、中世、近世的概念。而當引入西洋史的這一時代劃
分之後，中國史的問題就可以放在與西洋史、日本史同一個平臺上
討論，中國史的研究也就納入了世界史的範疇。

　　所以，內藤湖南一開始就討論「近世」這個概念，說明它在西
洋指的是文藝復興以後，有民眾勢力興起，由於新的地理發現，帶
來經濟上的大轉變和社會組織形態發生變化這樣幾個標誌。用在日
本史上，則是指足利時期或鎌倉時代以來，而非由「明治維新」突
然開啟的，因為從那時起就有武家興起，平民勢力的增長和導致社

42　這一講目錄下的小標題依次為：支那的近世起於何時；貴族政治的
　　時代；世族全盛；家族制度的真義；武人的勃興與世族的衰落；君
　　主地位的變化；獨裁政治的完成；外戚宰相宦官的無力；繼統的秘
　　密主義；獨裁政治的弊端；民力的增進；吏胥的實權；貴族政治難
　　以恢復；共和政治。

會結構變化。這種觀察方法引入中國史，那麼可以說，中國的近世也不是從明清，而是從中唐至五代、北宋就已經開始，所謂「近世」是一個漸進的過程，而中世轉入近世的一個重要標誌，就是由貴族制轉變為君主獨裁制。

　　什麼是中世貴族制？內藤湖南引用了黃宗羲的說法，認為這是從上古周天子的分封制而來的制度。其特點是政治為貴族壟斷，平民無權參與。秦漢大一統之後，政權仍掌握在貴族手中，所以，西漢的外戚強橫，正如日本藤原京時代。到了六朝更是名族政治，天子可以變，名族的地位不變。一直到唐代，還有基於嚴格的家族制度的所謂「譜學」。貴族制度下的天子並非絕對凌駕於其他貴族之上，他只是與貴族共用天下，既像貴族的私有物，又像其家族（包括其奴僕婢妾）的私有物，與之相應的，是他也用治家的辦法來治國治天下。在這個時代，貴族、外戚、宦官都有可能廢立或動搖君主，貴族很特殊，即便是失勢的貴族也不與一般庶民混同。

　　但是，到了中唐以後，形勢有了變化。正如日本由藤原時代貴族政治向近世轉化，乃是以武家、武士的出現為標誌一樣，在中國，由於藩鎮的設立，使得本來地位不高的武官，在戰亂中逐漸勢力增大，而由於節度使又允許養子繼承，到五代，甚至有後唐明宗李嗣源、後周世宗柴榮那樣的養子繼位為天子，破壞了傳統的世族制度，最後導致世家大族的消亡。這是一個巨大的社會轉變，從此天子面對的不再是貴族，而是君臨萬民，他不再僅僅以其家為私有，而是以天下為私有。同時，天子下面的大臣，一方面是不管出身如何，只要通過科舉或立功，便可得到相應的地位，另一方面，這個地位既非世襲，也不像過去的貴族為天子夥伴，而僅僅是天子的秘書，或說獨裁君主的奴僕。到了明清時期，君主獨裁制愈演愈烈，天子越來越集權，外戚、宰相、宦官都越來越沒有權力。

　　內藤認為，中國近世的獨裁制度，使天子變得神聖不可侵犯，因此天子的廢立和篡弒減少，宋以後的外戚也都沒什麼權，宦官在明代雖然有時膨脹，可是也必須以得到皇帝恩寵為前提。這樣，天子處在極為安全的位置上，能夠推翻他的，元、明以來只有農民起義。在這種情況下，過去貴族之間的權力鬥爭，也變成了朋黨之爭，如晚唐的牛李黨爭、北宋的熙寧與元祐的黨人之爭，前者是各自籠絡人才，後者是各有政治主張，這賦予了近世的政治鬥爭一種新的意味，不再是過去那種政治與道德的混合，有所謂君子與小人之別。

　　就其弊端而言，內藤認為正如黃宗羲所說，天子以天下為私有，失去天下，天子也就自身不保，後來者一定會消滅他的前任，這是與貴族時代不同的。同時，天子掌握無邊的獨裁權，大臣沒有權力，也就完全不負責任。明代末年，就是因為這樣，流寇才不可控制地如滾雪球一般越來越大，最後天子死的時候，只有一個宦官殉死。清代乾隆、嘉慶年間，陝西、湖北、四川的民變，七、八年都不能夠平定，也是同樣道理。所以，平時看起來是理想的獨裁政治，到了內憂外患之際便破綻百出，顯示出這是一種不可救藥的政治制度。

　　但值得注意的是，在貴族政治結束後，伴隨著君主獨裁，人民也不再是貴族的附庸，而日益顯示強大力量。唐以前，人民是天子及名族的奴隸，從唐代的均田制可以看出，人民並沒有私有權和人身自由，但是到了王安石改革，推行青苗錢、市易法的時候，已經是在某種程度上，承認了人民的財產私有權，這就是意識到人民有力量。在君主獨裁制度下，天子高度集權，地方上的權力則往往歸於胥吏，特別是明代以後，經科舉選拔而做官的人很少接觸實際的民政事務，往往盲目畫押，掌握實際權力的都是了解民情的吏役，胥吏在官僚和人民中間中飽私囊。就像日本德川末年，也曾經是與民眾接觸的下層士族反而權力很大。明治改革打破了封建制度，士

族衰落，平民抬頭，便有了今日的立憲政治。他認為，在中國只要
去除胥吏這一層，也可以做到力量歸於人民。從唐代以來的趨勢看，
人民的力量逐漸被認可，人民本身也成為一個政治元素，一旦君主
獨裁制崩潰，與其說回到中世的貴族政治，不如說，更有可能實現
新時代的共和政治。

　　內藤認為，今天的中國，已經不是閉關鎖國時代，隨著與外國
交流，也引入了新的政治理論，即便會有像袁世凱稱帝這樣短暫的
復辟，但由於民主勢力也在不斷增長，必定會跟隨世界潮流，實現
共和政治。共和政治，當然在美國、法國、日本都有不同的形式，
不過它終歸是民主時代的選擇。

第二講：領土問題[43]

　　和明治、大正時代不少日本學者一樣，內藤湖南認為「領土問
題」，是中國當時面臨各種難題中，相當棘手的一個，其中主要是
西藏、蒙古。這與日本明治維新時期，一方面注重內政的改革，因
此將薩哈林、琉球問題擱置，另一方面卻又處於民族發展的潮流，
因此鼓吹征韓、討伐台灣，是大概同樣的情形。中國現在提倡「五
族共和」，但它還只是維持過去領土的一個保守主張，並非中華民
族圖發展的積極理念。而這個問題應該怎麼處理，也需要到歷史中
去找辦法。他認為要看兩點：一要看各個民族間的感情如何，二要

43　在目錄下，這一講的小標題是：年少學生的卓識；五大民族的共和；
　　異族間的感情問題；漢與匈奴、唐的異族懷柔；金的國粹主義；元
　　的三大族統治主義；清朝的中國文化本位；革命的漢人本位；異族
　　的解體；統轄的實力；漢唐元明的實例；清朝依靠財力統一；財力
　　疲敝與統一力量的鬆懈；蒙古、西藏、滿洲的特別狀態；漢民族發
　　展是另一問題。

看在統治各民族所生活的這個廣大疆域時，需要得到什麼樣的政治、財政、軍事上的支持。

首先是各民族之間的感情。中國的領土擴張是從秦漢時期開始，回到二千多年前，那時最大的外敵為匈奴，漢民族與匈奴的衝突，主要表現在風俗習慣上，但是經過幾十年的摩擦，雙方互相遵從對方的習慣，漸漸感情融和，漢宣帝以後，呼韓邪單于不再為害，民族問題一度解決。漢王朝並不是通過占有領土來對異族加以統治，而是儘量維持它的獨立，小心避免衝突。這以後是唐代，國土廣袤、國力強盛，同時與異族保持關係。與漢代不同的是，唐代的興起就是靠著與異族的團結，在統一中國的過程中，就已經藉助過異族的兵力。在中國歷史上，唐代是最優待異族，也是最善於利用異族的。唐太宗儘管打高昌、征高麗，唐高宗還滅了百濟和高麗，可是，對於所滅之國、國王的子孫卻很優待。對西部的吐蕃、突厥，也發動過遠征軍，或成功或失敗，或局部衝突，總的來說也還是優待。作為從中國內部興起的國家，唐朝是最能夠懷柔異族的。

以上是基於從中國內部興起而統一王朝的立場，然而，換到統一中國的異民族角度，例如遼、金、元及最近的清朝，情況就不同。當然在這個問題上，遼、金的材料很少。契丹剛開始用的是韓延徽這樣的漢人，到它強大起來與漢人的宋朝對峙，這時漢人就多集中於宋，遼便要靠它本族來立國。金人是一直有國粹思想的，金世宗就認為，異族沾染上漢人的風俗習慣，會變得軟弱，所以他儘量避開漢人的風習，以維護自己民族的本性和強大。金從一開始就不大用漢人，中間又有這樣的天子，所以有金一代，與漢人並不融洽。元代是從蒙古出發統一中國的，它的民族政策出發點，依然是抗拒中國文明。元太祖成吉思汗興起時，他用的人裡有像耶律楚材這樣的，但蒙古人有很強的維護蒙古國粹的心理，有人覺得雖然占領中

國，但漢人於蒙古國無益，是個麻煩，這時耶律楚才告訴成吉思汗，
漢人並非無用，可以讓他們租賃土地，繳納賦稅，從中獲利。那以
後才有了對蒙古人實行蒙古人的治理方法，對中國人實行中國人的
治理方法。蒙古人在征服中國以前，已經征服過中亞至歐洲各國，
那些國家的文明都不亞於中國，因此來到中國以後，蒙古人並不像
遼、金，是從野蠻之地過來，在中國文明面前目瞪口呆，他們相信
自己有自己的優勢。同時他們看到中亞和歐洲等文明國家各有特
色，中國也有它自己的特色，所以，應當按照各國的特色加以治理。
因而蒙古人在亞洲，是按人種區分治理的，以蒙古為一等、色目及
中亞等人為一等、漢人為一等的，漢人中又分漢人和南人，來自北
方金朝故地的稱漢人、來自南方宋朝的稱南人。這裡當然有階級的
區分，總的來說還是各依本族的風俗習慣，所以在《元典章》的記
載中，有漢人和色目人打官司，漢人是按漢人的辦法，色目人是按
色目人的辦法，這樣全新的處理方式為漢唐所未有，可以說，是異
民族統治的一個進步。

　　到了清朝，女真也就是滿洲的異族興起，打敗蒙古、中國，進
一步占領西藏和土耳其的一部分，它的統治方法大體上和蒙古人一
樣，但是，在保有自我民族特色方面，遠不如蒙古民族。他們原來
在滿洲山裡過著野蠻生活，一步踏進中國都市，不由得為其文明所
震撼，因此像乾隆皇帝，便希望滿洲人能以中國文明為標準，來提
高文化水準。這樣到了後來，無論是針對蒙古人、一部分土耳其人，
還是針對西藏，都變成以中國文明為本位。康熙皇帝還很重用歐羅
巴人，吸收他們的學問藝術，可是乾隆皇帝以後，仍然回到以中國
文明為基礎、所有其他文明都不過是「副食」的狀態。因此，雖然
對蒙古人有遵守蒙古規則的理藩院，對土耳其民族即回回教人有回
部則例，對西藏也維持著遵從其習慣的宗教政治，只是設了監督官，

但卻沒有了蒙古時代那樣的，平等對待一切文明民族、不以中國文明高於西域等文明的思想。滿洲人統治中國二百多年，漸漸為中國文明同化，有了與中國人同樣的情感，對異族統治的思想，成為以漢人為本位的國家出發，懷柔其他民族、擴張領土、統轄講各種國語的人種，因此，滿人不像蒙古人那樣，一面讓各民族自我管理、保持各自的特色，一面去四處征戰，統一世界，清朝已經沒有了那種宏偉的規模。

內藤湖南認為，在東洋，以不同民族的感情為基礎、統轄廣大領土，如上所述可以有兩條路線，一是以某個文明民族為基礎，同化其他民族，二是保持各個民族文明的獨立，加以統一。今後的中國如要實現五大民族的統一，也只能採取這兩種辦法。但今天的革命是以漢人為基礎，以漢人本位建立起來的新國家，又如何統治五大民族呢？他說，南方革命軍剛起來，鼓吹革命理想最有力的章炳麟，要恢復漢人曾經統治的領土，甚至把安南、朝鮮也算在內，可是，這些南方人的革命理想是要反抗滿洲人，現在又說五族共和，似乎距離最初理想有些許變化。漢人以自己的文明為自豪，過分相信自己的能力，即使統轄五大民族，說是五族平等，但能否像對自己一樣，尊重其他民族的風俗習慣和文化，尚有疑問。他推測，新建的民國恐怕還是以漢人為中心，將其他民族視為附屬。今天在北京的中央政府用的都是漢人，於是其他民族就有了反抗之心，有了獨立企圖。滿洲人大多數都已遷到內地，原來的根據地也為中國移民所居，不得已要在與中國人的同化中求生存，然而，蒙古、西藏及突厥人過去服從清朝，現在失去控制的壓力，就想到了要獨立。蒙古人、西藏人之服從中國，原本服從的是滿洲天子，現在滿洲朝廷一倒，各民族領土自然瓦解，蒙古人說要獨立，西藏人要投靠英國，可是，中國政府越是傾向於民主，就越喪失了對異族的統治力。

　　以上，內藤考察各個異族的感情。而從政治、兵力和財力上看，
如今要統轄多民族，對中國來說也不可能。他回顧過去說，漢代對
於匈奴那樣的強敵，只是擊退而非統轄，為把他們逐出邊塞，就付
出了巨大努力，同時，漢代逐漸向南方擴張，雖然帶來相當利益，
但這一域外拓展也要耗費莫大財力。在漢民族的發展過程裡，很少
有漢武帝那樣成功的人物，即使是漢武帝，向域外發展造成國力的
損耗，也成為中國歷來的教訓。而唐代向域外發展，主要是在初期，
後來國內的藩鎮擁兵自重，自唐中葉後便停止了對域外發展。到了
元代，廣大領土的中心並不在中國，反而是在經濟最差的蒙古，不
過，由於經濟發達的中國和西南亞都在其統治之下，並不顯出國力
的衰微，但即便如此，元世祖忽必烈稍微向海外發展，即征討日本、
爪哇，便感到國力匱乏，從西域來的宰相阿合馬採取種種專賣政策，
加重人民負擔，用於軍事，到了元末，在經濟最發達的中國江南就
發生了叛亂。明代中國本部的漢人對異族採取的是防禦策略，可是，
明朝的國力也都消耗在防禦上，由於對日戰爭及對滿洲防禦花費很
大，加上內地又有叛亂，最終在內亂外寇中滅亡。

　　接下來說清朝。清朝是從滿洲奪得蒙古一部分，接著奪取中國
本部，然後拓展到外蒙古、新疆、西藏，這樣清帝國才逐漸發展起
來的。從滿洲那種文明程度較低、過著平民式生活的地方來到中國，
多少還能維持著原來的樸素生活，不像明代宮廷那樣浪費，這是被
當作清朝的盛德而經常為清人頌揚的。乾隆能夠成就他的「十全武
功」，也是由於財政上的富裕。在中國，只要二三十年以上沒有戰
爭，以其國土之肥沃、物產之豐富，都會有財政盈餘，這也是清朝
能夠形成其廣大疆域的原因。但乾隆末，三省起義持續了八、九年，
到了嘉慶時期，國庫減少，國力從此漸漸下降。現在，不但有與蒙
古、西藏等未開化民族的問題，還有與遙遠的歐洲問題。在鴉片戰

爭、英法進駐北京等一系列事件中，不僅有軍費開支，還要付出幾
千萬賠償金，這導致了清朝國力衰退。

　　清朝衰退的原因不止於此，魏源曾列出有軍隊費用、黃河工費、
宗室食祿、稅收不進等等，這是內耗。而國際原因所需龐大費用，
更使經濟日益虧損。特別是在咸豐至同治時期，南方有長毛賊起，
滿洲有馬賊橫行，所幸蒙古、新疆受其恩惠尚未謀叛，俄羅斯的國
力也不足以侵犯到中國。但是，由於俄國入侵產生的新疆伊犁問題，
安南的宗主權被迫移交給法國，到清朝末年，政府對異族統治已開
始鬆懈，如果蒙古人叛亂，恐怕也無力征討。本來對付蒙古，對中
國人來說就是相當困難的，明代永樂帝一度進軍到斡難河、清水源，
最後也不得不返回。康熙皇帝親征蒙古時，不但在戰略、後勤方面
用心規劃，還親自在沙漠中探查水草，選擇宿營之地。如果蒙古人
在清朝末年叛亂，肯定已經成功，但幸好蒙古人沒有忘記滿洲天子
的威力與恩惠，所以還很安靜。可是，在這次革命後，清朝倒臺了，
他們服從的對象沒有了，而他們從來也沒有想過要服從中國，因此
便有了外蒙古獨立的輿論。西藏雖然不像蒙古那樣，有不懼戰爭也
要獨立的力量，可是由於宗教的緣故，它和各方保持聯繫，面對各
個世界強國，態度也非常靈活。過去就是這樣，比如在元代，他們
喇嘛教的帝師八思巴就很受元世祖尊敬。明代時期，他們聽說太祖、
成祖統一了中國內部，也接受冊封。到了明末滿洲興起，當滿洲人
的勢力還沒有統一中國，只不過征服了蒙古一部分時，西藏人就遞
上滿洲天子是文殊菩薩化身、能夠統一世界的文書。由於它對世界
強權非常敏感，所以在清末時，便與俄羅斯聯繫，最近則是與英國
聯繫。像這樣對自身處境敏感的民族，內藤認為，不能想像它將來
會依靠中國立國。

　　內藤從政治、經濟和文化等不同方面，論證中國負擔不了維持

龐大帝國疆域，所以他覺得，中國的領土，依政治實力來看應該縮
小，不能被「五族共和」這樣的空頭理論綁架，而要基於實力考量，
寧願一時失去領土而求得內部統一。

第三講：內政問題之一：地方制度[44]

　　在談到中國內政的時候，內藤湖南認為，中國最大的問題有兩
點，即地方政治和財政。地方政治中，主要是層級過多，州、縣、
廳上面有府或直隸州、直隸廳，府上面有道，道上面有省，省裡還
有巡撫、布政使、按察使，一省或二、三個省歸總督管轄，然後再
歸中央政府。這次革命，上廢總督、巡撫，統一為都督，下廢府廳、
州、縣，以省為統一的地方政治區劃。現在剩下的問題是，有輿論
要求廢省，以道為第一級，以來此合併縣；又有人建議，全國分八
十三個州，應該把地方政治區劃分小一點。他指出，就目前實際行
政區劃來看，中國的縣相當於日本的郡，中國的府相當於日本的縣。
他指出，現在日本廢除郡的制度，同樣是希望減少層級，減輕人民
負擔，使他們能夠直接接觸到最高地方官，而不是說官吏越多，治
理人民越方便。更何況在日本，交通發達，今天的府縣也小，因此
有合併的建議。他認為，與其說這是討論行政區劃大小，不如說是
希望減省繁文縟節，提高效率。而中國的政治理論和制度正處在草
創階段，尚未發展到建立地方政治的根本理論，像康有為那樣，以

---

44 在目錄中，這一講的小標題是：階級過多的制度、小區劃制、漢唐
　　之制、宋元明之制、變遷之大勢、顧黃二位意見、大區劃之利及其
　　基礎、增官論的錯誤、官吏的收入、胥吏之弊、和日本的比較、改
　　革之效、官吏的貴族生活、袁政府無革新氣氛、明清易姓之效、自
　　治團體與官吏、近代管制由來、劃一政治的無效、尾大之弊是自然
　　墮力。

為行政區劃多而小，是地方行政最好的方法，可能並不一定對。

內藤湖南回顧中國歷史，說西漢時有百三郡，與今日新的道或州，大小差不多，這當然有利於民政。但中國的地方行政官要兼管司法和軍政，不是以單純的民政為目標。不僅如此，漢代百餘郡的太守上設有十三部刺史，他們受命於天子為各郡監督，卻比郡太守的官階要低。太守秩二千石，刺史才六百石，所以，到西漢末就有卑者治尊不合《春秋》之義，刺史改為二千石的建議。唐代各州刺史就等於漢的郡太守，開元盛時數量也增加到三百多，比清朝知府還要多，不過這只是名目變了，上面仍然設有採訪使、觀察使，作為朝廷的欽差監督。所以，今天在中國有人說，應當在省或州的上面，設作為監督的巡按使。其實，日本的行政分科，稅務官負責稅務、通信官負責通信，軍隊獨立，地方官只管民政，可是在中國並不一樣。從唐以後的歷史看，內藤湖南認為有一個明顯趨勢，就是在小的區劃上面再加大的區劃。在宋代，大體上分二十三路，州、府配置其下。元代領土廣大，天下分十一行中書省，其中，中國本部占九省，行中書省是從中央的中書省外派，位階在路以上，但並不是地方官。不過，到了明初有十三布政使，倒是作為地方官設置的。明代中央政府六部直屬皇帝，徵稅權、兵權、司法權各自獨立；地方上，布政使為財務官、按察使為司法官、指揮使為軍務官，也是分離的。然而，三權分立的制度逐漸改變，最後三權都掌握在布政使、按察使、指揮使之上的總督或巡撫一人手上。到了清代，總督、巡撫也一樣成了固定的地方官。

內藤認為，中國的地方官制度在政治上產生種種弊端，過去就有很多人論述其危害，其中，明末清初的顧炎武、黃宗羲所論最有價值。他們認為，行政區劃越大，權力越強，越能減少弊端，越能維護國家的安定。中國與歐美、日本社會不同，必須要考慮，中國

是否能模仿歐美文明國家的政治形式。文明國家的政治，都是由它
們特定的歷史中產生的，這種制度有利於一國或數國，但也有國家
並不適用。

　　內藤湖南說，如今廢省而縮小政區的建議，是由康有為等倡議
而在清末為當局所考慮的，這一建議伴隨的是加強中央集權的想
法，他們以為總督、巡撫權力過大，如果地方官變小則便於統一控
制。可是，像中國這樣領土廣大的國家，交通也不那麼順暢，民眾
對國家感覺遲鈍，所以，即便有激烈騷亂，人民也還是照常平靜地
生活，如果真的實行小區劃制，內藤追問說，一旦發生叛亂或外國
侵略，是否能有效防禦便會成大問題。在小的行政區劃中靈活處理
政務的國家，必須有幾個條件，第一有完善的政治組織，國民程度
高，沒有內憂；第二有完備的國防，能夠將入侵者拒之境外；第三
國民有強烈的愛國之心，對國家獨立非常敏感，任何情況下都有統
一的願望。可是今日中國，似乎沒有哪一點具備。他認為，如今的
大行政區，大體上是依地勢及風俗等自然形成的，如果再人為地分
小，又如何在過去大的區劃內聯絡共事？

　　內藤在這一部分的討論中指出，從現狀和歷史來看，要根除中
國幾百年來的惰性，絕非一朝一夕之事，需要發展教育，培養愛國
心，人民要有對國家的義務觀念，否則共和國的統一大業不可能完
成。如果今天要改變行政區劃，也許理論上沒有問題，但實行起來
卻很不容易，即便能夠實行，是否能解決民政危機，使人民意識到
自己的中國國民身分，並且產生強烈的愛國心，仍然需要有耐心。
無論是中央政府還是地方政府，都要保持一致，要如日本維新之際，
去除私心而為國家。他說，日本維新時，不管人和人之間有多少小
競爭，在日本統一、國力進步這一點上，總是一致的，因此，在日
本形成了非常強烈的愛國心。所以他認為，今天中國的內政，涉及

當局和人民能否對國家盡義務的道德問題，而絕不是行政制度變革
等細枝末節。

第四講：內政問題之二：財政[45]

內藤湖南在這一講中說，中國眼下最感困難的是財政問題。他
列舉了他掌握的數字：清末的中國已陷入困境，宣統三年政府發表
收入2億9696萬餘元，歲出卻為3億7635萬餘元，大約有8千萬的差
額。革命後，財政狀態並未改善，根據中華民國第二年的預算，歲
入3億1千餘萬元，歲出6億4600萬元，差額要由內外債填補，袁世凱
目前是以借貸來彌縫財政。

他認為由於財政困難，中國的軍隊成為很大的負擔，完全沒有
必要維持龐大的軍事力量。

第五講：內政問題之三：政治上的德義及國是[46]

內藤湖南根據當時民國政府內閣總理熊希齡發表的施政方針，
認為中國放棄了過去堅決維護領土的主張，轉而注重內治，是由於
今日內治之難，更甚於外交。而在實業方面，也應當是歡迎外國投
資者，即便是在鐵道、航路、郵電、電信領域的擴張，只要不夾雜

---

45 在目錄中，這一講的小標題是：目前最難的問題、妥協政策的結果、
   軍隊的二重設備、無限制借款、統一的希望如何、軍隊和地方的關
   係、軍隊精神的將來、聯邦制度、國防的不必要、自治的行政及財
   政、財政的協助處理、農民的負擔、負擔減輕和行政組織、交通的
   大利和天產的過於豐富、穀物出口解放論、幣制改革論。

46 這一講在目錄上的小標題為：進步論、原地踏步論、退步論、原籍
   回避、自治制度施行、司法獨立、孔教論、袁氏的新名辭解釋、中
   國平民的萌芽、國是、機會主義的誘惑、革命黨亦不能倖免、列國
   監視、正義的觀念。

政治意圖，都應當歡迎外資投入。他認為，清朝末年有兩種主張導致了清朝滅亡：一是「利權收回論」，一是「中央集權論」。這是不考慮實力、不考慮經營方式，將鐵道、礦山及其他權力收歸國有，導致了嚴重後果。而今日袁世凱政府即熊希齡內閣在這一點上比清末進步，革命黨領袖也大多贊成這種開放策略，這與日本明治維新時期很相似。當年，日本的德川幕府是要「攘夷」的，而明治政府則幡然悔悟，當時岩倉、大久保、木戶等人，都主張暫且擱置國權，專注於內部治理，經過二十多年之隱忍，成就今日勃然興盛的基礎，趁歐美列國不注意擴充實力，一舉贏得日清（甲午）戰爭，以破竹之勢加入一等國之列。他認為，今天中國也應該對外採取溫和和隱忍的策略。

然而，熊氏施政方針中有關吏治澄清、地方自治、司法獨立、教育的部分，卻受到內藤的批評，他認為，這顯示了袁政府的退步。

首先，在教育方面，革命之初，因為儒教的五倫五常與新的共和精神不一致，孔教是否適用於共和國，大有爭論，因而有廢孔教的極端言論。可是，近來卻有提倡孔教為國教的，甚至說要載入憲法，又是祭天，又是祭孔，最近也出現在政治會議的諮詢案中。這一「國教論」原本是由做西洋學問的人提出的，稱中國不是沒有宗教的國家，孔教就是國教。內藤說，這是反動時代的極端言論，孔教是否即西洋學者所謂宗教還有疑問，也許孔教裡的優點與西洋宗教確有相似之處，又或者有著與西洋宗教不同的長處，都必須要充分研究，但是，並不能成為以孔教為國教的理由。正如在日本維新時期，國學家出於偏見要廢佛教、排儒教，以神道為國教，但這只是一時的輿論，後來人心歸於平正，從時代精神和國民性兩方面都允許信教自由，佛教逐漸恢復其勢力，外國來的基督教也可以傳教，近來又有「三教合同」的說法。日本的這個「三教合同」不包括儒

教，但雖然沒有儒教，卻並不排斥儒教，因為孔教精神與日本國體
宗旨融合，已經成了日本固有的東西，在「教育敕語」中已經顯示
出來，所以沒有必要將它視為宗教。今天即便不以孔教為國教，孔
教精神也被認為是中國倫理之根，雖說在革命中受到質疑，可是卻
不會在中國人心中磨滅。然而，以孔教為國教，是將思想專制推行
到教育當中，反而會引起孔教以外的宗教之反抗，外來宗教即基督
教之外，作為中國民族信仰之根底的道教和佛教，如果與之衝突的
話，反而會使孔教矮化，失去它寬大的精神。袁世凱模仿天子、舉
行與共和國總統不相稱的祭天，如果只是為了利用孔子，那是給孔
子帶來的大麻煩。

　　內藤湖南總結說，如今的中國，無論什麼人當政（包括袁世凱），
必須確立政治上大的主義方針即「國是」，「國是」是最重要的，
「國是」一定，後來的政治家就能夠依法治國，「國是」不立，每
個人都只好看機會便宜行事。因此，即使自己或本黨所立的「國是」
一時於自己不利，但也不能動搖，這是文明國家政治家的最重要素
質，也是拯救中國的經世正路。今後無論袁世凱派還是反對派的政
治家，都應該充分注意這一點。現在中國作為共和國家，既然已為
列國接受，也就應當在現有的準則和秩序中進行建設事業，遠遠沒
有到將世界置之度外，徹底獨立、自由的時候。他說，在此期間，
國際社會為了拯救幾億中國人民，實現世界和平，使中國成為真正
的共和國家，也有監督的義務。因此，針對中國當局的機會主義，
或者他們的各種反人道、反改革、反共和原則、反政治德義的行為，
一定要嚴肅提出忠告。日本遭受外國殘酷對待，曾隱忍三十年才換
來今天局面，可是，今天中國受到列國的優待，所以反而有正義觀
念不發達、共和政體不成功的危險。

　　最後，內藤湖南忠告中國當局者，要真正為國家前途著想，必

須堅守政治道德。對奉行機會主義的政治家來說，他的話可能是迂
闊之論。但他認為，就在這些迂闊之論中，包含有立國的永恆真理。

三、《支那論》的出版及版本

　　1914年3月12日，《支那論》發行前十天，內藤湖南寫了一篇〈自
敘〉，談到他在1913年12月30日做了第五次口述以後的三個月的時
間裡，中國又發生很多變化。袁世凱「退步的方針越來越露骨，幾
乎回到了倡議變法以前的清代」。因此他說，「到這書印行的時候，
所有意見都不免落伍」[47]。但即便如此，《支那論》3月27日出版發
行之後，仍然一時風行，不到半個月便第二次加印。
　　在東京文求堂書店印行的第一版卷首，刊登有顧炎武、黃宗羲、
曾國藩、胡林翼、李鴻章、馮桂芬的墨蹟，另有熊希齡寫的一則短
箚。這七位，都是內藤湖南尊敬的中國學者及官員。顯然，他對中
國問題和中國歷史的看法，多少受這些人影響。據他在〈自敘〉中
說，黃宗羲《明夷待訪錄》和顧炎武〈郡縣論〉中對時政的批判和
改革的願望，馮桂芬《校邠廬抗議》中不同於變法論者的主張，劉
坤一、張之洞等既不肯滿足現狀，又反對盲目效仿外國的奏議，都
非常令他感動。他雖然把袁世凱看作是復辟倒退，但對辛亥革命那
樣激烈的變革，似乎也持有懷疑態度。他認為，中國知識界對外國
制度的來龍去脈還沒有了解透徹，還沒辦法真正地談取捨，總以為
強兵就是增加新型軍隊、富國就是商業繁盛，說到政治改革，只知
道憲法和國會，這是遠遠不夠的。由於不懂得外國文明的深刻意義，

47　《內藤湖南全集》第五卷，頁293。

也就不可能有徹底的變法理論。中國現在能否順應進步的世界政治潮流，應該怎樣收拾破裂的革命殘局？他認為，只能由他這樣對外國文明有所了解的人，「代中國人而為中國設想」。

內藤湖南「代中國人」設想的前途是什麼？是如八國聯軍攻陷天津後，在天津設「都統衙門」（1900年7月至1902年8月）作為「天津地區臨時政府」。當時，袁世凱接任直隸總督，卻只能在直隸省會保定辦公，1902年「都統衙門」撤銷，才移駐天津。內藤湖南說，實行第二次「都統政治」的時機雖然還沒有到，中國也不會那麼快就分裂，可是，如果拋開獨立的自尊，對中國人民來說，「都統政治」還是最幸福的境界。這樣一來就不必有國防，而且比起中國官吏來，外國官吏也更廉潔、能幹。況且在「都統政治」下，也不需要解決君主制、共和制的問題，就連領土問題也不存在。他說，雖然他同情失敗的辛亥革命黨，但因為革命黨不了解中國國民性，辛辛苦苦的革命都打了水漂。中國國民性是不管有多少犧牲都要求和平的。戰亂之中穩定時局的，往往是良民代表「父老」即鄉紳，革命黨單憑一股銳氣，不曾顧及「父老」，這才沒有站住腳。奮起革命之時，他們雖是堂堂之陣，但也不過倏起倏滅，就如同李自成、張獻忠，原因就是由於沒有抓住「父老」。眼下袁世凱採用通過知縣考試的舊讀書人，便是得此秘訣，但這一秘訣，現在對挽救國家於危亡卻不起作用，因為父老並不具有對外國的獨立心、愛國心，他們注意的只是鄉里安全、宗族繁榮、快樂度日，至於誰來統治國家他們並不在意。因此，像袁世凱這樣依靠父老而成功的大總統，也未見得就不會引進「都統政治」。

最後，內藤湖南追問道，當這一時機到來的時候，日本是否為拯救中國人民做好了準備？這不僅要由政府當局回答，也要由日本國民回答。

　　眾所周知，在《支那論》問世十年以後，內藤湖南又有《新支那論》，這是因為中國時勢又發生了一些變化。1919年，中國為抗議「二十一條」，抗議巴黎和會上日本從德國手中奪取山東主權，爆發了五四運動。過了幾年，即在《支那論》發表十年後，1923年的夏天，內藤湖南又接受大阪《每日新聞》記者的採訪，就「如何直面中國問題」發表連續談話。這些談話刊登在《每日新聞》，又在1924年9月以《新支那論》為題由博文堂出版。

　　據〈新支那論自序〉說[48]，他在「去年夏天病後康復，到有馬避暑時，專門訂正大學講義的筆記，由於書籍等不能多帶，感覺頗為單調，與時來探望的友人談話，便是破除寂寥的最好方法。這時恰逢長沙、漢口興起激烈的排日運動，在漢口的居民總代的熟人，特意到有馬來訪深談，無意中正中下懷，因病很久沒有思考的東亞未來問題又在心中燃起。於是，趁大阪《每日新聞》的岩井武俊來訪，兩人談話由岩井整理記錄，分幾次發表在《每日新聞》。但由於突然的大震災，筆記發表中斷，藏於筐底，博文堂主人以為可惜，便提出可出版一冊。因為我的疏懶，過了幾乎一年，而支那排日事件也已經過去，似乎漸漸被淡忘。可是，最近又因亞米利加排日問題，拿出去年的筆記，遂有時代錯置之感⋯⋯」[49]

　　《新支那論》的內容包括：一，支那對外關係的危險（破裂自日本開始）；二，支那的政治及社會組織（支那改革的可能）；三，支那的革新與日本（東洋文化中心的移動）；四，自發的革新之可能性（軍事及政治、經濟）；五，支那的國民性及其經濟變化（果

48　寫於大正十三年（1924）7月5日，即內藤湖南渡歐前一日。
49　《新支那論》（東京：博文堂，1924），頁13-14。

能成世界威脅？）；六，支那的文化問題（新人改革論的無價值）[50]。
作為「附錄」的，是內藤湖南1922年11月在南畫院講演會的一篇講
演〈南畫小論：支那藝術の世界地位〉（後收入作者的《支那繪畫
史》，另行出版）。

他的弟子松浦嘉三郎在內藤湖南去世後的回憶中，曾經這樣
說：內藤湖南三十歲前後赴台，日俄戰爭之際鼓吹戰爭論，寺內內
閣時參與外交調查會的機密，這些都證明他「絕非冷靜而有批判精
神的學者」。他熱切關心世界、東亞和日本，有一種志士的情懷，
他思考的不是眼前政策，而是東洋的未來和民族的興亡，因此，才
會有像《支那論》、《新支那論》這樣與「教室裡的先生」根本不
同的著作[51]。

在內藤湖南於1934年去世的四年之後，1938年，他的兒子內藤
乾吉、內藤戊申將父親的兩本書合編，題作《支那論（附新支那論）》，
交給大阪創元社，並於這一年5月15日印刷，同月20日發行。這一版
刪去《支那論》卷首的顧炎武等七頁書影，也刪去作為《新支那論》
附錄的〈南畫小論〉，增加了1928年的一篇講演〈近代支那の文化
生活〉。該書卷首，是內藤湖南的〈支那論自敘〉、〈新支那論自
序〉，接下來是乾吉和戊申於1938年天長節撰寫的〈編者後記〉，

---

50 「支那的文化問題」中，包括以下內容：六朝至唐代，文化為名族
   占有，到唐末五代，隨著名族的大多消亡，文化中心轉移到讀書人
   階級，他們多為仕宦者，元朝的仕宦者又部分是蒙古色目人，文化
   中心便移到處士這裡，元末至明中葉，文學藝術多發生在處士中，
   但明清兩代仕宦者仍未最大的文化階級，清代商人發達，主要有一
   些揚州的鹽商，於是過去沒有文化的地方，接受了舊的文化，也產
   生出新文化來，過去沒有文化的階級同樣接受舊文化，發展出別開
   生面的新文化。

51 松浦嘉三郎，〈抱志而逝〉，《支那學》七卷第三號，頁51。

〈後記〉中寫道，以《支那論》為題，將《支那論》、《新支那論》
並附〈近代支那の文化生活〉一篇合集出版，是聽從了創元社主人
的建議。因為「作者曾在《新支那論》中預言，日中兩國關係早晚
不可避免地破裂。十幾年以後，幸歟不幸，我們見證了這一預言。
作者還說過，老大帝國的中國必須要靠日本國民的活力而再生，這
是東亞歷史的必然，而這也成了我們現在和將來，所面臨最切實的
問題」[52]。〈後記〉中還說，如今人們都意識到，對支政策是關係
日本國民命運的重大問題，「東亞領導者的日本國民，必須有對支
那的理解和見識」，「《支那論》在二十四年前、《新支那論》在
十五年前，都是針對當時時局有感而發，但作者的議論常常依據專
門的歷史知識來證明，並不為當時的現象迷惑，因而對時勢有所洞
見。因此可以相信，此書到今天也能給讀者提供有關支那過去的基
礎知識，以及對未來的啟示。」[53]這一創元社版《支那論》，由於
盧溝橋事變以後的中日戰爭而極為暢銷[54]。

　　現在，《支那論》並《新支那論》最常見的版本，則是收入神
田喜一郎、內藤乾吉所編《內藤湖南全集》第五卷的版本，1972年
由筑摩書房出版，這一版本《支那論》是根據文會堂初版第二刷排
印的，《新支那論》則是根據大阪創元社1938年版排印的[55]。據說，

52　《支那論》（大阪：創元社，1940年9月20日16版），頁15。
53　《支那論》，頁16。
54　參見青江舜二郎，《內藤湖南のアジア的生涯》（東京：朝日新聞
　　社，1966），頁237；加賀榮治，〈內藤湖南の「支那論」につい
　　て：その學問の基底的性格に觸れて〉，原載《文教大學國文》第
　　十五號（1986年3月），載氏著，《內藤湖南ノート》，頁108。
55　參看《內藤湖南全集》（東京：筑摩書房，1972；1997）第五卷內
　　藤乾吉，〈編輯後記〉，頁546。

在內藤湖南的全部著作裡，這是「最受歡迎的一種」[56]。當然，在戰後日本知識界對日本帝國主義侵略中國的反思中，它也很快受到了檢討和批評[57]。

四、東西方的迴響：日本與歐美的各種評論

1934年6月26日，內藤湖南去世。京都《支那學》第七卷第三號首先設置「內藤湖南追悼錄」欄目，發表了一組同人所寫悼念文字。狩野直喜在〈懷念內藤君〉中將他比作宋代學者鄭樵、王應麟，稱讚他的「博聞強記、透徹明敏」，不但表現在史學專業，還表現在經學、詞章、書畫鑒賞等方面，所以，是博大而非龐雜。他說，這跟內藤年輕時沒有走一般的官學之路，長期在新聞界，能讀閒書而積累各方面知識有關。內藤湖南進入大學任教後，這些知識都運用

56　《支那論》在1938年重新出版，雖說是應出版社的要求，但由於盧溝橋事變後，中國開始了全面對日抗戰，對中國的了解成為迫切需要，於是，創元社版《支那論》成為暢銷書，十天內就印了十版，內藤湖南的大名從此為「昭和國民」所知。參看青江舜二郎，《竜星の座：內藤湖南的アジア生涯》（東京：朝日新聞社，1966），頁238。

57　參見加賀榮治，〈內藤湖南の「支那論」について〉，加賀指出，《支那論》和《新支那論》這兩部著作是內藤湖南就中國時事發表的許多論著的代表作，但由於它們在二戰中的影響，導致戰後有很多嚴厲的批評，如野原四郎、增井經夫、增淵龍夫等。可是他也指出，從野原到增井，嚴厲的「外在批判」都未必是建立在公正理解湖南《支那論》的基礎上的，與之相比，增淵龍夫的「內在理解」更值得重視。加賀說，對內藤湖南而言，包括政治在內的現實問題，都是他錘煉自己學問見識的機會，離開現實也就沒有學問，這可以稱作內藤的「實學主義」。載氏著，《內藤湖南ノート》（東京：東方書店，1987），頁105-140。

在了他的史學研究上，這種非正規途徑，恰恰給他增加了光彩。而
松浦嘉五郎在〈抱志而逝〉中則說，內藤湖南是求知欲極其旺盛的
學者，可心底裡卻是關心國家民族興亡以及東洋前途的人，他有志
士的熱情，《支那論》、《新支那論》就是這種熱情迸發的結果，
不是一般在教室裡的老師所能寫出的。在九一八事變後，他不顧醫
生反對，抱病到滿洲參加日滿文化協會的成立，就是出於「奉公」
的念頭，並認為他在滿洲國問題上的用心「就像青年一樣激動」。

　　但是，在1987年也就是內藤去世半個世紀後，日本學者加賀榮
治指出[58]，對《支那論》、《新支那論》的批評，並且最早把《支
那論》與日本侵華戰爭聯繫在一起的，是平野義太郎領導的中國研
究所成員野原四郎，他於1946年在東京的《中國評論》雜誌上發表
〈內藤湖南「支那論」批判〉，這篇批判文章的前半部分，主要針
對《支那論》，後半部分針對《新支那論》。他指出，此前在日本
出版的幾乎所有「支那論」，表面說是為中國人民謀幸福，實際上
卻在宣傳日本帝國主義的侵略政策。「所謂支那學的開拓者之一、
號為學識兼備的內藤湖南也不能免」，而這正是影響未來新的中日

58　加賀榮治，《內藤湖南ノート》。此書收入他本人在各個時期發表
　　的研究內藤湖南（也包括山路愛山）的文章，也可以看成是對此前
　　有關研究的總結。在1985年發表的〈內藤湖南の學問形成に關する
　　一考察〉文章中，加賀榮治開列出研究內藤湖南學問及思想的重要
　　論著，包括貝塚茂樹的《內藤湖南》、宮崎市定的《內藤湖南和支
　　那學》、青江舜二郎的《龍之星座：內藤湖南的亞洲式生涯》、小
　　川環樹的《內藤湖南的學問及其生涯》、三田村泰助的《內藤湖南》、
　　增淵龍夫的《日本近代史學史上的中國與日本：內藤湖南的場合》。
　　而他的評論就是基於這些前人的研究，對內藤湖南歷史尤其是文化
　　史觀的形成，以及他的經世抱負加以分析。見《內藤湖南ノート》，
　　頁99-102。

關係的一個很大障礙[59]。

野原四郎特別強調以下兩點：

首先，內藤湖南的「支那學」，在某些方面「缺乏科學性」。表現在《支那論》中，主要是對中國史的分期，雖然他反對袁世凱恢復亞細亞式的專制主義而擁護共和制，可是，他擁護共和制，卻是基於把宋以後當成近代中國這樣一個「非科學的歷史觀」。內藤認為，自宋代以後，人民的自由乃至私有權便逐漸伸張，為「共和政治」鋪平了道路，但是，他談到的王安石新法，其實還是亞細亞式的專制方式，由於當時有北方異族的威脅，這一嘗試在當時顯得特別迫切。由於內藤湖南將「近代私有權的法律觀念」隨意帶入歷史，導致了對歷史的錯誤認識，又由錯誤的歷史觀，引出奇怪的「共和制」，因此他並不能理解19世紀後半期太平天國革命以至於現代為推翻封建土地所有制的人民戰爭有什麼意義，野原說，「我們是把人民開始自覺運動的19世紀後半以來稱之為近代中國的」。這就和內藤湖南的「近代支那觀」不同。內藤湖南又說，宋以後的君主和人民都從貴族制度下解放出來，在君主獨裁制確立的同時，也建立了帶有民主主義趨向的科舉制，這也是因為他不了解，這不過是亞細亞式專制主義的發展，以及作為專制主義骨幹的官僚機構的一種調整。

其次，野原又指出，辛亥革命摧毀了清朝的亞細亞式專制統治，但結果是軍閥割據代替了清朝的統一政權，當時列強在中國互相牽制，也樂見軍閥割據的局面，因此，1913年4月，英法俄日無視革命

59　參見上引加賀榮治書，頁109-110。野原四郎，〈內藤湖南「支那論」批判〉，原載《中國評論》（東京：日本評論社，1946年12月1日）第一卷第四號，頁35-42。

派的反對，給袁世凱以大筆貸款，使袁世凱成功地鎮壓第二次革命，下令解散革命派的國民黨並解散國會，在1914年3月修改《臨時約法》，實行政治、軍事獨裁，最後自稱皇帝，演出一番鬧劇。同年7月，由於第一次世界大戰開始，歐洲列強自顧不暇，使得日本橫行中國的時刻到來。可是，就在袁世凱即將上演鬧劇的1914年3月，內藤湖南出版了《支那論》，從他的〈自序〉就可以看到，他的全部目的，就是要說明「為了中國人民的幸福」，日本要和列強一道在中國實行「都統政治」，而為此則必須了解「父老」（地方鄉紳）的重要性。但內藤湖南不知道的是，辛亥革命不徹底的原因，是孫中山在後來常常提到的「革命派沒有提攜勞動人民而非父老」，他也不明白「父老決不是鄉黨、宗族之共同利益的民主代表，反倒是利用人民謀取自身利益的專制首腦」，恰恰「是寄生的反革命鄉紳地主階層」。更何況袁世凱也罷，都統政治也罷，都不能給中國人民帶來幸福，這也是歷史已經證明了的。文章還批評說，內藤湖南的所謂「共和制」，不過是指「1914年當時的地方分權狀態」，即「軍閥割據的政治」。在對《新支那論》的批評中，更就《支那論》中已經談到的「聯邦共和制」問題加以發揮，指出這是內藤在「美化日本帝國主義侵略野心」。

　　野原四郎文章發表不久，另一個日本著名學者宇都宮清吉在京都的《東光》雜誌上發表了〈東洋中世史の領域〉[60]，就內藤湖南在《支那上古史》中對東洋史，尤其是東洋中世史的時代劃分，提出修正意見。文章指出，一般西洋史都是以古代、中世、近世作為時代劃分的，這裡面考慮的是民族、文化、地域三個要素。所以，

60　宇都宮清吉，〈東洋中世史の領域〉，《東光》（東京：弘文堂，1947年11月）第二號，頁94-102。

「古代」為地中海時代，民族是活動在這一地域的希臘人、羅馬人，
文化則是前有希臘、後有羅馬的古典文化，這一古典文化的精神，
成為悠久的西洋文化傳統，迄今活躍；「中世」的歷史舞臺在歐洲，
主角是拉丁和日爾曼民族，是羅馬、日爾曼風格的文化的時代，中
世文化的特徵為向神尋求人類存在的根本原理，這是它與古典文
化、近代文化不同之處；「近世」是人類從中世的神的束縛下解放，
活動舞臺也擴大到歐洲以外，文化也不局限於歐洲的狹小天地，是
打破束縛，以理性確立權威的科學為基礎的科學文明時代，主角是
近代歐洲各國的國民，以及所有其他地區的民族。這是西洋史的時
代三分法。但與此不同，由於東洋史實際上是「廣義的中國文化發
展的歷史」，並不因時代不同而有本質上的差異。從地域看，它的
中心舞臺始終不變，只是隨著時代它光芒照耀的範圍在擴大，從民
族看，對應於中心區漢民族的混融、增大、成長，周邊多民族也在
混融、增大、成長，因此，民族、文化、地域三要素，並不能當成
東洋史的時代劃分標準。

　　內藤湖南是最早把東洋史定義為「中國文化發展歷史」的學者，
除了與中國文化關係不大的西南亞和印度，東洋史包括了中國大陸
及其周邊的日本、朝鮮、滿洲、蒙古、琉球、新疆、西藏、安南等
受到中國文化深刻影響、相互對立並融合，構成一個世界的各民族、
各國家的歷史。在《支那上古史》中，內藤湖南為這樣一個在中國
文化發展主流之下統一起來的東洋史做了時代劃分：（1）第一期，
自天地開闢至後漢中期為「上古」，第一期又分中國文化形成和中
國文化向外部發展前後兩個階段。從後漢到西晉為第一過渡期，中
國文化暫時停止對外發展。（2）第二期，從五胡十六國至中唐為「中
世」，這一時期由於外部種族的自覺，其勢力反向作用於中國內部。
而唐末到五代為第二過渡期，外部勢力在中國達到鼎盛。（3）第三

期，宋元為近世前期。（4）第四期，明清為近世後期。但是，宇都
宮清吉認為，秦漢是古代中國文化發展的總結，宋元明清可以說是
中國的近世，而在古代和近世之間，六朝是秦漢的延展，隋唐是六
朝的延展。因此，東洋的「中世」應當是起於秦漢終於隋唐，中世
史正是在古代史結束的地方開始的。同樣，隋唐對近世，大概也有
類似的意義。在這樣一個與西洋史內容不同的東洋史時代劃分裡
面，如果說，古代是中國文化占有絕對優勢的時代，中世可以說是
中國文化遇到內外「對立者」的時代，近代則是使能征服者完全被
征服（中國文化自身也因此進一步純粹化、高度化和普遍化），不
能征服者也在中國文化的深刻影響之下。滿洲的契丹、女真國家，
以及日本、朝鮮、安南、蒙古、西藏、回疆等民族文化，都是如此
成立和定型的。

　　這兩篇戰後不久的文章，從不同角度對內藤湖南加以討論。野
原四郎主要是從政治上批評《支那論》、《新支那論》，但也涉及
到內藤湖南關於宋代以後為近世的中國史分期。宇都宮清吉是支持
內藤湖南在《支那論》、《支那上古史》等著作中提出的東洋史觀
的，只不過對「中世」概念作了一些修正。這兩篇最早的評論，可
以說，代表了以後幾十年有關內藤湖南研究的兩種路徑。

　　1963年，朝日新聞社出版三卷本《日本思想家》系列，在「開
國」以來的六十七位思想家中，選入了內藤湖南，並由日本著名東
洋史學者貝塚茂樹撰寫了〈內藤湖南：開化的國民主義者〉一文[61]。

---

61 貝塚茂樹，《內藤湖南：開化した國民主義者》，朝日ジャーナル
　《日本の思想家この百年》62，1963年5月；後收入《貝塚茂樹著
　作集》（東京：中央公論社，1977）第七卷，頁289-303。參見譚
　汝謙，《近代中日文化關係研究》7，〈內藤湖南的中日關係論〉
　（香港：日本研究所，1988），頁194。

貝塚茂樹特別注意考察的，是內藤湖南國民主義思想的形成。在簡單梳理內藤湖南生平後，貝塚茂樹指出，內藤湖南年少在家鄉讀到平田篤胤的書時，便產生了作歷史學家的意識。後來到東京投奔明治二十年代以佛教為本位的民族主義代表大內青鸞，由此「進入明治二十年代民族主義的世界」。由於明治維新後，他的家庭陷入政治、經濟困境，使他自年輕起就養成了對於藩閥政府的反抗心態和批判精神，他的血管裡流動的是「舊士族出身的士魂」，讓他很容易加入志賀重昂、三宅雪嶺等在野的民族主義陣營。他後來又遇到反對歐化主義的高橋健三，因為高橋並非無學無識、感情用事的國粹保存主義者，內藤湖南受他影響，又對古寺廟、古美術產生了濃厚興趣，他就是這樣「逐步成長為遠遠不同流俗的開明的國民主義者的」。

　　貝塚茂樹說，當1899年內藤湖南第一次踏上中國大陸的時候，他的「巨大歷史視野，就已經越過日本、朝鮮、中國國境，觸及廣大古代東亞世界的文化交流問題」。這篇文章評論內藤湖南在《清朝衰亡論》、《支那論》、《新支那論》中表達的「中國觀」，指出作為開明的國民主義者，內藤是從文化史角度來把握近代中國政局變化之「暗運潛移」趨勢的，他在民國革命進行的時代中說，「今日中國的狀態，大勢推移，自然成形……」，這一看法就是在今天也無不妥。最後，文章也說到九一八事變後，內藤湖南也許改變了這一立場，「但我相信當時湖南是超越了日中兩國對立立場，並非為日本軍國主義辯護」。不過，貝塚茂樹也承認，要仔細和深入地討論這一點，或許資料還有欠缺。到了1969年，貝塚茂樹在《內藤湖南全集》第五號的《月報》中，論及〈內藤史學の本質〉，更指出內藤湖南的史學方法與法國社會學家涂爾幹異曲同工，他是通過中國三千年歷史的變化，以通史的眼光對各個時代的政治、社會、

文化形態加以比較，同時對日本、朝鮮、滿洲、蒙古等民族的文化形態加以比較[62]。

　　與野原四郎基於批判軍國主義的立場，而對戰前日本知識界加以深刻反省不同，1960年代開始，有越來越多的人像貝塚茂樹這樣，將內藤湖南置於明治、大正日本思想史中加以理解和評價。

　　1963年，增淵龍夫在《思想》雜誌上發表〈日本近代史學上的中國與日本〉[63]，圍繞津田左右吉和內藤湖南，對日本近代史學尤其是以中國為中心的東洋史學，從思想史和學術史的角度說明，他們對中國的研究都與日本近代思想發展變化有關。他認為，這兩位學者都不是單純從事個案研究的實證史家，而是對中國現實懷有強烈關心，並且掌握豐富的日本史知識、視野廣闊、學殖深湛的優秀中國史家。與津田左右吉以歐化的外在標準批判中國、受近代主義視角局限不同，內藤湖南是從內在理解中國。他以為，日本文化就是以中國文化為中心的東洋文化一部分，所以，中國文化也從來不是自己身外的東西。這既是他內在地理解中國文化的切入點，也使他對中國文化有很高的評價。增淵龍夫特別指出，明治二十年前後，日本國民中民族主義氣焰高漲，如福澤諭吉等都以為，日本在東洋已是新文明的唯一代表，有推動守舊中國驚醒和進步的責任，這是所謂「日本人的天職」、「日本國的使命」。但是，雖然與三宅雪嶺等國粹主義者關係密切，內藤湖南卻並不接受中國落後的說法，也不贊成盲目崇拜西洋思想，他主張日本的天職應該是充分吸收東

62　貝塚茂樹，〈內藤史學の本質〉，《內藤湖南全集》之「月報」第　　　五號（1970）；後收入《貝塚茂樹著作集》第七卷，頁307-312。
63　增淵龍夫，《日本の近代史学史における中國と日本》I、II，原載　　　《思想》1963年第462、第468號，收入氏著，《歷史家の同時代的　　　考察について》（東京：岩波書店，1983）。

西兩種文化，以創造新的東方學術，這正是對明治初年以來啟蒙主
義思潮的反撥。

　　增淵龍夫指出，在這一歷史背景下，從明治三十二年起，內藤
開始把精力集中在中國研究上，並且批評日本漢學「見少斷多」，
已經落後於中國學術，還稱讚顧炎武、閻若璩、戴震、錢大昕等清
朝樸學家，「其方法與歐羅巴近世科學的方法有許多相一致」。所
以當他受聘於京都大學時，便立志要建設超越清朝學問的日本「支
那學」。當然，增淵龍夫也承認內藤的中國史研究常常出於對中國
現實的強烈關心，由他前半生為時論家的經歷可以看出，這一關心
也是與日本所謂「大陸進出」策略相關聯的。所以，清末以來，「中
國向何處去」成了他切實的關注點，而他認為，現實作為歷史之一
幕，只有看數千年來中國史中潛移默運的大潮流，才能認清方向。
這就像他在《支那論》中說的中國史研究的根本目的。在探究中國
歷史潛流時，內藤重新對中國歷史加以檢討，指出唐以前與宋以後
文化的顯著不同，唐、宋之間是一個巨大的文化轉折。相對於傳統
東洋史家以王朝區分時代的習慣，「唐宋時代」這一概念本身就具
有劃時代的意味，更何況在《支那論》等著作裡，他還賦予它們從
「中世」轉化為「近世」的意義，並指出從宋代開始的中國近世，
從貴族主義轉向平民主義成為一種潛流，一直延續到清末的立憲運
動和辛亥革命。增淵龍夫指出，從中國歷史潛流中尋找辛亥革命以
及中國近代化的原因，並不是根據近代主義立場，而是從歷史內部
所作出的解釋。而內藤湖南之所以把西洋的「近世」用於中國歷史，
原因之一是受到他京都大學同事原勝郎《日本中世史の研究》的啟
發，但將「近世」設定在唐宋之間，還是內藤湖南的創見。在相關
的評論中，增淵龍夫也指出，內藤湖南的文化史理論與日本的侵華
政策是相呼應的，而他的「東西文化融合論」的前提是「文化中心

移動說」，他對中國文化高度評價的文化主義與日本所謂「大陸進出」的策略是不矛盾的，毋寧說是使這種侵略政策正當化[64]。

增淵龍夫一方面像宇都宮清吉那樣，對內藤湖南的所謂從「內部」出發研究中國史、建立自己的東洋史觀給以充分肯定；另一方面，他也不像貝塚茂樹那樣為自己老師辯護，而是指出內藤的東洋史觀一旦跨出學術，也會成為日本帝國主義侵華政策的助言。

1965年，宮崎市定在《中央公論》發表〈內藤湖南とシナ學〉[65]。他指出，「東洋史這門學問包括名稱，都是日本人的發明」、支那（シナ）學雖然是西洋漢學（Sinology）的翻譯，但內容大不一樣，實際等於日本的中國學。從大正到昭和初年，以京都大學為中心的日本支那學很盛，在東洋史學科研究支那史學，不必修西洋史，却必須上中國的文學和哲學課。內藤湖南就是京都支那學的代表人物。他的學問領域之寬，從日本到朝鮮、到滿蒙、到中國本部和西藏，對這些民族之語言也有一定掌握。宮崎市定的文章特別強調內藤湖南的「獨創性」，認為正是因為他非「帝大」出身，使他具備了在野的視野而非官學的立場，能夠用自己的眼睛看世界。他曾發掘出江戶時代大阪天才町人學者富永仲基，富永仲基在《出定後語》中用獨特的方法研究古代印度佛教的發生與成長，內藤湖南對此極為佩服，並將富永仲基的方法應用於中國古代史，形成他特有的歷

64 增淵龍夫，《日本の近代史學史における中國と日本：內藤湖南場合》，1963年4月稿、1982年10月校補，載氏著，《歷史家の同時代史的考察について》，頁49-82。
65 宮崎市定，〈內藤湖南とシナ學〉，原載《中央公論》第936號，1965年10月，引自《宮崎市定全集》（東京：岩波書店，1994）第24卷，頁238-248。但是，宮崎市定也指出，內藤湖南的看法並不為東京學者接受，接受它的反而是歐洲尤其是法國學者，特別是謝和耐、白樂日。

史觀，即認定中國流傳至今的古代文獻，最早就是與周公有關的傳說，這以前殷或夏的歷史，都是後世「加上」的。這個「加上說」在中國，經顧頡剛等古史辨派學者的發揮而成為常識。當然，宮崎市定也表示，這是顧頡剛自己的想法，還是受到內藤湖南的影響，尚有疑問。

　　宮崎市定還指出，內藤湖南在後世影響最大的，是他關於中國史的分期。他很早就提出構想，以上古至漢為古代，此後至唐末為中世，宋以後為近世。這是一大發明。因為第一，過去都把古代的終結放在戰國末期，以封建制向郡縣制的轉化為節點，而他將漢代包含在古代，這與西洋史中，不把羅馬帝國的統一而是把它的崩潰視為古代結束，正是同一個道理；第二，把宋以後當作新時代，是過去就有的說法，許多東洋史教科書都是把唐以前當作中古、宋以後當作近古，不過大多是基於對全部東亞的觀照，注意到從宋代起，開始有中國周圍的異民族產生民族自覺、建立自己的政權以對抗中國的現象。可是，內藤湖南純粹是從中國社會內部的各種現象，尤其是社會及文化的角度，看到唐宋之間有一個深刻變化。這裡有兩點特別值得注意，一是中國過去多講唐宋連續性，向來有所謂唐宋八大家文、唐宋文醇、唐宋叢書之類，但內藤湖南敏銳地注意到了唐宋連續背後的斷裂，以及中唐以後向宋代的變化。二是宋代產生的中國新文化，據內藤湖南說，它一直延續到現代，所以宋以後為近世，這是他的時代區分論的特長。

　　與貝塚茂樹一樣，宮崎市定既讚揚內藤湖南在中國史研究上的貢獻，也注意到內藤湖南「在野」的身分使他觀察敏銳，當然，同時也承認他離政治太近的問題。在兩年後發表的〈獨創的なシナ學

者內藤湖南博士〉中[66]，宮崎市定更為詳盡地介紹了內藤湖南的學
說，尤其是中國史的時代劃分理論。文章特別提及內藤在辛亥革命
前後發表的《清朝衰亡論》和《支那論》，他指出《支那論》「不
單單是時事解說，而且還是從漫長的歷史看新生的中華民國之前
途，讀者同時可以從中看到他的歷史觀」。可是，內藤發明了中國
在宋以後進入近世的觀點，但他關於中國歷史的時代劃分，除了講
課之外並沒有以正式的著作形式發表，倒是友人稻葉岩吉《支那政
治史綱領》，用了這一新的歷史區分。在他去世後，根據他的講義
編纂的《支那上古史》、《中國中古の文化》、《中國近世史》三
書相繼出版，內藤的時代區分論才漸漸為人所知。宮崎市定這篇文
章特意專闢辟一節介紹「唐宋間變遷」。他指出雖然這並不是內藤
湖南的發明，但過去人只是從中國與異族關係上考慮，也就是五代
時契丹遼和此後的女真金，以及最後的蒙古征服，而內藤湖南依據
的卻是中國的社會與文化由唐向宋轉折時發生的變化。他在1922年
發表的論文〈概括的唐宋時代觀〉和1947年出版的遺著《中國近世
史》，對此有詳細的說明。宮崎市定說，由內藤提倡的宋以後「近
世說」，在日本學界有大概半數學者支持，在歐美贊成者也不少，
比如法國的中國學家白樂日就據以提出了「宋史提要編纂計畫」[67]。
　　在對內藤湖南中國史分期理論的闡釋上，應該說，宮崎市定最

66　宮崎市定，〈獨創的なシナ学者内藤湖南博士〉，日本ユネスコ國
　　內委員會編，*Philosophical Studies of Japan*, Vol.8, 1967，收入《宮
　　崎市定全集》24，頁249-270。

67　據宮崎市定，《中國史・總論》（岩波書店，1978）說，桑原騭藏
　　的《中等東洋史》、那珂通世的《那珂東洋小史》就是以唐宋作為
　　中古與近古的分解線的。《宮崎市定中國史》，焦堃、瞿柘如譯（杭
　　州：浙江人民出版社，2015），頁24。

能把握其思路，體會其動機。他清楚地看到，內藤是處在辛亥革命
之後的時間點，從日本視角重新講述中國史的，目的在於預測中國
未來走向，並說明日本在這一進程中所能夠起到的作用。1977年，
宮崎市定編寫《中國史》時，又在〈總論〉裡再次談到時代劃分[68]，
指出流行的分期方法仍是以古代、中世、近世三分，其中，有一種
意見以為，上古至戰國末是古代，秦漢至明末為中世，清初至現代
為近世。但是這種意見裡，皇帝制度形成及維持的中世很長，幾乎
等於全體歐洲史的重要部分。與此對立的，正是內藤湖南的理論，
這是「內藤史學」的核心。它的特色在於：第一，在西洋史中，羅
馬帝國這一古代帝國的滅亡，被看作中世的開始，這也適用於中國
史，秦漢是中國的古代帝國，應該將秦漢放在古代史內，而把秦漢
帝國的滅亡也看成是古代的結束和中世的開始。第二，從後漢起，
中國出現了世襲財產，一直到唐代，世襲官職的貴族都有很大勢力，
文化也被他們壟斷，天子不能夠干預，而君主多是暴發戶，比累世
貴族的身分要低得多，所以三國至唐末五代是貴族時代，也就是中
世。第三，宋代以後是近世，由於中世貴族已經衰落，只剩下壟斷
政權的皇帝，作為唯一殘存的舊勢力代表，讓他能夠不受任何約束
地行使君主獨裁制。但同時宋代誕生的文化頗為優秀，不比近代西
洋文化遜色。

　　據宮崎市定說，「內藤學說」在日本和海外得到很多人支持，
不要說法國的白樂日和謝和耐、德國的葛林、蘇聯的康拉德，都將
宋代作為近世的開始，並視之為中國的文藝復興。在日本，也有如
前田典直在《東亞古代的終結》（1948）中，以上古至唐為古代、
宋至明末為中世、明末至現代為近世，可以說是它的另一版本。宮

68　《宮崎市定中國史》，頁22-27。

崎市定自己的《中國史》只是作了微調，他把宋至清代當成近世，
而中華民國以後則是「最近世」。

在1960年代對內藤湖南的各種評論中，值得一提的，還有1965
年桑原武夫為「現代日本思想大系」所編《歷史の思想》。這部書
選取明治到昭和初年的八位史學家，內藤湖南在其中被當作「文化
史」的代表[69]。在《歷史の思想・序說》中，桑原武夫指出，內藤
湖南早年結識大內青巒時，就受到其亞洲主義思想的影響，他的「文
化移動說」講的是一個文化圈的中心並非永久固定，東洋史上支配
中國的也未必是漢民族，這當然是對日本在政治上侵略中國的肯定
或容忍，但當時日本的名人二葉亭四迷、夏目漱石、芥川龍之介也
都如此。內藤在關於中國問題的名著《支那論》和《新支那論》中，
雖然堅信辛亥革命必定成功，可是，他對五四以後尤其是中國共產
黨出現後的形勢，卻沒有看得很清楚。不過，桑原武夫也認為，可
以批判內藤湖南對日本侵華的容忍，但不該埋沒他所做中國研究的
深遠價值[70]。這一看法與宮崎市定基本相同。

1966年，恰逢內藤湖南誕辰百年，在他的家鄉舉行了紀念活動，
也有雜誌刊登紀念文章，如石田幹之助就為《東亞時論》寫了〈內
藤湖南先生追憶〉[71]。這一年，青江舜二郎出版了《竜の星座：內
藤湖南のアジア的生涯》，在談到《支那論》及《新支那論》時，
青江舜二郎指出兩點，一是在這裡面可以看到不見於其它「支那論」

---

69 桑原武夫，《歷史の思想》（現代日本思想大系27；東京：筑摩書
    房，1965），頁7-45。

70 桑原武夫，《歷史の思想・序說》，《歷史的思想》，頁32-33。

71 石田幹之助，〈內藤湖南先生追憶：生誕百年に因みて〉，《東亞
    時論》1965年11月，轉引自《石田幹之助著作集》（東京：六興出
    版社，1986）第四卷，頁146-158。

的一種觀念，就是政治遠比文化野蠻。說中國人沒有能力治理自己
的國家，日本也應該與歐美一道瓜分中國，這並不是內藤湖南一個
人的看法，但以為中國人缺乏政治管理能力，不是因為他們落後而
是因為文化太發達，這卻是他的獨創；二是內藤湖南對於辛亥革命
並不理解，他以為孫中山遭遇的挫折和康有為戊戌變法的失敗是一
樣的，都證明中國人自己救不了中國，而他還更同情想當帝師的康
有為，這就可以看出他的思想。他所謂「歷史地把握現實」是有局
限的，他意識不到清朝滅亡後的民國，代表的是新的未來[72]。他說
內藤湖南不理解辛亥革命的意義，與宮崎市定的看法也是基本一致
的。

　　不過，1970年代以後又有一些新的評論出現。1970年，野村浩
一出版了《近代日本的中國認識》[73]，在這部影響廣泛的著作中，
野村比較了內田良平的《支那觀》和內藤湖南的《支那論》。作者
提醒讀者說，面對辛亥革命後混沌不清的中國國情，內藤湖南以他
廣博的中國史知識，想要從漫長的歷史發展中追究中國的前途，雖
然他對中國國情進行了透徹分析，但問題在於，他越是與中國貼近，
越產生一種奇妙的倒錯。例如，他說「收攬父老」是成功秘訣，可
又說此秘訣對於「拯救國家於危亡」不起作用，那麼，他代替中國
人考慮的中國前途到底在哪裡？他認為，「《支那論》是在日本帝

72　青江舜二郎，《竜の星座：内藤湖南のアジア的生涯》（東京：朝
　　日新聞社，1966），頁241。
73　野村浩一，〈近代日本的中國認識〉，原載橋川文三、松本三之介
　　主編，《近代日本政治思想史》（東京：有斐閣，1970），收入野
　　村浩一著，《近代日本的中國認識》（東京：研文社，1981），張
　　學鋒譯（南京：江蘇人民出版社，2014）。

國主義侵略大陸這一平面上展開的，這一事實是不言自明的」[74]。

但儘管如此，作為東洋史家的內藤湖南，仍然被反復提及並得到高度評價。從1966年內藤湖南百年誕辰之時開始[75]，到1976年，由內藤乾吉主持的十四卷《內藤湖南全集》由筑摩書房出版。《內藤湖南全集》出版以後，陸續有幾種內藤湖南的傳記出版。1971年，貝塚茂樹的弟弟小川環樹所編《內藤湖南》一書，作為中央公論社叢書「日本的名著」之一出版，選入了內藤湖南的一些著作，並有小川環樹寫的一篇長文〈內藤湖南の學問とその生涯〉[76]。這篇文章主要介紹代表內藤史學的四部著作，即在他去世後出版的《清朝史通論》（1944）、《中國上古史》（1944）、《中國近世史》（1947）、《シナ中古の文化》（1947），說明它們是探討中國如何走向近世的最早理論表述，更強調他既是東洋史學者也是文化史家。「東洋史」的概念，雖然出自那珂通世，指的是亞洲各國各族的歷史，然而按照內藤湖南的理解，東洋文化是以中國為中心、由中心往周邊擴展的。接受了這一文化的民族得到啟蒙，又從周邊向中心回撥，東洋的歷史就是在這樣反復刺激與回應、作用與反作用中構成的，日本就是從中國文化這顆大樹上得到養分的。小川環樹在說明內藤湖南的中國史時代區分理論時，也同時提到岡崎文夫曾說的，內藤的宋代「近世說」，不僅是受原勝郎的影響，也是受了內田銀藏的

74 野村浩一著、張學鋒譯，《近代日本的中國認識》（南京：江蘇人民出版社，2014）第一部第二章之三，〈支那學者內藤湖南世界裡的「中國」〉，頁46-53。

75 森鹿三，〈內藤湖南先生の思い出〉，《內藤湖南全集》（東京：筑摩書房，1969），「月報」1。

76 小川環樹，《內藤湖南》，「日本の名著」41（東京：中央公論社，1971；1981），頁7-48。

影響[77]。

　　1972年，三田村泰助出版了《內藤湖南》一書[78]。這部書可以
說是比較早，然而也是最詳盡、最專業的傳記。其中，他論述內藤
湖南的歷史觀，指出在明治三十年發表的〈學變臆說〉中這一歷史
觀已經表現出來。用內藤高徒稻葉君山的話說，就是歷史循環論。
而當人們視歷史發展為迴圈過程時，就可以根據歷史來作未來的預
言，內藤湖南就相信歷史預言的可能[79]，有所謂「天運螺旋形迴圈
說」。但是應當注意，既是螺旋形，始與終便不同。因此，要把握
歷史的真相，必須用真善美結合的觀點，光是追求真的知識還不夠。
由此，內藤湖南確信比科學或哲學更直觀的歷史，尤其文化史是有
優越性的[80]。此書還說到，京都文科大學時代的「京都學派」，認
為大概是在郭沫若逃亡日本時，開始有了「京大東洋學」之稱。郭
沫若當時研究中國古代社會史，可是，殷墟出土的甲骨在東大（東
京大學）被視作假的而不予採用，但內藤湖南卻認為它們有價值，
郭沫若因此非常表彰京都學派。眾所周知，東大和京大之間一直有
競爭關係，在西域的歷史地理上，有桑原騭藏與白鳥庫吉、藤田豐
八之爭，在近代兵制上，有羽田亨與箭內亙之爭，在朝鮮古史上，

77　小川環樹，《內藤湖南》，頁43。

78　三田村泰助，《內藤湖南》，「中公新書」278（東京：中央公論
　　社，1972）。

79　1972年，圍繞內藤湖南有一個座談，宮崎市定、吉川幸次郎、三田
　　村泰助都很強調，內藤湖南關於歷史學家應該是預言家的主張，即
　　使成為大學教授以後，也常常在媒體上寫文章談論中國問題。內藤
　　乾吉說，大正十二年（1924）內藤湖南仍然發表了《新支那論》，
　　只是這以後才不再在媒體發言，對蔣介石統一中國以後的形勢沒有
　　表態。見三田村泰助，《內藤湖南》，頁101-102、212-214、216。

80　三田村泰助，《內藤湖南》，頁173-176。

有今西龍與池內宏之爭。不過,爭論的雙方其實往往出身東大,所以也就是「兄弟相爭」,其實都是受白鳥庫吉所確立歐式科學實證主義的影響,但是,唯一不同的就是內藤湖南的文化史觀,他不但批評白鳥庫吉對堯舜禹的否定,在邪馬台問題上也提出與白鳥庫吉「九州說」不同的「近畿說」[81]。

　　三田又指出,在內藤就任京大之後,內藤湖南依然以《朝日新聞》客員的身分評論中國問題,發表有《清朝的過去與現在》(《清朝衰亡論》)、《支那論》、《新支那論》,後兩種名著是在辛亥革命後,在混亂的局勢中探尋中國政治動向、表達自己的見解。特別在《支那論》中,他不是簡單地討論時局,而是試圖通過歷史來正確把握現狀,這是他獨創的中國史觀。就是說,在10世紀後的中國,貴族政治崩潰,新的君主獨裁制產生,同時也向平民主義的社會發展,從這時起,就可以看作近世。按照這一趨勢,辛亥革命以後的政體必然是以漢民族為主體的共和制,而袁世凱不過是倒行逆施。又就中國社會來看,專制君主及官僚機構從人民身上榨取稅收,是游離於社會之外的存在,社會實體是在父老或者鄉紳領導下的某種村落自治體即鄉團組織,如果不知道這一點,形式上的近代化是沒有意義的。內藤湖南這本書不光自負為代中國考察歷史和現狀,就是在日本也是以從未有過的獨特思路展開的中國研究。到了《新支那論》,面對中國當時的排日風潮,他認為中日關係又遇到甲午戰爭前夜那樣的危機,需要討論東亞的未來,因此《支那論》是集中考察中國社會,而這本書也考察了與中國關係密切的日本。它的特點是運用「文化中心移動說」的文化史觀,內藤說,東洋文化即中國文化,但現在從中心移到周邊的廣東,那麼,移到日本當然也

81　三田村泰助,《內藤湖南》,頁208-212。

不奇怪。內藤湖南對中國史的時代劃分，說中世貴族制向近世君主
獨裁制的轉化，三田村泰助認為，這一觀點可能與他年輕時熟讀盧
梭的《社會契約論》，了解所謂「政府的分類」有關，《社會契約
論》在明治十五年就有中江兆民的譯本，題作《民約訳解》，可以
想像它對內藤《中國近世史》的啟發。

　　但是，1974年在竹內好主編的《近代日本と中國（上）》一書
中，有增井經夫的〈內藤湖南と山路愛山〉一文[82]，基於內藤湖南
學說在日本東洋史學界的巨大影響，他把《支那論》放在大正初年
流行的「支那分割論」話題中加以檢討，警告東洋史學者謹慎對待
政治議題，不要重蹈覆轍。他說，在《支那論》之前有中島端的《支
那分割の運命》（1912）、酒卷貞一郎的《支那分割論》（1913），
後有山路愛山的《支那論》（1916）。增井經夫指出，《支那論》
有兩個宗旨，一是中國新政府必須抓住鄉村指導者即父老，二是應
該推進聯邦共和制而不需要強有力的政府。只要維護軍閥割據現狀
的共和聯邦制，這與當時流行的「支那分割論」並無兩樣。

　　總結以上的敘述，可以看到從1970年代到1980年代，日本學界
對內藤湖南及其《支那論》的檢討，大體沿著兩個維度展開：一是
作為政治時評，強調它是明治以來「支那論」的一部分，是為日本
侵華辯護；一是作為歷史研究，強調它的具有獨創性的時代劃分。
它既表達了大正時代日本知識界如國粹主義者的看法，同時也作為
學術，對中國史研究有巨大啟發。一直到1983年，增淵龍夫再論內
藤湖南的時候，仍以文革為例說明要理解「同時代」的困難，理解
「他國的同時代」更難。他說，如何對中國作同時代的考察，可以

82　增井經夫，〈內藤湖南と山路愛山〉，載竹內好、橋川文三編，《近
　　代日本と中國（上）》（東京：朝日新聞社，1974）。

內藤湖南的研究為例，既看到其中傑出的部分，也看到其中的內在
局限。內藤湖南面對的是辛亥革命前後的中國，時局激變，他試圖
透過複雜表面看到底下潛流，這一內在理解的方法給後人很多教
益，可基於這一內在理解的方法考察同時代中國，具體限制也見於
他1911年5月在大阪所作〈清國の立憲政治〉的講演。講演在辛亥革
命發生前半年，立憲運動進入高潮期，所以，他眼裡只有清朝的立
憲政治，卻一句沒有提到革命，但革命的迅速到來，超出了他的預
想[83]。

　　1980年代內藤湖南研究史上最重要的成果，當屬加拿大學者傅
佛果（1950-）英文著作《內藤湖南：政治與漢學（1866-1934）》
的出版[84]。1984年傅佛果的這部著作是在他博士論文基礎上修訂完
成的，這也是英文世界出版的第一部研究內藤湖南的著作。正如書
名所顯示的，傅佛果的切入角度，也是在學術和政治之間，這可以
看作是他的內藤湖南研究的定位，與過去的很多日本學者的研究並
無不同。在〈序章〉中，傅佛果就指出，內藤湖南是以中國史時代
劃分而聞名的漢學家，他的「唐宋變革論」已為西方學界廣泛接受，
包括費正清、賴肖爾的英語教科書《東亞：傳統與變革》等，都接
受宋代為早期近代化的理論。然而，他也是當年的「意見領袖」、
政論家，影響過日本公眾的中國觀。因此要從記者和學者兩方面，

83 增淵龍夫，〈歷史家の的同時代的考察についてい：再び內藤湖南
　　の場合〉，《歷史家の同時代史的考察について》，頁108-115。
84 Joshua A. Fogel, *Politics and Sinology: The Case of Naito Konan*
　　（Harvard East Asian Monographs）Harvard University Press, 1984；
　　日譯本：《內藤湖南：ポリテイツクスとシノロジー》，井上裕正
　　譯（東京：平凡社，1989）；中譯本：傅佛果，《內藤湖南：政治
　　與漢學（1866-1934）》，陶德民、何英鶯譯（南京：江蘇人民出
　　版社，2016）。

「從一個整體性的角度來把握湖南的學問」，同時也不能將他的學術簡單概括為是為帝國主義服務。傅佛果認為，對內藤湖南的研究和評價，在日本存在著兩種偏頗，或是僅僅從純粹歷史學角度出發，或是從政治出發，將戰前日本漢學看成是日本帝國主義幫兇，而西方學者則往往難以看到他從宏觀和微觀兩個角度研究中國史的共通點。他認為要解決上述問題，首先，要知道自1880年代後期至1890年代，內藤湖南是出於中日文化同一論立場和強烈的民族主義意識而關注中國政治，覺得日本應該在中國的改革中發揮作用；其次，他認為要理解內藤湖南的漢學，就必須要考察德川末期至明治中期流行於日本的中國觀，尤其要知道內藤湖南時代的漢學本來意味著博學，內藤湖南繼承了祖傳的實學，由此成為經世學者。傅佛果特別強調，辛亥革命是內藤湖南開始從事學術研究的契機，學術研究的結果，使他能從廣闊的歷史視野來理解這一革命的意義，即「辛亥革命意味著中國皇帝政治的結束與新的共和政治的開始」，這是「中國近代化過程中的一大進步」。然而，隨著袁世凱企圖復辟帝制，到了1914年，內藤湖南開始意識到「辛亥革命是歷史進程中的頂點」這個認識是不充分的，因此他才進一步到中國歷史中去尋找「在中國文化和社會中那些業已存在的『近世』要素」，並得出「從文化上看，中國在北宋時期就已經進入『近世』」的結論。最值得注意的是，「湖南是為了正確認識辛亥革命所引起的清朝滅亡，及其後的政治混亂局面，並試圖在中國發展史或者說近代化進程中，給其一個歷史定位，因而開始上溯中國史追尋和探究中國近代化的歷史前提的」。由於他確信學問必須以實用為目的，而日本的亞洲政策也不該讓職業政治家和軍國主義者來制定，所以他始終以自己

的觀察和學識為基礎，不斷就中國的改革及近代化、日本在其中應
有的作用等問題，發表自己的評論[85]。

在第五章中，傅佛果特別討論了《支那論》。他認為，這是20
世紀所出版影響最大的中國歷史與文化著作，它提出了很多重要的
問題，一直啟發著後人，今天歐美學界很多人提出的觀點與它相通，
可是他們並不知道這部書的存在。他在書中歸納了《支那論》的觀
點，第一，是君主獨裁政治的使命已經結束，未來適合中國的唯一
政體是共和政治，其基礎早已存在；第二，是反駁中國分割論，主
要是中島端的《支那分割之運命》（1912）、酒卷貞一郎《支那分
割論》（1913）的觀點；第三，是重視地方社會的作用，這也是戰
後被批判最多的一點，他提出了與當時日本的中國問題專家往往相
左的觀點。然而，正是最後這一點，被看成對日本侵華的辯護，招
致戰後受到批判。當然，在《支那論》中被第一次提出，並且日後
產生巨大學術影響的，還是中國史的時代劃分問題。

傅佛果對《支那論》做了相當仔細的解讀，他注意到該書第一
版卷首刊載的顧炎武、黃宗羲、曾國藩、胡林翼、李鴻章、馮桂芬、
熊希齡等人的墨蹟，他認為這表明內藤湖南的研究都有所依據，因
為顧、黃都曾把明朝的滅亡，歸咎於皇帝的君主獨裁政治。他還指
出，內藤湖南的「中國近世論」，其實受內田銀藏《日本近世史》
（1903）的影響要遠超過原勝郎。最值得一提的是，他更引述野原
四郎、橘朴、青山秀夫、北一輝、佐伯有一等對《支那論》中一些
觀點的評論，指出野原四郎在批評內藤湖南的文章中，不加區別地
將《支那論》、《新支那論》混為一談，導致其未能說明內藤湖南

85　傅佛果，《內藤湖南》，頁1-11。

思想在那十年中的變化[86]。傅佛果稱，《支那論》是內藤湖南「一個雄心勃勃的嘗試」，他試圖對混亂的中國政局有一個合乎邏輯的把握，因而對中國過去上千年的歷史與社會，作了一個空前的考察，這正是由於他始終有從歷史中探討中國現狀的歷史學家使命感[87]。

1996年，傅佛果此書日譯本的出版，恰逢內藤湖南誕辰一百三十年，筑摩書房也重印了早已脫銷的《內藤湖南全集》。正如其日文本翻譯者井上裕正所言，這部首次用英文寫作、面向歐美讀者的關於內藤湖南的著作，其研究範圍之廣，可以說涵蓋了湖南的一生及全部著作，闡明了湖南思想變化的軌跡，為日本和歐美學者的對話提供了契機，同時也刺激了日本史學界為改變閉塞狀態，重返中國史以及東洋史研究的出發點，在反省戰前中國史研究的負面遺產時，思考值得繼承的正面遺產[88]。

由於對明治大正以來史學史的檢討，這時在日本再次產生了新的內藤湖南研究熱。其中最重要的是穀川道雄、山田伸吾發起的「內藤湖南研究會」，他們提出回歸日本中國史研究先驅者內藤湖南的說法。研究會在2000年出版了《內藤湖南的世界》論文集，谷川道雄在〈序說〉中指出，內藤湖南對中國史研究的一大貢獻，正是歷史分期構想，特別是作為其核心部分的「唐宋變革論」。但以《支那論》、《新支那論》為代表的「現代中國論」，由於在戰後受到野原四郎的批判，即使是他的弟子們也不得不回避，這是因為內藤湖南在其中暗示了中國有被國際託管的可能，似乎是將侵華行為正

---

86 傅佛果，《內藤湖南》，頁191-242。並參見井上裕正為《內藤湖南：政治與漢學》日文版寫的〈譯後記〉。

87 傅佛果，《內藤湖南》，頁248。

88 井上裕正日文版〈譯後記〉，載《內藤湖南：政治與漢學》（東京：平凡社，1989）。

當化。所以他一方面被視為東方學巨匠，一方面被認為在現實政治上有錯誤，這是截然相反的兩種評價。為了理解他，現在需要知道，他的思想是從明治二十年代的民族主義出發，經過明治、大正、昭和三個時代展開的。而他的歷史分期，表明中國與近代歐洲接觸以前，就有約一千年的近世時代，辛亥革命正是在這一基礎上，促成共和制國家的誕生，此乃歷史大趨勢，而作為歷史與現代之延續性的保證，正如其〈支那論·自敘〉所言，則有民間鄉團自治組織這一富有生命力的團體。《支那論》中包含了如何歷史地把握現在與將來，以及超越個別立場把握歷史的必要性這兩種邏輯[89]。穀川道雄在最近的辯護中，還是強調這一點，他指出內藤湖南認為東亞史就是中國文化發展的歷史，曾經攝取中國文化的日本，領先中國一步邁入近代化，而日本的近代文化，也必將對中國及東亞發生影響。因此，穀川道雄認為，內藤湖南是將日本與中國都看成東亞的一員，而在這個立場上對中國近代化提出建議的[90]。

但評價的分歧始終存在。在此之前的1992年，江上波夫主編《東洋學の系譜》出版，其中有溝上瑛撰寫的〈內藤湖南〉，文章強調內藤湖南是把日本看成中國文明圈的一員，自然就要參與中國近代化的過程，這不是在替日本侵華辯護，只是主張日中協力，發揮東洋自身的進步要素，與擁護萬世一系天皇的日本為亞洲盟主旨趣完全不同。1914年《支那論》的出版，是在國際輿論廣泛認為中央集權的君主獨裁制是中國的宿命、袁世凱的上臺加速了這一宿命的情況下，內藤湖南注意到中國社會內在的地域性和分權因素，認為這

89 谷川道雄，《內藤湖南的世界·序說》，內藤湖南研究會編著、馬彪等譯，《內藤湖南的世界》（西安：三秦出版社，2005），頁26-47。
90 谷川道雄，《內藤湖南的世界·中文版序》，頁3。

才是宋以後近世社會的千載潮流，因此必將結束君主制而迎來共和制，因此是進步的[91]。他更強調內藤湖南學術的繼承者宮崎市定說內藤湖南的學問是「立體的」，是因為他既是從中國看日本，也是從日本看中國；既是從政治看文學，也是從文學看繪畫，再從藝術看政治；既是從近世看古代，也是從古代看近世。由不同角度觀看構成的中國印象，自然是立體的[92]。

　　進入21世紀，內藤湖南仍然是一個熱烈討論的話題。2007年，陶德民出版了《明治の漢學者と中國：安繹、天囚、湖南の外交論策》[93]，以重野安繹、西村天囚、內藤湖南為中心，討論明治漢學家的中國觀，其中第四章〈日露戰爭前後の「滿洲經營論」：內藤湖南の滿洲軍占領地民政調查をめぐつて〉、第五章〈辛亥革命後の「支那管理論」：內藤湖南と熊希齡をめぐつて〉、第六章〈「近代」へ執著と反省：內藤湖南の中國觀の射程〉都是討論內藤湖南的。第五章中他通過檢討《支那論》與熊希齡內閣成立（1913年9月至1914年2月）及其施政方針的關係[94]，指出內藤湖南1906年調查間島問題時，曾與熊希齡在滿洲有過見面，而在1910年再訪中國時又曾就滿洲財政向熊希齡諮詢，他對中國財政極為關心，認為熊的長處也在財政，所以當熊希齡領銜組閣的時候，一種新的希望，刺激了內藤湖南《支那論》的撰寫。

91　溝上瑛，〈內藤湖南〉，載江上波夫主編，《東洋學的系譜I》（東京：大修館書店，1992），頁52。

92　溝上瑛，〈內藤湖南〉，《東洋學的系譜I》，頁58。

93　陶德民，《明治の漢學者と中國：安繹、天囚、湖南の外交論策》（大阪：關西大學出版部，2007）。

94　這一章的內容，又曾以〈試論辛亥革命後內藤湖南的中國觀：《支那論》的成書過程與熊希齡內閣的關係〉為題，收入章開沅主編，《辛亥革命史叢刊》（武漢：武漢出版社，2005）第12輯。

最新的成果，是2016年藤田昌志出版的《明治、大正の日本論、中國論：比較文化學的研究》。他選取勝海舟、中江兆民、福澤諭吉、德富蘇峰、高山樗牛、石川啄木、吉野造作、內藤湖南、北一輝、石橋湛山、內村鑒三等明治、大正時代的人物，分別討論他們的「日本論」及「中國論」。在第七章〈內藤湖南の日本論、中國論〉中，藤田昌志強調，在內藤湖南做記者的明治二十年代，正好是對「無意識的歐化主義」進行反省的日本文化復興和民族自覺時期，伴隨著「個人的覺醒」，文藝有以西鶴的發現為中心的古典復興，和以尾崎紅葉為中心的硯友社振興，美術上有岡倉天心開始東京美術學校，思想上有德富蘇峰的平民主義和國粹主義，以及陸羯南的國民主義，內藤湖南就是在這一時代背景下從文化史角度考察日本歷史，指出今日日本是從應仁之亂以後發展出來的，在應仁之亂時代，貴族專有的文化，逐漸推廣到一般民眾，從而使得文化大眾化。而在中國，這一趨勢則是在宋代開始，宋代產生了近世的平民精神[95]。

五、《支那論》在中國：中國學界的反應

傅佛果在《內藤湖南：政治與漢學》一書中曾提到，很難判斷《支那論》在中國歷史學界的影響。儘管他也注意到，羅振玉、王國維，及稍後的謝國楨、周一良等都讀過這本書，但他認為，在1920-30年代馬克思主義思想為主流以及抗戰的氣氛中，他們不可能

---

95 藤田昌志，《明治、大正の日本論、中國論：比較文化學的研究》（東京：勉誠出版會社，2016）第七章，〈內藤湖南の日本論、中國論〉，頁177-198。

對此書有積極評價[96]。

　　沒有積極評價並不等於沒有任何評價。內藤湖南於1934年6月26日去世，同一年的8月4日，周一良便在天津寫下〈日本內藤湖南先生在中國史學上之貢獻〉的文章，以1928年出版的《研幾小錄》和《讀史叢錄》為中心，撮要介紹內藤湖南在中國史研究上的成就，稱讚他「方面之廣，精力之強，遑論日本，即我國近代學者中亦不數覯焉」。其實，在這篇文章中，周一良也稍稍談到《支那論》，他說內藤湖南「早年頗熱心於政治」，「雖早膺『支那通』之號，其初期著述乃偏重於論列中國時事，富有宣傳性質。如《清朝衰亡論》、《支那論》、《新支那論》諸書，固不無針砭得當處，然究其用意，則在導諭日本人士以常識，作來華之基礎，迥不足與言學術」。內藤的真正的學術研究，要到他就任京都大學教授以後，「迨棄新聞記者生活後，始專力於學問」。但周一良也承認，由於內藤做記者時「涉獵廣博」，到晚年專治史學，早年廣泛的知識和見聞「皆足資利用」，可以說是「自博返約」。在周一良看來，內藤湖南對中國上古史及清初史地之學貢獻最大，而他之所以關心清初史地，與「日人經營我東三省政策」也是分不開的[97]。

　　此後由於眾所周知的原因，對內藤湖南的研究並沒有在中國大陸展開，倒是在港臺陸續有一些反響。1970年代《內藤湖南全集》陸續出版，在全書尚未全部出齊時，台灣學者彭澤周就發表〈評《內藤湖南全集》〉的文章[98]，逐一介紹各卷次的內容；香港學者譚汝

96　傅佛果，《內藤湖南：政治與漢學（1866-1934）》，193頁注1。

97　周一良，〈日本內藤湖南先生在中國史學上之貢獻：《研幾小錄》及《讀史叢錄》之提要〉，載《史學年報》（1934）第二卷第一號，頁155-172。

98　彭澤周，〈評《內藤湖南全集》〉，載《序跋、目錄學、語言文字

謙也通過對近代中日文化關係的研究，討論了內藤湖南的《支那論》
等問題[99]。在中國大陸，一直到改革開放之後，對內藤湖南的研究
才在大陸學界逐漸展開。

　1982年，夏應元發表〈內藤湖南的中國史研究〉[100]，這也許是
中國大陸改革開放之後，較早對內藤史學進行的研究。到了1992年，
劉俊文主編的《日本學者研究中國史論著選譯》在中華書局出版，
其中第一卷《通論》收入了內藤湖南的〈概括的唐宋時代觀〉。為
該書撰寫〈序言〉的周一良，不但稱受西方學術影響較深的白鳥庫
吉與受乾嘉樸學影響較深的內藤湖南，是東西兩京的學界長老，也
稱內藤湖南是通觀全域，形成了自己對中國古代史的看法[101]。在內
藤去世將近六十年後，周一良對內藤湖南的意義似乎看得更清楚。

　2004年，夏應元主持編譯的二冊本內藤湖南《中國史通論：內
藤湖南博士中國史學著作選譯》出版。其中包括《中國上古史》、

（續）─────────────

　　學》（台北：大陸雜誌社，「大陸雜誌·語文叢書」第3輯第3冊），
　　頁338-341。
99 譚汝謙對中日交流的歷史、明治時代的中國觀進行了研究。他認
　　為，在西洋列強的入侵之下，亞洲如何自存和自保，是當時日本知
　　識分子所面對，也是貫串在內藤湖南理論中的一個重大問題。內藤
　　湖南受黑格爾的唯心辯證法影響，炮製了一系列史學理論，應用於
　　中日關係問題的討論。首先，是關於中國歷史分期的「內藤假說」，
　　最早可以追溯到1909年的一份課堂講義和稍後的《支那論》；其次，
　　他強調共和制是中國歷史發展的大勢，卻又反對西化論者，主張回
　　歸文化中國；最後，他宣導國際共管中國論，且日本是共管中國的
　　最佳人選。見譚汝謙，《近代中日文化關係研究》（香港：日本研
　　究所，1988）第二章〈明治日本人的中國觀〉，頁54-98、192-223。
100 夏應元，〈內藤湖南的中國史研究〉，載北京市中日文化交流史研
　　究會編，《中日文化交流史論文集》。
101 周一良，《日本學者研究中國史論著選譯（第一卷）·序言》（北
　　京：中華書局，1992），頁4、6。

《中國中古的文化》、《中國近世史》和《清朝史通論》、《清朝
衰亡史》。在〈編者前言〉（2002）中，夏應元總結內藤湖南在中
國史學方面的貢獻：首先，是他通過1899-1910年六次的中國考察，
與中國學者交往，並潛心搜集資料，為日本中國史學的史料建設做
出了開創性的貢獻；其次，是他在中古史、清史、滿蒙史方面用力
最深，頗有建樹；再次，是他在理論上主張依文化（包括政治經濟
社會思想）發展的不同來劃分時代，提出上古、中世、近世三個時
期劃分的理論；最後，是強調以中國文化為中心的東亞世界是一個
獨立的文明世界，中國歷史上的文化曾是東亞世界的主軸，影響著
周圍國家。內藤提出的「文化中心移動說」指出中國歷史上的文化
不但有地域轉移，還有階層轉移，他提出的「唐宋變革說」指出中
國自宋代起平民地位有所提高，雖然支持了君主獨裁政治，也培育
著民眾力量，所以清末後必然走上共和制。

　　夏應元編的《中國史通論：內藤湖南博士中國史學著作選譯》
卷首，有谷川道雄所寫〈致中國讀者〉（2002），在這篇〈致中國
讀者〉中，谷川特別強調了以內藤湖南為鼻祖的京都學派有關中國
史時代劃分的理論，在戰後經受了持唯物史觀的學者的批評，經過
二十年辯論，依然保持著生命力，而這一「內藤假說」的核心「唐
宋變革說」，不僅在日本在歐美也備受關注，最根本的原因就在於
內藤湖南是立足於中國史內部，從內部引出對中國史發展動向的認
識。之所以能夠這樣做，既是由於他具有深厚的漢學功底，又基於
近代史學的觀念。谷川道雄認為，1970年代以來的日本史學界乃至
中國史學界，在中國史研究上越來越陷入個別而非整體把握的局
限，正是未來兩國學者需要共同突破的問題。日本戰後的中國史學
界，非常推崇陳寅恪，熟悉他的「關隴集團說」，而在日本可以與
陳寅恪相提並論的就是內藤湖南，宮崎市定的歷史研究正是淵源於

內藤湖南。

　　2004年，錢婉約《內藤湖南研究》一書出版，正如嚴紹璗在〈序言〉中所說，這是中國第一部對內藤湖南加以系統梳理和學術解析的著作。該書以「中國學」定義明治以後的日本對中國以及亞洲的研究，正如「導論」的標題所示，是把內藤湖南放在「中國學研究的視野中」。錢婉約認為，內藤湖南是熱愛中國文化的，也注重挖掘中國歷史發展的內在脈絡和規律，因此有別於白鳥庫吉、津田左右吉那樣「無視中國的中國學」，而是對中國的「內在性的評判」。但是，他對中國的研究，又是出於對日本民族及文化命運的關懷，因此「在日本國權擴張主義的時代潮流中，與侵略中國的政治企圖沆瀣一氣」，從而在本質上又背叛了中國文化[102]。該書重點在於討論內藤湖南與中國的關係，如內藤湖南對中國的態度、在中國的實地和文獻調查、與中國學者的交往以及中國史研究上的重要論斷，向中國讀者介紹和翻譯了不少內藤湖南的文章。同時，她也補充了中國相關的資料，如介紹「宋代近世說」時，以為《支那論》中談到的歷史時期劃分，可能不只是受到內田銀藏、原勝郎的影響，因為內藤湖南認識且佩服的中國學者夏曾佑在《中學中國歷史教科書》（1903）中，也曾以周末以前為上古世、秦至唐代為中古世、宋以後為近古世，與內藤湖南異曲同工[103]。此書能夠結合日本各界對中國辛亥革命到五四運動的反應，來討論內藤湖南有關中國時事的研究，指出包括《支那論》在內的時事評論，既有帝國主義色彩，也有封建復古性[104]。稍後的2004年，台灣出版了連清吉的《日本近代

---

102 錢婉約，《內藤湖南研究》（北京：中華屋局，2004），頁15。
103 錢婉約，《內藤湖南研究》，頁99。
104 錢婉約，《內藤湖南研究》，頁217。

的文化史學家：內藤湖南》，重點討論內藤湖南在中國史學史、中國史的時代劃分、《史記》、中世文化、近世文化、清代文化、中國繪畫史等方面的成就，介紹他的「螺旋迴圈史觀」[105]。

　　近年來，對《支那論》的研究，在中國以楊棟樑主編《近代以來日本的中國觀》叢書中，楊棟樑所著第一卷《總論》的有關章節，和王美平、宋志勇所著第四卷（1895-1945）最為詳盡[106]。

　　在楊棟樑所著第一卷《總論》第三章〈從蔑視到無視：甲午戰後至北洋時期的中國觀（1895-1924）〉裡，有專門的「內藤湖南的中國論」一節。其中指出，如何看待辛亥革命及民國時期的中國，被譽為「支那學」泰斗的內藤湖南和「大正民主運動旗手」的吉野作造一樣，都具有典型意義，而所謂「支那學」與一般學術意義上的漢學不同，它是以現實中國為對象的對策研究。從1911至1924年，內藤湖南多次到中國考察，就中國問題發表了大量論述，包括《清朝衰亡論》（1912）、《支那論》（1914）和《新支那論》（1924）等。針對這一系列論述，楊棟樑指出：第一，武昌起義後，中國一度出現革命派與清朝對峙，日本朝野於是有王朝更替、南北分治的輿論，內藤湖南雖然反對南北分治論，卻認為中國存在分裂因素，所以應該放棄五族共和，而縮小領土規模；第二，內藤湖南以為清朝滅亡後，傳統的君主專制體制已為時代潮流所拋棄，而國民性和傳統社會結構，又決定了中國不宜實行中央集權，聯省自治才是適合中國國情的最佳選擇，因而應該放棄國防，交由國際管理；第三，內藤湖南的「支那學研究」是為其國家政策服務的，其本人也因此

---

105 連清吉，《日本近代的文化史學家：內藤湖南》（台北：臺灣學生書局，2004）。

106 楊棟樑主編，《近代以來日本的中國觀》（南京：江蘇人民出版社，2012），共六卷。

與純正的學院知識分子劃開了界線，他的日本對華「使命論」，是由國家年齡論、異族刺激論、文化中心移動論、殖民開發論等彼此呼應的理論結合推導出來的，是為日本的對華殖民擴張尋找理論根據。內藤湖南由一個造詣非凡的學者，墮落成戰前日本侵華國策的智囊，其深刻教訓不只屬於日本，也屬於世界[107]。

王美平撰寫的第四卷第四章〈「中國亡國觀」：「大陸政策」的強化〉指出，日俄戰爭使日本確立了世界一等國和東洋盟主的意識，內藤湖南在戰爭中曾受小村壽太郎之命到東北調查，後來成為小村在北京談判的顧問，並參加間島問題的秘密調查，他對中國具有強烈的蔑視感，否定中國人的政治改革能力，他的東北考察也對小村的北京談判發揮了重要作用[108]。而在第五章〈「中國亡國觀」的「應驗」：分裂滿蒙〉之「知識分子的辛亥革命觀」一節中，他也選取內藤湖南、酒卷貞一郎、福本日南為國策主義、軍國主義、亞洲主義的代表，指出內藤湖南在辛亥革命爆發不久，就發表了〈革命軍的將來〉、〈支那時局的發展〉兩篇評論，1911年底又作了「清朝的過去及現在」的講演（即〈清朝衰亡論〉），1914、1924年分別寫下《支那論》和《新支那論》。王美平認為，在這些著作中可以看到內藤對辛亥革命的幾點認識。第一，辛亥革命初期，他認為清朝必亡、革命思想必勝，因此反對日本藩伐援助清政府；第二，當辛亥革命推翻清政府、中國出現二次、三次革命時，他以家產型政治構造、地方自治團體的存在，以及中國國民性等理由，斷言中國難以成為近代國民國家；第三，他提倡中國放棄對滿洲、蒙古、

107 楊棟樑，《近代以來日本的中國觀》第一卷《總論》，頁165-182。
108 王美平、宋志勇，《近代以來日本的中國觀》第四卷（1895-1945），頁149-150。

西藏等邊疆地區的統治，為日本政府的滿蒙政策提供了理論依據。
內藤湖南對中國問題雖然有很多獨到分析，但他畢竟是國策主義的
學者。該書還引述山根幸夫在《近代日本與中國》裡對內藤湖南的
評價，說他雖具有客觀的中國觀，但過分堅持日本立場，最終陷入
主觀論[109]。

　　歷史學界在討論內藤湖南的「唐宋變革論」時，也往往涉及《支
那論》。這方面，當以張廣達〈內藤湖南的唐宋變革說及其影響〉
最為透徹[110]。該文指出內藤湖南對中國史學的貢獻是多方面的，「唐
宋變革說」為其重要貢獻之一。內藤在1907至1925年開設的中國古
代史、中國中古文化、中國近世史等課程中，在「政論性暢銷著作
《支那論》第一講中」，基於他的把社會、政治、經濟等都包括在
內的廣義文化史觀，將中國史劃分為上古、中世、近世三階段，以
唐末五代作為中世到近世的過渡。這一分期無疑參照了文藝復興以
來的西方歷史分期範式，但與西方歷史三分法「只是貌似」。為什
麼？因為一方面他超越了中國傳統的王朝迴圈和朝代譜牒史的局
限，另一方面他依據的還是廣義的中國文化發展史脈絡。同時，在
「宋代近世說」裡面，他有一個重要指標是平民力量的抬頭，而重
視平民，正是當時日本史學的時尚，他顯然受到一些日本民權主義
史學家的影響。張廣達還稱讚內藤湖南的中國史分期，出自對中國
廣義文化的深層次中起伏變化的考慮，正如他在《支那論·緒言》
所說，要看透時代的「潛流」，而他強調唐代的貴族政治正是通過
唐宋之際轉化為宋代君主專制體制，在《支那論》第一講中的詳細

---

109 王美平、宋志勇，《近代以來日本的中國觀》第四卷（1895-1945），
　　頁212-219。
110 張廣達，〈內藤湖南的唐宋變革說及其影響〉，載《唐研究》（北
　　京：北京大學出版社，2005）第十一卷，頁5-71。

論證，既展示了他的歷史研究不僅敘述歷史演進，也探索歷史演進
的基因。他從廣義的文化角度前瞻性地論證中國從君主走向共和，
在某種意義上反映了他個人對現實的關心，出於這種關心，他對中
國從近世走向現代化國家做出了理論性的思考。這篇文章還分析了
內藤湖南創立唐宋變革說的原因，指出他年輕時交往的多是有國粹
主義傾向者，對他的史觀形成大有影響，他後來在教學中，考察歷
史不脫離現實，評述現實不脫離歷史，「不是純粹書齋學者」，許
多著作都是他用自己學識「干預現實」的一種方式，如《支那論》
就是意在為劇變的時局提供解決問題的關鍵。張廣達強調說，批判
內藤湖南不像批判天皇主義者蓑田胸喜、白鳥庫吉那麼簡單，他是
在政治圈外的人，並沒有像德富蘇峰、矢野仁一那樣，和軍國主義
沆瀣一氣，他與津田左右吉等人都是飽學之士，內藤史學中何為富
有洞見的成果、何為涉嫌擴張的言論，需要認真分疏。

　　2013年，南開大學召開了「近代以來中國與世界的相互認識——
內藤湖南與中國」國際學術會議，其後在《世界近現代史研究》上
發表了中日學者的五篇會議論文，涉及內藤湖南的清史研究、間島
問題調查、中國美術史研究[111]，或可代表當前中日研究者的興趣所
在。

六、餘論：歷史與現實、中國與世界交織的中國觀

　　據整理編輯《內藤湖南全集》的內藤乾吉說，內藤湖南於明治

---

111 這五篇中日學者的論文以「近代以來中國與世界的相互認識——內
　　藤湖南與中國」為欄目標題，發表在南開大學世界近現代史研究中
　　心編《世界近現代史研究》（北京：社會科學文獻出版社，2014）
　　第十一輯，頁3-91。

四十二年（1909）就在京都大學開「支那近世史」課，根據他學生
當時的筆記，可知他在「緒言」裡面，是講到宋以後為中國近世的，
但由於宋史由富岡謙藏講授，他主要講的是遼金，所以，直到後來
撰寫《支那論》，他才第一次完整地展開了他的宋以後近世說[112]。

　　在《支那論》撰寫的1914年，袁世凱已有稱帝的企圖，日本政
府也支持中國實行君主立憲制，但是，內藤湖南卻相信中國必然走
上共和。為什麼他有這樣的判斷？在他看來是歷史使然。所以，他
第一個要講的是「中國近世起於何時」。「近世」（modern）的概
念出自西洋史，在日本，先是有學者用之於日本史的研究，據說對
內藤湖南影響較大的就有內田銀藏的《日本近世史》（1903）、原
勝郎的《日本中世史》。內田把足利末年到德川初期的這一段時間，
看成是日本走向近世的轉換，他說日本在政治、經濟以及學術思想
方面都發生了變化，就像歐洲從中世紀向近世的轉變那樣，首先就
是從地方分權到中央集權的政治體制的改變，同時在近世文化的形
成中，宋元明文化即「中國近世的文化」源源不斷地引入，與先前
隋唐的舊文明也完全不同。內田他們以世界史眼光而對日本史包括
中國史作出新的判斷，可以說刺激了內藤湖南的中國史觀[113]。

　　在這樣的思想和學術大背景下，內藤湖南以西洋的歷史劃分方
法應用於中國史，把貴族政治向君主政治的轉化，當作中世往近世
的標誌，認為宋以後便進入中國的「近世」。因此，他相信在中國
近世史上，雖然君主獨裁愈演愈烈，可是人民的力量卻比貴族政治

---

112 吉川幸次郎編，《東洋學創始者‧內藤湖南》（東京：講談社，1976），
　　頁104。
113 葭森健介，《內藤湖南與京都文化史學》對內藤湖南有關中國史分
　　期的理論如何受內田銀藏和原勝郎日本史研究影響，以及他們三人
　　在日本文化的問題上如何達成共識，有相當細緻並可信的研究。

時代有顯著提高，其中就蘊含了共和政治的要素。而從這一歷史趨
勢看，即便袁世凱想要恢復君主制，也不可能長久，中國的未來必
然是走向共和制。這是他從制度史和政體的立場觀察中國史的演
變，最初提出唐宋變革的理論[114]。

百年之後，我們重讀《支那論》，大概可以看到內藤湖南對於
中國的關心和所抱持的觀念：

第一，是內藤湖南對現實中國有強烈的介入，這是和很多日本
東洋學研究者不太一樣的地方。內藤湖南生於日本從德川到明治、
大正、昭和的轉變時代，和通常學院出身的學者不同，他年輕時做
新聞記者，因而對現實的政治、社會及文化有高度敏感，後來進入
京都大學研究中國史，在對歷史中國的觀察中，往往帶入他對現實
中國的感受，有強烈的介入趨向，因而曾在日本學界被稱之為「經
世學者」。松浦嘉三郎就說，內藤三十歲前後赴台，為殖民者獻計
獻策，日俄戰爭時又加入寺內內閣的外交調查，「絕非冷靜而有批
判謹慎的讀書人」，《支那論》《新支那論》也不是書齋裡的先生
可以寫出[115]。

第二，由於對現實的關心，使他對中國歷史的研究，大多是從
現實和現狀出發，用現在流行的話說，就是「倒著講」，講當今問
題的形成，突出歷史的沿革、變化，因此，往往能突破舊有的歷史

---

114 幾年以後，在《概括的唐宋時代觀》（1922）裡，內藤湖南除了重
申唐宋時期貴族制到君主獨裁制的轉變，君主和人民的地位變化，
又增加了學術文藝的變化，說明在文化生活上，唐和宋也是有區別
的。內藤湖南，〈概括的唐宋時代觀〉，見劉俊文主編、黃約瑟譯，
《日本學者研究中國史論著選譯》（北京：中華書局，1992）第一
卷《通論》，頁10-18。
115 《支那學》第三號《內藤湖南先生追悼錄》。

敘述框架，問題意識突出。這就是狩野直喜所說的「其學問不是局限在說明事情，其中有一貫的主張」[116]

第三，因為他的中國觀是從現實出發的，而近代以來，現實中國已經被納入新的世界秩序範圍內，對於中國的任何觀察，都不能脫離這個世界，所以他的《支那論》及其他有關中國的研究著作，常常引入日本、西洋，加以比較，並且也常常借用西洋、日本的歷史敘述框架。

第四，對於中國歷史的認識和現實的判斷，他也不僅僅依傍外來的尺度和框架，他在參考日本和西洋歷史的同時，也有他自己從中國歷史文獻中發掘的資源和線索，這就是顧炎武、黃宗羲、曾國藩、胡林翼、李鴻章、馮桂芬、熊希齡（1869-1937）等人對中國的論述，在《支那論》和其他的論著中，可以看到他深受這些中國前輩的啟迪。

【參考文獻】

神田喜一郎、內藤乾吉編，《內藤湖南全集》十四卷，東京：筑摩書房，1969-1976。

內藤湖南，〈概括的唐宋時代觀〉，劉俊文主編，《日本學者研究中國史論著選譯》第一卷《通論》，北京：中華書局，1992，頁10-18。

內藤湖南《中國史通論：內藤湖南博士中國史學著作選譯》（上下），夏應元選編並監譯，北京：社會科學文獻出版社，2004。

《支那學》，七卷三號「內藤湖南先生追悼錄」，1934年7月。

---

116 《支那學》第三號，頁31。

周一良，〈日本內藤湖南先生在中國史學上之貢獻：《研幾小錄》
　　及《讀史叢錄》提要〉，《史學年報》第二卷第一號，1934。

貝塚茂樹，《內藤湖南》（日本の思想家3），東京：朝日新聞社，
　　1963。

增淵龍夫，〈日本の近代史學史における中國と日本：內藤湖南の
　　場合〉，《思想》468號，1963；《歷史家の同時代的考察に
　　ついて》，東京：岩波書店，1983。

桑原武夫，《歷史思想》，近代日本思想大系27，東京：筑摩書房，
　　1965。

宮崎市定，《內藤湖南とシナ學》（近代日本を作つた百人下），
　　東京：每日新聞社，1966。

青江舜二郎，《竜の星座：內藤湖南的生涯》，東京：朝日新聞社，
　　1966。

小川環樹，《內藤湖南の學問とその生涯》（日本の名著41《內藤
　　湖南》解說），東京：中央公論社，1971。

三田村泰助，《內藤湖南》（中公新書），東京：中央公論社，1972。

〈學を語る：內藤湖南博士〉，神田喜一郎、內藤乾吉、宮崎市定、
　　吉川幸次郎、貝塚茂樹、三田村泰助等，《東方學》第四十七
　　輯，1974；收入吉川幸次郎編，《東洋學創始者》，頁71-118，
　　東京：講談社，1976。

森鹿三，《內藤湖南：日本文化論》（日本民俗文化大系11），東
　　京：講談社，1978。

千葉三郎，《內藤湖南とその時代》，東京：國書刊行會，1986。

加賀榮治，《內藤湖南ノート》，東京：東方書店，1987。

傅佛果，《內藤湖南：政治與漢學（1866-1934）》（1989），陶德
　　民、何英鶯譯，南京：江蘇人民出版社，2016。

東方學會編，《東方學回想I》，東京：刀水書房，2000。

內藤湖南研究會編著，《內藤湖南の世界：アジア再生の思想》，
　　　名古屋：河合文化教育研究所，2001；馬彪等譯，西安：三秦
　　　出版社，2005。

礪波護，《京大東洋學の百年・內藤湖南》，京都：京都大學學術
　　　出版會，2002。

錢婉約，《內藤湖南研究》，北京：中華書局，2004。

王向遠，〈近代日本「東洋史」「支那論」研究中的侵華圖謀：以
　　　內藤湖南《支那論》、《新支那論》為中心〉，《華僑大學學
　　　報》2006年4期。

南開大學世界近現代史研究中心編，《世界近現代史研究》第十一
　　　輯，北京：社會科學文獻出版社，2014。

陶德民，〈日露戰爭前後の「滿洲經營論」：內藤湖南の滿洲軍占
　　　領地民政調查をめぐつて〉、〈辛亥革命後の「支那管理論」：
　　　內藤湖南と熊希齡をめぐつて〉、〈「近代」への執著と反省：
　　　內藤湖南の中國觀の射程〉，《明治の漢學者と中國：安繹、
　　　天囚、湖南の外交論策》第四章、第五章、第六章，大阪：關
　　　西大學出版部，2007。

藤田昌志，〈內藤湖南的の日本論、中國論〉，《明治・大正の日
　　　本論、中國論：比較文化學的研究》第七章，東京：勉誠出版
　　　會社，2016。

　　戴燕，復旦大學中文系教授。研究方向為中國中古文學、中日近
代學術史。近年出版有《文學史的權力（增訂本）》。

中國革命：
「國家—社會」複合體的建成與失敗

王曉明

　　人類正處在一個全球性的社會危機當中，世界各地通行的那些主導性的社會和政治制度，似乎都明顯不再能有效地幫助人類應對社會生活的變化和挑戰，反而拖著各地的人民往保守和消極的方向下墜。因此，如何創造新的社會和政治制度，來克服危機，重振追求進步的社會共識，就成為一個關鍵的新任務。

　　在這個情況下，身為亞洲人和中國人，重溫20世紀亞洲各地包括中國在反抗帝國主義、追求社會解放的過程中，創造新的社會和政治制度的經驗和教訓，就有了特別的意義。

1

　　中國革命是在1900年代初全面興起，迅速成為其後半個世紀的中國歷史的主潮。新的中國應該有什麼樣的社會和政治制度，是革命的思想家和政治人的一大關注點。1900-1940年代，在這方面形成了很多不同的設想，也催生了多樣的社會和政治實踐。大約從1920年代中期開始，在多種國際和本地因素[1]的合力作用下，如下一種四

1　這些國際和本地因素中，特別重要的是如下四項：1. 第一次世界大

步走的設想／實踐，逐漸壓倒其他設想／實踐，成為多數革命力量
贊同並參與的首選方案：創建一個重視暴力作用的革命黨——而非
意在贏得選票的所謂「議會黨」，以這個革命黨去組建一支革命的
軍隊，以這支軍隊去奪取國家政權，以革命的國家機器去全面改造
社會。

　　1920年代末，國民黨[2]基本實現了這一方案的前三步：建立了
一個以「黨軍」（party-army）為主要支柱的「黨國」（party-state），
但遠遠沒有完成第四步：以「黨國」的力量全面改造社會。是到了
1950年代，在共產黨手中，這個方案才完整地付諸實踐：不但有了
「黨軍」和「黨國」，而且用國家機器的力量，快速完成了對整個
社會的堪稱徹底的改造[3]。

　　這個改造最明顯的後果，就是黨國近乎無限的膨脹：無論城市
還是鄉村，無論經濟、文化和社會，更不要說政治和軍事了，統統
都在黨國的直接掌控之下，幾乎所有的機構和組織，都直接是黨國

（續）

　　戰及其所暴露的西洋式資本主義／帝國主義體系的野蠻性質；2.蘇
　　聯的建立；3.中國第一代（以康有為、嚴復、章太炎和楊度等為代
　　表的）現代文化人普遍的思想左傾（例如對於社會主義和無政府主
　　義的普遍嚮往）；4.自1890年代開始，因為歷次改革和革命運動的
　　不斷受挫，在各種革命力量中間普遍累積起來的日趨激烈和注重實
　　效的政治意識。

2　在1900-1920年代的中國，國民黨（包括其前身同盟會和中華革命
　　黨）是規模最大、一直占據中國革命的中心位置的革命黨。

3　可以用如下三方面的情況來說明這個改造的徹底程度：1.所有文教
　　機構的國有化，這些機構全部成為政府的一部分；2.絕大部分工商
　　業的國有化；3.全部縣級以下鄉村的「人民公社」化，即將全部農
　　民的絕大部分經濟和政治生活，都納入「人民公社」——它同時兼
　　有基層政府和國營農場的雙重身分——的直接管理。到1950年代
　　末，這三方面的改造都已完成。

系統的一部分。黨國不但將西式政治學所區分的「國家」和「政府」合為一體，而且將西式政治學和社會學所區分的「國家」和「社會」，差不多也完全合為一體。

按照上述西式理論，當然可以說，1950至1970年代的中國大陸，在制度上，是只有國家，沒有社會或別的相對獨立的系統的。但是，如果不拘泥於這些理論的概念標準，如下描述可能更為準確：在這30年裡實際存在於中國大陸的，是一個以黨國為中樞的「國家—社會複合體」（state-society complex）。

2

中國革命走到1950年代，竟是以這樣一個高度集權的國家—社會複合體，作為它的主要的政治和社會結果：這是否意味著這個革命走上了歧途？

如果只是看1950年代的狀況——其時這個複合體剛剛成形，恐怕不能作這樣的判斷。

中國革命是在如下這些實際狀況的制約下展開的：現存的物質性的社會狀況——政治制度、經濟狀況和軍事力量——基本上是阻礙革命的[4]，革命只能依靠某種新的能發揮強大精神動員力的團體力

4　限於篇幅，本文不能展開對於「為何會有中國革命」的討論，這裡只說兩點：1. 雖然經歷了如太平天國那樣的內部戰爭（這造成了南方很多地區的經濟和社會動盪），但整個20世紀的下半葉，中國內部的社會和經濟狀況，整體上並沒有形成足以激發大規模革命的危機；2. 在這種情況下，之所以還是會形成中國革命這樣激烈和全面的歷史運動，主要的原因，是文化的和政治的，即當中國被動地、日趨劇烈地捲入資本主義／帝國主義主導的新的全球秩序的時候，中國的主流文化、政治制度及其社會型構的深刻的不適應。

量來推動；面對來自西式帝國主義的持續壓力[5]，中國社會必須保持內部的高度一致，不能四分五裂；中國革命是一個主要基於長程理想而展開的社會運動，它不應該停止於某一個階段，而是要不斷地往前走，因此，需要有一個始終引導——必要時甚至強制——社會往前走的政治力量……

正是這些狀況決定了，中國革命的持續推進，勢必和某種集權性的、有強大的統攝和強制力的組織力量的持續壯大相輔相成。也正是這樣的基本形勢，解釋了為什麼那個「革命黨—黨軍—黨國—革命社會」的路線圖會壓倒其他路線圖，成為革命的首選方案。從這個角度看，一旦革命黨奪取了國家機器，放手大幹，類似「國家—社會」這樣的複合體的形成，就是一件遲早會發生、可以說具有某種歷史必然性的事[6]。

中國革命的基本動因之一就是反滿清和其後的各式專制，中國的革命者當然知道：任何專制——或缺乏約束的集權——系統都會走向腐敗和滅亡。如果客觀形勢決定了類似黨國這樣的集權制度，和某種類型的國家—社會複合體，是中國革命在特定階段不得不借用乃至創造的政治和社會工具，那麼，這些副作用明顯的工具會不會反客為主、毒害使用者、將革命引入歧途？中國的革命力量能否

---

5 即便1911年中華民國建立以後，這種壓力也有增無減，以1931年「瀋陽事變」為開端的日本的軍事侵略，就是一個極端的表現；二戰以後全球「冷戰」造就的緊張局勢（如1950-1960年代在韓半島戰爭和印度支那半島相繼爆發的戰爭），也同樣體現了這個壓力，或者說，對這個壓力的強烈反應。

6 1934年國民黨政府推行的「新生活運動」，以及1920年代晚期至「抗戰」全面爆發之前在廣西、福建、山西、重慶和西北地方分別由當地政府（或政府支持的企業家）施行的類似的社會改造的方案和實踐，都可以被看成是這種複合體的早期表現。

通過清醒的政治思考和持續的政治實踐，克服後一種可能，就成了決定革命能否順利進行的關鍵。

應該說，國民黨和共產黨的領袖人物，對這一點都是有所思考、也在制度上有所規劃的[7]。但是，這些思考和規劃是否足夠？究竟起了多大的作用？我們還得仔細去看1950-1980年代的實際狀況：當以黨國為中樞的國家—社會複合體建立以後，它實際是往哪個方向走的？是「國家」利用自己在這個複合體內的獨大之勢，快速地吞噬「社會」，導致這個複合體很快喪失其複合性質？還是「社會」雖然被整合進複合體、喪失了絕大部分自主的制度性保護，卻同時獲得了以若干特殊的方式向黨國體制借力的可能，因此在國家體制之內持續發揮作用，在一定程度上抵制了整個複合體的單極化？尤其重要的是，黨國體制確立以後，是革命黨繼續保持其非國家甚至反國家的性格、從而有效地駕馭本質上是資產階級性質的現代國家機器為革命所用？還是革命黨迅速被這國家機器所反噬、逐步官僚化，導致黨和黨國的整體變質？……

只有了解了上述這些狀況，我們才能判斷，黨國和國家—社會複合體的建立，是否意味著中國革命走進了歧途。

3

從道理上講，黨國是一種矛盾的體制：一方面，它在制度上完

7　雖然國民黨的領袖孫中山的政治思維的基本傾向，是偏重於強調團體價值的崇高和集權的正當，但在解釋其「五權分立」的制度設計時，他不止一次地強調其保障政治民主及其制度彈性的意義；共產黨的領袖毛澤東也在1940年代晚期，認真思考過共產黨如何避免重蹈李自成式農民革命的覆轍的問題。

全由革命黨掌控，而中國的革命黨（不僅是中共），本來都是有某
種非——甚至反——國家的性質的[8]；但另一方面，它又是一個強大
的國家（the state），革命黨是為了要充分利用國家機器的力量才來
組建黨國的，它只會最大限度地強化它，而不會削弱它[9]。在這種情
況下，黨國內部——至少在其初建的時候——勢必形成一種「黨」
與「國」之間的不協調。

　　1950年代初的情形就是如此。雖然是中共一手組建中央和各級
地方政府，但在國家／政府的制度構造上，中共卻基本是仿照已有
的國家制度，並沒有多創新制[10]。因此，黨國內部的兩個系統——
「黨」和「政府」——的並存，其運行方式的並不完全一致，都相
當明顯。由此形成的某種制度性的張力[11]，也可以說相當清晰。

8　造就這一共同性質的原因有很多，除了前述構成中國革命的基本動
　　因之一的反專制的共同訴求之外，現代早期的革命者大多經由不同
　　的思想脈絡（大同思想、佛學、無政府主義、馬克思主義的國際主
　　義……），形成一面推崇「國家」的救世功能，一面卻視其為僅具
　　有階段性價值、以後應該逐步消亡的認識。因此，革命者大多不會
　　覺得科層制式的自上而下的決策機制有多大的正當性，相比起來，
　　他們更認同平等和民主的原則。另外，嚴酷的戰爭環境固然有助於
　　強化中共的軍事化的組織架構，同時也會強化黨內要求共同決策、
　　避免因個人獨斷造成決策失誤和集體損失的政治氛圍。

9　毛澤東在《新民主主義論》裡對中共領導的新國家的論述，就清楚
　　地體現了這個矛盾：一方面，他承認國家應該逐步消亡，另一方面，
　　他又明確表示不忌諱高度集權的「獨裁」。

10　這仿照的對象主要是兩個：秦漢以來的中央集權政體（包括其民國
　　變體）和蘇聯式的現代多民族國家的政體。因此，在創造新的國家
　　／政府體制這一方面，毛澤東還不如孫中山的動作大。

11　舉三個體現這一張力的例子：1. 各級各類的政府機構，都設有一個
　　實際掌握該機構之行政權力的黨的委員會（該機構的高級官員大多
　　是這個委員會的成員），該機構的所有重要事務，都須由這個委員
　　會在其書記（這個職位通常並不由該機構的行政長官擔任）主持下

但是，大致從1950年代中期開始，情況就不同了。作為執政黨的中共的各級組織本身，明顯加速度地政府化。這方面的一個典型表現，是當政府和軍隊完成所謂「正規化」、官員和軍人分別以行政和軍銜分級的時候[12]，專職黨務人員也同步嵌入上述級別、領取相應的差額明顯的薪水和其他「福利」[13]：這意味著黨務人員的官員化獲得了正式的制度體現和保障，它自然勢不可擋了。

當然，黨組織的層級結構本身，是這個政府化的更深的動因。自從中共選擇「列寧道路」[14]，遵循以「全黨服從中央」為歸宿的

<hr/>

（續）

討論決定，而非由行政長官個人決定並負責；2. 凡是中級（即所謂「廳局」）及以上各級的政府機構中，除了上述黨的委員會以外，通常還設有一個叫做「機關黨委」的黨組織，該機構內的所有黨員都屬於這個機關黨委，而該機關黨委的負責人，通常由非該機構長官或高級官員的黨員來擔任，因此，該機構的部分人員之間，會形成一種雙重但反向的上下級關係：作為政府官員，A是B的長官，但作為機關黨委的成員，B是A的領導。3. 幾乎所有政府機構內的黨組織，都有一種叫做「民主生活會」的定期活動，其主要內容是組織黨員以平等的身分，展開所謂「批評與自我批評」，這就給具有黨員身分的低級官員，提供了批評高級官員的制度性的機會。

12 完成於1955年的政府官員行政分級和軍銜的級數，都是相當高的，前者為29級，後者為20級。對應於這些級別的薪水之間的差異，也堪稱巨大，以行政級別的薪水而言，最高者與最低者相差達30倍。

13 這些「福利」包括住房、汽車、醫療、「特別供應」的酒和食品、舞會和電影放映，乃至（提供給高級幹部的專職的）廚師、司機、衛士、生活秘書和醫護人員等。

14 粗略來說，此處的「列寧道路」可以被如此概括：不是如馬克思設想的那樣，在完成資本主義主導的全球現代化以後，才在主要的資本主義國家同時爆發工人階級主導的社會主義革命，而是在類似俄國那樣的資本主義並不發達的國家，由共產黨組織和發動社會主義革命，在一國之內單獨建立社會主義國家和社會。

「民主集中制」的組織原則[15]，實際上主要是按照軍隊的模式重構黨的層級系統，中共的組織架構本身，就已經具有類似科層制的基因。隨著黨國的建立，根據掌控龐大的行政、經濟和軍事系統的需要，中共日益全面地將自己對口嵌入這些系統，由此形成的細密分級的組織架構，其實是越來越跟現代政府的科層架構沒什麼兩樣了。

可以說，正是組織政府化和人身官員化這兩方面持續的合力，相當快速地消滅了至少1950年代早期還明顯可見的黨國內部的制度性張力。1959-61年的大饑荒，清楚地證實，在整個現代早期[16]大體維持著的革命黨的非國家（non-state）性質，以及由此獲得的對於政治性制度變化及其後果的敏銳反應能力，在中共這裡是基本喪失了。

當然，黨組織的政府化並非毫無阻力。前面說過，中國革命的一大特點，就是特別倚重精神動員的能力，經過嚴復、梁啟超和陳獨秀、魯迅這兩代知識分子的持續努力，到1920-1930年代，自由、平等、民主、解放的理想，至少在知識青年當中，可說是深入人心。像中共這樣的革命黨，當其尚未執政、不能向人普遍提供物質利益的時候，更勢必以革命的意識形態[17]為其招募成員、凝聚人心的主

---

15 毛澤東主導的中共第七屆代表大會（1945）所制定的中共黨章的總綱中，就明確將「民主集中制」概括為「個人服從組織、少數服從多數、下級服從上級、全黨服從中央」。

16 這裡說的「現代早期」，大致開始於19世紀晚期，結束於1940年代末1950年代初，如此分期的依據，見王曉明：〈中國現代思想文選序〉，王曉明、周展安編，《中國現代思想文選》（上海書店出版社，2013）。

17 中共成員實際信奉的革命意識形態，並不能僅僅歸於列寧／史達林版的馬克思主義，其中還混雜了許多其他成分，包括現代早期廣為流傳的各類無政府主義、三民主義、佛學和其他傳統思想。

要手段。因此，1950-1960年代的中共黨員當中，有大批人不同程度地信奉革命的意識形態，對於各級黨組織的加速度的政府化，以及由此強化的黨幹部在言行舉止方面的普遍的官僚化，他們是相當反感的[18]。

更重要的是，上述「黨」逐步被「國家」吞噬的過程，正與黨國強力推進「社會主義改造」、組建「國家—社會」複合體的過程同步。黨國對社會的強力改造，雖可說是出於革命的理想，卻因為各種內外條件[19]限制，造成了大量不同方式和程度的社會傷害[20]。隨著黨國內部的制度性張力日漸消亡，國家獨大的負面因素：行政運作的自利傾向、社會控制的密不透風、幹部／官員的專權和腐敗……更從多個方面，不必要地加劇了上述社會傷害的範圍和程度。這自然會引起人民的廣泛不滿和反抗。

於是，在1950年代中期，來自被「國家」吞噬的「黨」的內部的不滿，和來自被「黨國」傷害的人民的不滿，開始聚合和爆發。

---

18 就是因為這種革命意識形態的影響力，在1950-60年代，在通行的政治詞彙中，「當官」是一個具有貶義的說法，中共的官方文檔也一直避免稱其幹部為「官員」。大致是從1990年代晚期開始，在官方文檔中，「官員」一詞才消除了其貶義，與「幹部」混用、甚至開始取代後者的。

19 這些條件中比較重要的是：國際「冷戰」格局、資本主義欠發達的社會現實、「超英趕美」式的經濟發展方案、只重目標不計手段的倫理意識，以及凡事首先從敵我關係來理解的政治思路。

20 其中最明顯的是如下三方面：1.對於被黨國認定為「反革命」或「不革命」者的全面——從言論表達、經濟收入到人身安全——的壓迫；2.對農民的持續而深刻的盤剝：土地、戶口、農產品價格……3.對於改善城市一般民生的貧困狀況的實際的漠視：1950年代末的大饑荒、其後日益細密的食物／日用品憑票供應制度……

4

這些爆發當中，有許多採用了一般常見的魯莽、違法甚至暴力的方式[21]。但我這裡特別要介紹的，是另一些往往以溫和、合法的方式、在黨國體制內部展開的爆發。

其中第一次全國規模的爆發，是1956-57年的「大鳴大放」運動。這其實是中共自己組織的活動，在許多地方，甚至是由黨幹部反復號召動員才得以推進的。這場運動以各級黨組織召集的會議和黨國的報刊和電臺為基本媒介，那些因此在1957年被打成「右派」，被撤職、遣送去農村、甚至被關進監獄的人[22]，絕大多數在各級黨國機關任職、或者在大學[23]讀書，其中極大一個部分，是中共黨員：可以說，這完全是一場黨國體制內部的運動。

但顯然，這同時也是一場遍及全國的社會運動。那些所謂的「右派言論」，大部分是從廣義的中國革命的社會理想——平等、民主、自由、社會主義、反帝國主義——出發，從個人、人民或民眾的角度，對黨國及其幹部／官員提出批評和建議，而非只是站在替黨國

---

21 1959-60年間遍及西北、東北、西南和中原地區的各種哄搶糧庫和
    運貨火車的饑民的騷亂，就是這方面的典型例子。文革期間民眾的
    那些衝擊黨政機關、批鬥黨幹部／官員的行為，雖然大多以「革命
    造反」的名義展開，卻有很大一部分，實際是表現了因各種原因處
    於國家—社會複合體的低等階位、因此蒙受較多壓抑者的強烈不
    滿。

22 據1979年官方公布的資料，「右派分子」的總數是55萬。實際數字
    極可能比這個多，但至今並無各方接受的權威資料。

23 其時大學都已經收歸國有，大學的行政和教學部門，也都成為黨國
    機關的一部分。

謀劃的立場上說話[24]。

　　這不奇怪。中國雖在兩千多年前就形成了堪稱完備的中央集權體制，但直到民國時期，朝廷／國家大體上還只是高踞於民眾的日常世界之上，並無意願——也沒有制度條件——下沉到這個世界裡，將它一塊塊都納入囊中：從這個角度完全可以說，中國一直有一個非官方的龐大的社會，在大地上自我運行。是1950年代中共創建的黨國，才第一次試圖用國家機器的強力，徹底地改造這個社會。

　　應該佩服黨國，它居然能在不到十年的時間裡完成這個改造；但也要看到，這完成的至少很大一部分，其實只是形式上的。黨國可以很快地把一個人的職業身分從編輯、作曲家和工程師轉變為「國家幹部」，他的思想和情感卻不可能同步改變；你可以迅速消滅各種民間團體和非官方的言論空間，原先在這樣的團體和空間裡展開的能量卻不可能立即消散，它們勢必要在新的團體和空間——也就是黨國的體制空間——中四處冒頭。

　　一個只有十年歷史的黨國，胃口再大，也消化不了一個體量巨大、延續了兩千年的社會，硬要這麼吞，結果一定是卡在半途：表面上是「國家」重構了「社會」，變後者為自己的一部分，實際上「國家」卻因此變異，它的幾乎大部分細胞，都不同程度地摻進了非國家的成分，一旦條件許可，它們就會按原有的慣性自行其是。1957年的大鳴大放就是一個顯例，它清楚地說明了，前述的「國家—社會」複合體——至少在1950年代中期初步成形時——的「複合」是什麼意思：那是一個外形嚴整、內部卻明顯存在張力的系統，不

24　受制於檔案資料的欠缺，目前並無可能對於其時各地「右派言論」
　　的內容作出較為準確的歸納和分類。我這裡的判斷，主要是依據各
　　種當事人的回憶錄而得出。

但黨國利用它一口一口地吞咽社會，社會也同時借其空間，在這裡
或那裡反彈和抗拒。

　　大鳴大放運動很快就被嚴厲地鎮壓下去了，以致我們今天都習
慣於稱其為「反右運動」。但這一種在黨國體制空間內展開的社會
抗爭，卻並沒有隨之結束。它有時候表現為中共幹部——包括高級
幹部——的為民請命式的政治異議，例如大饑荒時期（1959-61）從
基層到中央許多黨幹部／官員對「大躍進」不約而同的批評[25]；有
時候則表現為文化界人士在黨國媒體上此起彼伏的諷刺和批評性言
論，例如，1961-62年間廣州、上海和北京等地由雜感、漫話、學術
演講和文藝論辯等，匯合而成的被稱為「文藝界的春天」的活躍氣
氛[26]。

　　1966-76年間的文革，不但在最初那幾年，給社會抗爭的粗暴、
「違法」的爆發提供了適宜的條件，也在差不多整整十年內，給這
抗爭的溫和的「體制內」表達提供了多樣的空間[27]。正是在這樣的

25 這些異議同樣遭受嚴厲的鎮壓，而且也被扣上了與1957年大鳴大放
　運動相類的罪名：「右傾機會主義」。
26 這個氣氛之所以能形成，周恩來（其時任國務院總理）和陳毅（國
　務院副總理）等黨國領導人在1961年的多次意在顯示政治寬容的講
　話，是起了關鍵的促進作用的。這種上下呼應的情況，正從一個側
　面，表現了黨國體制的容納／表現「社會異議」的內部彈性。
27 整個文革期間，尤其是1966-1969年間，一般民眾（尤其是年輕人）
　都可以自主組建各種非官方的「群眾組織」（這在文革前是黨國絕
　對不允許的），擁有比1956-57年間更多樣的思想和言論表達的途
　徑（貼大字報、組織遊行、印製和散發傳單／報刊……），可以在
　「革命造反」之類的名義下公開質疑制度性的壓抑（例如要求提高
　工資、增加勞動福利、拒絕按照課表上課和考試等），甚至可以（利
　用「大串聯」和「上山下鄉」運動）去各地尋找思想和意趣相投之
　人以交流看法……。

情形下，民眾——不限於黨幹部和知識分子——對黨國、國家—社會複合體和毛澤東式的政治領袖的懷疑和反思，在社會上持續發酵；一些在根本的政治判斷上迥異於黨國意識形態的思想觀念，也在一部分年輕人中間初步成形。在某些地區，受激於特定的政治和社會情勢，上述懷疑和反思甚至會逾出溫和守「法」的邊界，釀成激烈的爆發[28]，社會抗爭的兩種形式的交匯，也因此凸顯。

更值得注意的是，文革十年間，黨國的軟硬兩面的制度性暴力，在許多方面是強化到了極為乖戾的程度的：將數百萬文化人和幹部／官員撤職、拘禁甚至處死；強遷大約兩千萬中學畢業生去鄉村務農；多年凍結城市職工的工資；工廠中的黨幹部可以隨意拘押被其認定是犯了所謂「生活錯誤」[29]的工人；一旦被人舉報，誤踩了報紙上的領袖頭像的公民就可能鋃鐺入獄……

如上段所述，正是在這十年內，不同形式的——粗暴違法的，和體制內的溫和的——社會抗爭都獲得了四面伸展甚至爆發的機會，那麼，文革式的黨國暴力的強化，在這當中起了什麼作用？比如，許多昔日頤指氣使的黨員高官被撤職、在批鬥會上垂首聽任訓斥、甚至被毒打，而不少文革前因為種種原因——例如出身於富農、小資本家等等所謂「成分不好」的家庭，或本人政治表現不佳——低人一等的普通群眾，卻大呼「造反」、深覺揚眉吐氣：如果把這

28　例如1968年夏天武漢地區「百萬雄師」（其時該地區規模最大的工人造反組織）一派的工人和武漢軍分區的部分軍人對於（黨中央派往武漢的）高級代表的公然抗爭，以致其時身在武漢的毛澤東不得不倉促避去上海。

29　這是1940-1980年代間中共的一個流行的政治詞彙，主要指各種不符合主流標準的戀愛和性愛行為（如婚外戀、未婚懷孕、性騷擾、在公園等公共場所的自願的性行為……）。

兩種情況聯繫起來，是不是可以看出前述「社會」借「國家」以行
事的「複合」狀況的一種堪稱極端的表現？連黨國的制度性暴力，
都可能因它的非常態的膨脹，而被混入了民間宣洩被壓抑之情的衝
動，國家—社會複合體的內部張力，真是無處不在了。

　　這就是1960-70年代中國大陸的社會結構的特別之處了：說得粗
糙一點，儘管遭遇了黨國的強力改造，「社會」卻並沒有完全消失，
它的許多部分，其實是以不同的方式，在國家—社會複合體的制度
規範之下，蜷伏和散布於「國家」之內。

5

　　1976年10月，中共中央宣布文革結束；1981年，又正式宣布文
革是一場「內亂」，其發動者毛澤東犯了大錯；1980年，憲法中取
消了「四大自由」的條款[30]：這一系列官方動作，並不只是順應民
意，要結束空談革命、民生困頓的狀況，以便為黨國另奠新基[31]，
也包含著收緊非官方的表達途徑、避免文革式失控再次發生的用心。

　　對黨國而言，1980年代[32]堪稱大轉變的時期。一方面，黨國逐

30　即「大鳴大放」、「大字報」和「大辯論」。自此以後，在公共場
　　合貼大字報就成了違法之舉。
31　自1949年建立起，黨國的合法性主要是建立在「帶領人民幹革命」
　　這樣的政治共識之上的（這也是為什麼黨國一直將發展主流意識形
　　態視為頭等大事之一），但當文革結束、人民普遍開始視「革命」
　　為虛幻之事的時候，以鄧小平為核心的黨國的統治階層，勢必要為
　　黨國另建新的合法性，而發展經濟和改善民生（所謂建設「小康社
　　會」），則成為這方面的首選方案。
32　這裡的「1980年代」主要是一個社會政治的分期概念，它大致開始
　　於1978年，結束於1992年。

步放棄了改善或維持「國家—社會複合體」的雄心，不但全面取消
人民公社制度，將政府的直接行政網路大幅度撤出鄉村[33]，而且全
面重建和擴建市場，發展資本主義經濟，將大部分原來由政府直接
操作的經濟和社會事務及其相應責任，都轉交給市場處理，推卸給
個人承擔[34]。當然，那些直接關係到黨國和社會穩定的關鍵性經濟
部門，例如銀行、能源、電信、航空和鐵路交通部門，國家依然牢
牢地抓在手裡，但它們的基本性質已經迅速改變，不再是「全民所
有」、從經濟上支撐成國家—社會複合體的關鍵部門，而是戴著「國
有」的帽子、實際上為中央政府所有、充當國家機器的經濟部分的
主要構件了。

　　至遲到1990年代中期，延續了30年的國家—社會複合體，是基
本解體了。原先那個被收編和肢解於上述複合體內的「社會」，隨

---

33 1950年代中後期在全國範圍建立的人民公社制度，不但將政府機構
　　細密地下沉到村落的層面，而且徹底重組農民的幾乎全部經濟活
　　動，大幅縮小農民的私有財產，形成了國家對鄉村和農民生活的全
　　面支配，為國家—社會複合體的建立，奠定了關鍵的基礎。因此，
　　1970年代晚期取消人民公社制度，不但意味著政府的直接管控網路
　　撤回到鄉鎮一級，而且意味著政府明確放棄對於農民的經濟活動的
　　直接組織。從1980年代中期開始的至少20年間，政府除了收稅和維
　　持治安，對鄉村基本上採取放任不管的態度。直到2000年代中期，
　　這個情況才開始改變，但因為超出了本文的論述範圍，就不贅述了。
34 這裡粗略地列出這方面的三類主要事項：1. 引入資本主義式的經濟
　　政策，重建從房地產到金融的各類市場，放棄大部分價格管制，將
　　1980年代之前的有限的市場經濟，擴建為近乎無所不包的、具有鮮
　　明「中國特色」的資本主義市場經濟；2. 全面引入外資，同時大幅
　　度減少國營企業，造成數千萬職工失業；3. 近乎全面地放棄1950
　　年代建立的對城市居民的「二次分配」制度（這是國家—社會複合
　　體的另一個重要基礎），撤回國家此前在教育、醫療、住房、交通
　　和公共能源（如水、電和煤氣）方面承擔的大部分經濟責任。

之逐步恢復：首先在經濟領域裡，其後也在一部分文化和政治領域
裡。大約到2000年代初，可以說，那種明確區別於國家的實體性的
社會，又部分地在中國大陸重現了。

　　另一方面，黨國體制經歷了內在矛盾的劇烈衝突，自身也大變
了。以1970年代晚期的一系列思想和政治變化為開端[35]，類似
1956-57年那樣的社會不滿及其表達、1959-60年那樣的中共內部的
政治異議，和類似1960年代初期那樣的文化界的諷刺批評，都以更
大的範圍和日趨激烈的程度，在黨國體制內外持續地展開。儘管遭
遇嚴厲的壓制[36]，甚至引發中共高層的劇烈的人事變動[37]，主要在
「體制內」空間展開的對於黨國的社會壓力和抗爭，還是持續擴大，
在中共的幹部中，甚至形成了一個規模甚大、得到黨外廣泛支持的
所謂「改革派」的群體[38]。黨國體制內部的張力，由此凸顯到前所
未有的程度。

　　這個張力最劇烈的爆發，是1989年春天的抗議運動。它雖由大
學生發動，卻以被撤職的中共總書記胡耀邦的突然病故為直接起
因：社會各界對黨國的抗爭，和黨國高層的內部衝突，從一開始就

35　其中的兩個標誌性事件是：1979年由部分中共高官發動、以「實踐
　　是檢驗真理的唯一標準」為口號的所謂「思想解放運動」，以及差
　　不多同時主要由北京的年輕市民展開、以「西單民主牆」為第一載
　　體的非官方的政治和思想討論。
36　例如1982年和1984年由黨國的實際領導人鄧小平出面發動的所謂
　　「清除精神污染」和「反自由化」運動。
37　1981-89年間，中共撤換了三任主席／總書記，儘管其具體的政治
　　情勢各不一樣，這三次人事變動都體現了這一時期黨國不能有效應
　　對社會壓力的深刻困境。
38　這個群體不但有兩任總書記（胡耀邦、趙紫陽）為其公認的代表，
　　還得到從中央到地方各個層次的大批幹部／官員的贊同和呼應，連
　　鄧小平也一度被廣泛認為是其核心人物。

深度混合。在北京和大部分省會城市，都有大批黨國機關的幹部和官員，以包括結隊上街遊行在內的各種方式，支援和參加運動，天安門廣場上那些標明「中共中央組織部」、「新華社」、「機械工業部」之類機關名稱的遊行隊伍的橫幅，把黨國體制內含的社會性細胞的規模及其活躍的能量，標示得非常觸目。

　　惟其如此，黨國對這場運動的嚴厲鎮壓，1989年6月4日天安門廣場上坦克車的橫衝直撞，就具有特別重大的意義。它再次以毫不掩飾的國家暴力，向民眾（包括成千上萬參與抗議運動的黨幹部和官員）表明了黨國絕不容忍來自社會的政治挑戰的立場；它更與大致同時的一系列國際事變——尤其是東歐共產黨政權的相繼垮臺和蘇聯解體——的政治影響一起，相當徹底地摧毀了前述的黨內「改革派」，在明確的利益原則的基礎上[39]，重新統一了黨國的統治階層。

　　1950年代早期以來黨國內部的制度性張力的明明暗暗的延續，和作為其主要形式的社會抗爭的「體制內」表達的斷斷續續的發展，都由此劃下了句號。自那以後中國大陸的持續變化，清楚地證實了這一點。

　　從整個中國革命的歷程來看，可以說，1980年代是歷史提供給中國革命、革命黨及其政治建構的最後一次機會。文革已經以極端

---

39 可以將這個「利益原則」表述為：一切改革都必須以維持黨國的存在為前提，如果黨國崩潰了，所有幹部／官員建基於權勢的實際利益，都將一同消失。在很大程度上，「改革派」本是以類似「改革可以挽救和改善黨國」這樣的主張贏得許多幹部／官員的支持的，但蘇聯的解體，一定程度上也包括1989年抗議運動的浩大聲勢，卻似乎強有力地凸顯了「改革將傾覆黨國」的可能，這就從根本上破壞了「改革派」的政治理據，為上述「利益原則」在黨國統治階層內的一統天下，奠定了思想和心理的基礎。

的方式，將黨國和國家—社會複合體的內外困境暴露無遺，官民兩面也很快在痛定思痛、深切反省的方向上形成了共識，在這樣的社會情勢中，徹底檢討過往的教訓，重新理解中國革命的涵義，進而探索它的新的思想、政治和社會維度，為中國革命打開新的天地：這應該是可能的吧。事實上，1980年代的若干思想和政治變化[40]，都提示了這並非空想。

也正因為這樣，國家—社會複合體的瓦解和社會的復甦，儘管在一定程度上搖動了整個局勢，激化了黨國體制的內部矛盾，甚至強化了病急亂投醫式的機會主義衝動，它們和其他因素一起促發的那些經濟、文化和政治動盪，依然是既令人惶惑、也激勵希望的，因為它們同時包含著多個方向的可能。1980年代的中國，雖然迭遭苦難，卻並沒有完全放棄昔日的大志，它的頭腦有點混亂，但視野正在重新打開，它急切地想要退出文革式的歧途，卻並沒有如後來大家所看到的那樣，就一頭紮進資本主義了，至少，在1980年代，在繼續前行還是轉身後退這個大的政治選擇上，中國並沒有拿定主意，它還有選擇的餘地。

是1989年的六四事變為中國作了決定。這個事變促成了黨國對於新局勢的回應之道的成形：它將以徹底清除自己體制內殘餘的「革命黨」因素、鼓勵黨幹部完全蛻變為政府官員的方式，將自己改造為一部以「保持執政」為第一意志的國家機器。40年前，是革命黨為了推進中國革命而建造了黨國，但現在，這黨國卻不再聽命於原初的使命，快速蛻變為一個機會主義的政治力量：只要能繼續當船

40　例如對歐洲式「民主社會主義」思想和東歐（包括南斯拉夫）的多種社會主義經濟理論及其實踐的重新討論，一系列推進「黨內民主」和公共政治的政策規劃和試點，對「黨報和人民的關係」、「思想無禁區」、「黨大還是法大」之類政治議題的公開的熱烈論辯。

長，它可以將中國這艘巨輪引向任何方向，哪怕那與此前30年的方向截然相反。

到這一步，我已經不知道是否還應該繼續稱其為「黨國」了：它實際上就只是一個「國」（state），昔日那個位居其前、企圖駕馭它去推進「社會主義」的「黨」，已經名存實亡。惟其只是一個「國」，惟其擺脫了中國革命的基本方略的羈絆，這個大體沿用舊形式的新政權，反而更靈活，更有政治嗅覺和應變能力了：它可以毫不掩飾地模仿西方，大幹資本主義，也可以沿用昔日黨國的經驗，加強對社會和輿論的控制……不過，這是另外一個故事，這裡就不展開了。

6

粗略地歸納一下三個初步的結論。

一，1950-1980年代中國大陸的狀況，清楚地提供了對於本文開頭提出的那個問題的回答：中共所建立的這一個「黨國」，和由這黨國所建立的「國家—社會」複合體，並沒有達成當初建立它們時的那個政治目標：在中國推進社會主義的建設，相反，它們在巨量耗費了此前半個多世紀由中國革命的各路力量共同累積起來的廣義的社會主義的精神和社會能量以後，以自身的變異和解體，造成了社會主義的重大挫折，為資本主義在中國大陸的復興和壯大，準備了政治、經濟和文化條件。因此，從較為長程的歷史的角度看，中共式的「黨國」和「國家社會複合體」，的確可以說是意味著中國革命開始走入了歧途。

二，從政治的角度看，上述情況所凸顯的多種歷史教訓中，革命力量如何對待（作為西式現代的最重要的政治建構）的「國家」

／國家機器，可能是關鍵的一項。無論孫中山們還是毛澤東們，都顯然缺乏對這種現代國家／國家機器的透徹理解，因此很容易輕視它，以為只是一種現成可用的中性的政治工具[41]。可實際情況完全相反，國家／國家機器絕非只有其為人所役的一面，它更有不知不覺地改變人、最終役人的那一面。

而且，這役人的一面並非只在你掌握了它、開始運用它的時候才展開，它在你試圖奪取它的時候，就已經展開了：一旦你為了儘快奪取它、主動將自己改造為某種準機器的力量，國家／國家機器改造你的過程，就已經開始了。這就是為什麼中共運用黨國強力改造社會的過程，會這麼順暢地同時成為「國」一步一步改造「黨」、最終將其收編為自己一部分的過程。就在毛澤東們不斷要求黨的幹部加強「革命精神」、拒絕「資產階級思想腐蝕」的同時，學自蘇俄的「民主集中制」，和建國以後那些不斷強化國家集權的制度性措施，早已釜底抽薪、決定了前者的無效。

三，但是，這是否就證明了，由國民黨開創、中共完成的那一種聚焦於國家政權、以之為推進革命和社會主義的關鍵環節的革命思路是根本錯了，應該完全放棄？今後的革命和進步只能從社會的局部和漸進的變革開始？說實話，我現在沒法這麼肯定。至少類似中國這樣被動捲入西式現代化歷史的亞洲社會，恐怕很難只是學著走譬如荷蘭、英國那樣的漸進式的變革道路。迫於自身歷史和弱肉

41　與此類似的是對「資本主義」的理解，在整個現代早期，以及在1980年代，都有極多自認是服膺社會主義的思想家、政治人和知識分子，近乎不假思索地相信：可以在一定的空間和時間範圍內，運用資本主義來達致社會主義的目標。他們似乎完全沒有意識到，哪怕是在技術和所謂「生產力」的層面，資本主義和社會主義的作用和結果都是尖銳衝突的。

強食式的國際條件的壓力，中國的革命很可能必須在政治權力的建構上有所創造，要借用類似政治突變的衝擊力，來創造新的社會情境，孕育後續的革命勢能。在這個意義上，創造某種新的類似——強調一句，僅僅只是在功能上類似——國家的政治機構，而非只是繼承既有的資產階級式的國家機器，可能仍然是一件必須要做的事情。只是依循類似早年無政府主義那樣的變革思路，我覺得是不夠的。

在各地的生物——不僅是人類——世界愈益密切地聯為一體的情況下，「小國寡民」式的自足狀態是很難維持的，大型的公共權力因此就不可避免；即便「愚民」狀態如巨厚的冰層難以打破，「勞心者治人」的精英政治模式終究不是未來該有的選項，只有實現了民主，世界才能安穩。如果這兩個判斷大致不錯，如何創造真正指向民主的公共權力，在運用和改造這種權力的過程中，鍛煉和發展公眾——而非只是其精英——的民主意識和民主能力，形成指向民主的公共權力與公眾的民主實踐之間的良性迴圈，應該就是社會主義的最重要的政治課題吧。

在這個事情上，人類積累的思想和理論成果堪稱豐厚；自19世紀以來，世界各地的廣義的社會主義實踐，更提供了非常多樣的經驗和教訓。因此，深入結合和檢討這兩方面的成敗得失，為後續的奮鬥提供思想的助力，這應該是今日全球知識和思想界的一個重要的努力方向。

正是從這個角度看，我就覺得，深入分析亞洲各地在創造新的政治建構方面的成敗得失，為此充分了解各地的歷史情境，整理和交流相關的思想文獻，是目前迫切需要、也相當可行的工作。就中國而言，儘管實際的政治進程多是貢獻失敗的教訓，現代早期的中

國思想當中,卻有不少對於中國革命與「國家」之關係的深入的討
論,值得重新整理。

2018年10月 上海

王曉明,上海大學文化研究系／中文系教授。目前主要從事當代
文化分析和現代早期中國思想研究。近期的中文著作單行本有《近
視與遠望》(上海)和《橫站》(台北)等。

施特勞斯對中國究竟意味著什麼：
兼談中國施特勞斯派的問題

朱元海

　　大致來講，中國大陸的施特勞斯派學者，或者寬泛意義上講受施特勞斯影響的學者，他們的觀點基本都落腳在反對西方現代性，強調中國道路的獨特性，強調中國文化的獨特性上面，而這些論述與近些年中國共產黨的官方政治宣傳如出一轍。關於中國施派的政治投機問題，已然有人做過相關的論述。我這篇文章的目的不是重述這個政治投機的問題，而是指出一個更深層次的問題，那就是中國施派在引介施特勞斯的時候，實際上對施特勞斯的政治哲學的關鍵部分做了很大的改動，片面地誇大了其中批判現代性和道德教育的內容，但是卻完全忽略了施特勞斯反權威，反專制，反對極權主義（包括共產主義和法西斯主義）以及反抗殘酷和暴力的思想。我這篇文章的目的就是要指出，施特勞斯思想當中批判現代性和強調價值判斷和道德問題的內容，只有跟他反專制反對殘酷的思想結合起來才是完整的。而中國施派的政治投機恰恰就是建立在閹割施特勞斯政治哲學的基礎之上的。

　　施特勞斯政治哲學的基本理念可以這樣來概括：我們所生活的世界永遠不可能存在一種真正的、純粹的普世主義（cosmopolitanism），換言之，我們所生活的世界永遠被分割成一個一個的共同體，這些共同體的規模可大可小，但是不會存在類似於馬克思

在《共產黨宣言》當中所描述的那種無種族無國界的人類大共同體，或者康德意義上的世界政府。正因為我們所生活的世界永遠被分割成不同的共同體，所以每一個共同體都會有他們自己的一整套遊戲規則，或者說秩序，這些秩序可能是政治意義上的，宗教意義上的，文化意義上的，倫理意義上的，但是每一個生活在這樣的共同體當中的人，其行為都會受到這樣的規範性的制約。這些規範並不代表正義；恰恰相反，它們可能本質上是非正義的[1]。也正因為如此，施特勞斯認為，這世界上一定要有一些價值判斷，它們的是非標準是超越於一切人造的價值規範之上的。因此施特勞斯的政治哲學本質上是要去呈現一種矛盾：一方面這世界上一定要有一些價值判斷是獨立於人的，也獨立於任何由人制定的規範和制度，但是另一方面，這些價值判斷，由於缺乏相應的制度意義上的現實基礎，由於所有的人類共同體的規範都是非正義的，偏狹的，所以按照施特勞斯的理解，探索這些根本性的價值問題只是少數哲學家的工作。這些少量的哲學家寄居在大的人類共同體當中，由於他們探索高於共同體規範的價值標準，因此他們的思考本身對共同體的規範構成了批判和挑戰，他們的工作往往不會受到其他人的理解，因此他們一旦暴露出自己真實的想法，就有可能會遭受迫害，這也正是為什麼蘇格拉底會被處死的原因[2]。在這個意義上，我將施特勞斯政治哲學的核

1　見施特勞斯《自然權利與歷史》：「不同的社會對於重量，尺度，和金錢的標準自然會有所不同，但是這些標準之間並沒有衝突。但是如果不同的社會之間對於正義的標準不同，那麼這些標準之間就必然會有衝突。不同的社會之間在習俗性的差異方面不會有很複雜的衝突，但是在涉及到對與錯的標準的時候就必然會有衝突」。Leo Strauss, *Natural Right and History*, The University of Chicago Press, 1953, 100.

2　如果我們把蘇格拉底看作是一個追求自然權利的代表的話，那麼我

心問題概括為追尋超越統治權力之上的正義（justice beyond the
ruling power），或者說追尋超越於一切世俗權力之上的正義。

　　對施特勞斯而言，這種超越於一切社會群體社會規範和統治權
力之上的正義，並不僅僅是抽象意義上的概念。它有一個具體的體
現，這個體現不僅僅是一種政治制度，而且是人本身，或者說人自
身的品格。施特勞斯所強調的不是抽象意義上的正義，而是正義的
人（just man）。因此一方面施特勞斯認為人的品格有高低貴賤之別，
而另一方面這種價值判斷的標準是超越於人自身的。對於施特勞斯
而言，這種價值判斷的標準既存在也不存在：在這世界上沒有任何
一個人是生活在真空當中的，現實當中的人必定要生活在某一個社
群當中。因此對於現實當中的人而言，他不可能直接接觸到是非對
錯、高低貴賤的最高標準；他接觸到的只能是他所生活的那個社群
或者社會共同體的價值標準。這種社群意義上的價值標準，跟最高
的價值標準之間往往會有差別，也正因為如此，現實當中的人不可
能實現道德意義上的、或者說自身品格意義上的完美，因為他所生
活的社群的價值標準對他自身的價值追求具有一定的誤導性。這並
不難理解。試想一下，生活在一個窮兵黷武的國家中的人民，由於
受了錯誤的引導和洗腦，崇尚暴力和侵略，並且絲毫都意識不到這
是錯誤的，這樣的例子在現實當中並非不存在。因此施特勞斯認為，

（續）────────────────

　　們可以這樣來說明對自然權利的追求和權威之間的關係：在一個被
　　宗教性的神聖法典所統治的社會當中，對這些神聖法條的批判性的
　　討論是被嚴格禁止的，尤其是在年輕人的面前。然而蘇格拉底卻討
　　論了關於自然權利的問題，而對於這個問題的發現本身就預設了對
　　於祖宗之法或者說神聖法典的懷疑，這種懷疑和討論不僅僅是當著
　　年輕人的面而且還是在同他們的討論當中展開的。*Natural Right and*
　　History, 85

如果說一個社會裡面每一個人都會按照最高的價值標準來要求自
己，並且逐漸達到至善的境界，那麼這個社會必定是由那個掌握了
這一最高價值標準的哲學家來直接領導的，也就是柏拉圖在《理想
國》當中所描述的那個社會。但是這樣的社會在現實中其實並不存
在，也不可能存在。如果說最好的社會，或者說最高形式的社會是
由掌握了最高價值標準的哲學家直接領導的社會，那麼與此相反，
最壞的社會就毫無疑問是暴政（tyranny），或者說由暴君統治的社
會。暴君貪財好色，暴虐無道，因此他治下的百姓自然也就不可能
追求最高形式的人格意義上的自我完善。我們很難想像生活在暴政
下的人能夠實現道德意義上的自我完善，無論對於古代抑或是現代
意義上的暴政都是如此[3]。這個世界上不可能有柏拉圖意義上的那種

3　「在他關於柏拉圖和亞里士多德哲學的論述當中，阿爾—法拉比
　　（Al-Farabi）在他總結柏拉圖的理想國的時候，這樣說道：正因為
　　人要同其他人在這樣一個國家（暴政）當中生活，他不會真正活得
　　像個人；但是如果他把他自己同其他人分離開來，不接受他們的生
　　活方式，自己獨自追求自身的完美，他會活得很悲慘，而且他也不
　　會真正得到他想要的，因為有這樣兩種情況會發生：他或者被殺，
　　或者被剝奪追求自身完美的權利。這也就是為甚麼他需要另一個國
　　家，一個不同於存在於他所生活的那個時代的國家的國家，這也就
　　是為什麼柏拉圖要追求另外的那樣一個國家」，Leo Strauss, "Some
　　Remarks on the Political Science of Maimonides and Farabi", in Leo
　　Strauss, *Leo Strauss on Maimonides: the Complete Writings*, The
　　University of Chicago Press, 2013, 303;「在這一節的最後一段話中，
　　孟德斯鳩說德性的自然位置緊挨著自由。這句話的意思是什麼？在
　　一個不自由的社會中，你不大可能發現德性。這就預設了一個非常
　　特殊的自由概念，亦即，自由社會是一個不使我們履行道德義務變
　　得艱難的社會。而在一個君主政體和專制政體中，卻可能使我們履
　　行道德義務變得艱難。」《從德性到自由：孟德斯鳩《論法的精神》
　　講疏》，列奧·施特勞斯，黃濤譯（上海：華東師範大學出版社，
　　2017），頁233。

最高形式的社會，但是暴政從古到今卻是真實存在的而且屢見不鮮。夾在最高的和最低的這兩種形式的社會中間的就是憲政民主的社會。這樣的社會必定要好過暴政，但卻一樣不是最高形式的善。從價值導向上講，這樣的社會由於缺乏統一的價值層面上的正確引導，因此人們的價值追求五花八門，各種各樣。在這樣的社會裡不會缺乏追求人格上的自我完善的人，但是絕不可能所有的人都有這樣的追求。因此民主社會由於缺乏價值層面上的引導，一不小心就有可能會掉入暴政當中，這其實就是柏拉圖在《理想國》第八卷當中所描述的從民主向暴政的倒退[4]。

　　施特勞斯最主要的觀點之一，即他關於「隱微書寫」以及「顯白」和「隱微」之間的區別的論述，實際上也是建立在他關於價值判斷超越歷史超越世俗的基礎之上的。施特勞斯關於「隱微書寫」的論述，也是中國施派非常熱衷於使用但是卻不明就裡的一個概念。施特勞斯所謂的隱微書寫指的究竟是什麼？這其實可以用一個具體的例子來說明，就比如說施特勞斯的《論僭政》這本書[5]，實際上是施特勞斯對古希臘哲學家色諾芬（Xenophon）的一篇文章〈希耶羅〉（Hiero）所做的解讀。色諾芬所講的故事是這樣的：話說從前有一個暴君叫做希耶羅，有一天從遠方來了一位叫做西蒙尼德（Simonides）的詩人。暴君問這個詩人一個問題。暴君說他在自己的國家裡面是權力最大的也是最有錢的，也正因為如此，他屬下的民眾都非常的妒嫉和仇恨他，因為他所擁有的比所有其它的人都要多。暴君問詩人這個問題應該怎樣解決。詩人就說，這很簡單，如

4　劉瑜在很早以前的一篇題為〈哪個施特勞斯更真實〉的文章當中曾經提到過這一點。該文最早刊載於《南風窗》2003年第14期。
5　Leo Strauss, *On Tyranny*, University of Chicago, 2013.

果你能夠利用你自己的私人武裝保護你的人民，用你自己的財富為他們提供福利，他們自然就會愛戴你的。這個簡單的故事在施特勞斯看來說明了一個很深的問題。首先施特勞斯認為，這個故事是建立在一個假定之上的，這個假定就是人是自私的，而且每個人都希望自己擁有的比別人更多。就這一點而言，暴君和他的臣民之間並沒有本質上的區別。也正因為如此，作為最有錢和最有權力的他，才會受到所有其它人的嫉恨。因此這個故事其實是一個關於社會心理學的故事，那就是說，人類權力的本質其實是人類自私的本性，因此一個人的權力會受到其他人的反對，是因為他的自私損害了其他人的自私，而一個人的權力之所以會受到其他人的擁護，是因為他的自私與其他人的自私之間建立起了一種互惠互利的關係。詩人的提議只能讓廣大民眾基本的生存需求和物質需求得到滿足，但是對於他們自身人格的提高卻並沒有幫助。施特勞斯認為，色諾芬的這個故事，它的顯白教誨和隱微教誨之間的區別正是建立在這一點之上的。暴君和他的臣民之間可以建立互惠互利的關係這一點，在施特勞斯看來其實只是這個故事「顯白」的部分。這其實並不代表作者色諾芬自己的思想。按照施特勞斯的看法，色諾芬他自己其實是對於這樣的一種「互惠互利」持懷疑態度的，也就是說，色諾芬認為，這其實並不是最高的價值追求。這是這個故事的「隱微」部分。一旦一位讀者意識到了這並不是最高的價值追求，他就會自覺的懷疑這個故事裡表面上的價值預設，進而追求更高層次的價值。因為現實社會當中大部分人的基本追求，就是滿足他們基本的物質、生理和生存需求，所以現實意義上講，最好的社會形式就應該是一個能夠滿足大多數人生存需求的社會。但是一旦你意識到了這不是人最高的價值追求，那麼在這個意義上的「最好社會」就不是對你而言的最好社會，你於是便會去追求一種更高形式的善，它超

越於世俗之上。施特勞斯所謂的「顯白」與「隱微」，其實是一種
類似於反諷的修辭手法：它首先給你展現一種價值判斷，或者說一
種基於世俗眼光的價值判斷，但是它實際上的價值判斷其實是對於
這種價值判斷的否定，而作為讀者的你能否察覺到這一點，就在於
你自身所持有的價值判斷是怎樣的。如果你自己的價值判斷就是世
俗意義上的價值判斷，那麼毫無疑問你就會認同作者向你展示的表
面上的價值判斷，但是如果你自身所持有的價值判斷要高於世俗意
義上的價值判斷，那麼你就會覺察到作者想要向你傳達的另一層信
息，那就是對於世俗意義上的價值判斷的懷疑和對更高層次的價值
的追求。這實際上也是施特勞斯的宗教思想，他的猶太教思想的核
心之所在。他認為傳統意義上的猶太教律法有兩重含義：它既包含
一種對於世俗社會的簡單的道德約束，同時也包含一種超越於世俗
之上的價值判斷，所以它可以將哲人和普通民眾團結在一個社群當
中。在這個意義上可以對施特勞斯的《論僭政》做一點延伸，那就
是世俗意義上的政治成就，如果從一個更高的層面來看的話，其本
質可能是一種失敗。《論僭政》裡面所講到的暴君的故事其實跟1980
年代以來的中國政治有極大的相似性，因為共產黨維持社會穩定的
一個最重要的手段，正如故事中的詩人所說，只要你有能力讓大家
都富起來，就沒有人會懷疑你自身統治的合法性。但是正義與非正
義的標準卻是客觀的。

　　施特勞斯之所以要強調價值問題，強調價值判斷超越歷史、超
越現實的特性，強調柏拉圖式的理想國，其目的就是為了對抗現實
的黑暗。就這一點而言，施特勞斯的政治哲學其實屬於20世紀反極
權主義（anti-totalitarian）思想的一部分，同漢娜・阿倫特、哈耶克、
卡爾・波普、以賽亞・柏林、雷蒙・阿隆、萊澤克・科拉科夫斯基、
弗朗索瓦・弗雷等思想家同屬一類。當然他可能更接近於同樣從保

守主義角度反對極權主義的艾里克・沃格林（Eric Voegelin）和雅克・馬里坦（Jacques Maritain）。施特勞斯同這些反極權主義思想的一個不同之處在於，他沒有特別直接的討論關於極權主義的問題，不像阿倫特寫一整部《極權主義的起源》來探討極權主義，儘管他在著作中很多次提到極權主義。他對極權主義的批判是直接的，但是卻是隱含的。他的觀點可以這樣來表述：人們真正會意識到善惡對錯的價值標準應該是客觀的，獨立於人的主觀意志，並且超越於人的主觀意志之上的時候，就是在當他們面對那些人類歷史上最黑暗的時代的時候，比如列寧和斯大林統治下的俄國，毛澤東統治下的中國，波爾布特統治下的紅色高棉，齊奧塞斯庫統治下的羅馬尼亞。這些陀思妥耶夫斯基筆下的「大審判官」（Grand Inquisitor）們，可以在一定的區域內，一定的歷史時期內，一手遮天，為所欲為，視人命如草芥，但是卻還有能力讓他們的統治通過暴力和謊言獲得合法性。施特勞斯的政治哲學其實是為了展現一種悖論：這些人類歷史上最黑暗的時刻會讓我們明白，這個世界上一定要有一些價值判斷的標準是客觀的，獨立於人的主觀意志的，這個世界上一定要有善有惡，有對有錯。但是這樣的價值標準，從另一方面講，在現實世界當中卻又並不存在。它其實只能是我們心裡面的價值標準。所以施特勞斯的政治哲學暗含了一種悲劇意識：他認為我們所生活的世界是一個充滿惡（evil）的世界，惡有其人性深處的根源，我們不可能完全消除惡。但是為了對抗惡，我們必須相信某些價值判斷是超越於現實之上的，用這樣一種不可能的理想主義來對抗現實的黑暗。

在這個基礎上，我打算對施特勞斯政治哲學當中反專制的部分做一點延伸。如果說施特勞斯被廣泛稱做保守主義的政治哲學，跟自由主義乃至左派政治思想在根本上都是反權威反暴政的，那它們

在這一點上最主要的區別是什麼呢？那就是，施特勞斯「反權威」
的思想是建立在一個假定的基礎之上的，這個假定就是應該有一種
真正意義上的正義的權威，而對這種真正意義上的正義的權威的信
仰，才是我們得以反抗現實當中的暴政和世俗權威的基礎。我認為，
如果說施特勞斯的政治哲學真的有什麼值得我們嚴肅思考的遺產的
話，那就應該是這一點。施特勞斯的政治哲學，它的基本邏輯結構，
其實是一個關於「真」和「假」的區別：他相信有一種真正代表正
義的權威，而與這個真正代表正義的權威相對應的世俗意義上的權
威，其本質其實是一種權威的墮落：世俗意義上的權威不是真的權
威，而是假的權威。所有給施特勞斯簡單地貼上「保守主義」標籤
的人，其實都忽略了這一根本邏輯結構對於施特勞斯政治哲學的重
要性，以及它在施特勞斯思想當中所處的核心地位。因為通常意義
上講，人們心中的「保守主義」指的是維護權威的意思，而不是反
抗權威，也正因為如此，如果簡單地把施特勞斯稱為「保守派」，
就忽略了施特勞斯對權威這個問題的看法的複雜性。這個「真／
假」，以及「假」是「真」的墮落的基本邏輯結構，才是施特勞斯
跟自由主義和左派之間在哲學層面上最主要的區別，因為這種「真
／假」嚴格二分的敘述方式是不被自由主義，尤其是不被左派所接
受的。西方戰後興起的新左派思想以及新左派思想的哲學基礎之一
的法國後結構主義，更加是要在根本上拒斥這種敘述方式。比如說
作為後結構主義主將之一的雅克・德里達，就是直接把對這種敘述
方式的拒斥當作他自己最主要的思想方法的。

　　這種真假二分的敘述方式也可以這樣表述，那就是當我們看到
這個現實世界的一切黑暗的時候，所有的暴力、專制、不公、黨派
傾軋的時候，我們反而會追求一種價值上的高度，並且相信所有這
些現實層面上的惡，都只不過是一種墮落，它們最終都要讓位給那

個最高形式的、超越現實之上的善。施特勞斯並不是唯一持有這種
觀點的人，同他觀點類似的大有人在，就比如20世紀的法國天主教
哲學家雅克‧馬里坦和德國保守主義哲學家艾里克‧沃格林。我個
人認為這種真／假二分的敘述方式不應該被完全拋棄，因為它有它
獨特的意義和對於現實政治的作用。而它對於現實政治最主要的作
用，就是它提供了人在對抗黑暗和專制時所需要的道德勇氣。人在
對抗黑暗的時候其實需要一種道德勇氣，但是假如黑暗和專制的力
量過於強大呢？這個時候人的道德勇氣要從哪裡獲得？我認為正是
在最黑暗的時刻人才需要相信一種超越於一切權力之上的正義。或
者說，在自己的內心建立一個道德意義上的權威，用這個心靈的權
威，來對抗世俗意義上的權威。要知道，對政治偶像的崇拜其實只
不過是在心理的層面上滿足了人的一種集體性的自私和集體性的自
大，而這種對於政治偶像的崇拜，最終必將讓位給真正意義上的崇
高。瑞典導演英格瑪‧柏格曼在其經典作品《第七封印》當中有一
句台詞，「上帝只是我們為了對抗恐懼而建立的偶像」。這句台詞
在電影中是出自於那個代表了無神論者的騎士之口的。與此相反
的，我恰恰認為，正是因為需要對抗恐懼，所以人才必須要為自己
確立一種超越世俗之上的崇高，因為這種崇高是人在最黑暗的時刻
能夠對抗黑暗的唯一方式。

　　再做一點延伸的話，施特勞斯的政治思想其實不應該被歸屬於
政治哲學一類，而應該屬於社會心理學，或者說集體心理學。施特
勞斯認為，一個社會整體意義上的價值導向，實際上是一種集體性
格，或者說集體心理的產物。在他看來，如果一個社會裡面絕大多
數的人都自私而目光短淺，那麼這就構成了政治狂熱、偶像崇拜、
集體性的自私和集體性的自大的社會心理學基礎。猶如《論僭政》
那本書所描述的，對於這樣一個自私而膚淺的社會而言，只要一個

政治上狂熱的領袖人物給群眾一個虛假的、彌賽亞式的承諾，他們就會瘋狂地擁護。假如在這樣一個社會裡面，一個人有能力認識到這種政治狂熱的虛假性，但是他的觀點卻得不到大眾的支持，相反地，如果他站出來公開反抗，卻很有可能被當作是一個「叛國者」、「叛黨者」，進而被庸眾們暴力地處決，那麼他應該怎樣堅守自己的信念呢？要知道，人的認識本身就具有一種社會性，當一個人的認識無法得到他人的肯定，甚至被絕大多數人否定的時候，其實他是很難堅持自己的，因為他的自信心會徹底地遭到摧毀。但是不能否認的是，這種情況又的確是存在的。在這樣的情況下，施特勞斯所強調的「價值判斷超越歷史」的真正意義就徹底凸現出來了。持不同政見者如果能夠堅信他們的價值判斷是超越於某一個政權的政治教條和意識形態宣傳之上的，是具有永恆價值的，那麼他就會重新恢復自己對抗暴政和黑暗的道德勇氣。而且這樣的勇氣一定能夠推動他走出那個專制而封閉的社會。

　　施特勞斯關於價值超越歷史的論述，其實也是他借用海德格爾思想的那一部分，不過嚴格來說算不上借用，只能說是啟發，因為海德格爾並沒有討論過價值問題。海德格爾的哲學基本上屬於形而上學的範疇，但是他後期思想中有大量關於「遮蔽」和「開啟」的討論。後期的海德格爾認為，現代性遮蔽了存在的某種更為本真的狀態。這與前期的他在《存在與時間》當中關於時間和可能性的探討有區別。在《存在與時間》的後半部分中，海德格爾認為一個人的一生從生到死其實是一個不斷向未知的可能性敞開的過程，只要人還沒有死，這種面對可能性的敞開就不會結束。而海德格爾在《存在與時間》當中所指的「本真本己性」（resoluteness），就是指當一個人面對將要到來的可能性的時候所作出的完全屬於他自己的決定。在《存在與時間》的最後一部分，海德格爾指出，人類歷史

的本質其實也是一個不斷向新的可能性敞開的過程，因此歷史的發展方向永遠不可能被預知或預先決定，新的可能性永遠屬於當下的這一代人，並由當下的這一代人來開啟。施特勞斯政治哲學的基本構架，其實就是在後期海德格爾批判現代性的基礎上添加了他自己關於價值問題的考慮。歷史如果僅僅只是面向未來開啟，也就意味著歷史上曾經的創傷和暴力會再次發生，不斷重複。而這恰恰是施特勞斯為什麼認為現代並不必然意味著進步的原因，因為現代社會並不能夠徹底避免暴政、暴力和政治迫害的再度發生。因此現代僅僅只是相對於中世紀而言有了一點小的進步，但是依然停留在人類歷史的黑暗洞穴中，沒有真正進入光明的國度。這一點對於當下中國的政治環境頗具意味：如果說改革開放之後我們正逐漸地從人類歷史洞穴的最深一層進入了較淺的一層，近些年的狀況似乎又重新退回了洞穴的底部，民族主義情緒的狂熱便是一個例子。

　　20世紀歐陸哲學當中有很多跟施特勞斯觀點相近的論述，尤其是在關於建立政權的暴力，群體性的暴力和群體性的自私等問題上，例如眾所週知的漢娜・阿倫特。阿倫特關於建政的暴力的論述十分有趣。首先她認為人有三種最基本的行為。第一是動物性的，滿足基本生存需求和生理需求的行為，比如生產食物。這種類型的行為的最大特點就是它的產物，或者說食物，一經產出，很快就會被人類自身消耗掉，不會留下任何痕跡。在動物性的，或者說生理性的需求的基礎之上，人的第二種行為是製作這個世界上具有一定耐用性的物品，比方說所有的建築物和交通工具，甚至包括藝術品，乃至一些十分抽象的事物，比如說法律。阿倫特在《人的境況》[6]當中有一個十分有趣的關於法律的描述，它說法律的作用類似於城

6　　Hannah Arendt, *The Human Condition*, University of Chicago, 1998.

牆，制定法律的過程類似於為我們所生活的世界建造城牆來保護我
們。這種類型的製作活動，它的產物具有時間意義上的延續性，或
者說耐用性。但無論生產食物還是製作工具，兩者的最終目的都是
為了第三種行為，也是最重要的那種行為服務的，那就是人的行動
（action）。阿倫特認為人的行動有幾大特性。第一它一定不可能是
完全孤立的、個體意義上的，而一定是群體性的，人與人之間互動
的。第二它的結果沒有可預期性，更不可能完全計畫，然後按照計
畫施行。而且它的結果具有不可逆性。也正因為人的行為具有不可
預期性和不可逆性，所以才需要人與人之間的承諾（promise）和寬
恕（forgive）。阿倫特對於政治暴力的論述是建立在這三個概念的
基礎之上的：她認為暴力的根源是這三個領域之間的越界，或者說，
當我們用製作物品的方式管理人的時候，暴力就產生了。因為製作
一定是具有計畫性的，而人的行為恰恰具有不可預期性，當人被強
迫去實現某種計畫的時候，這種強迫就必須要依靠暴力才能實現。
這種強迫性的管理方式在阿倫特的思想體系裡面有多種體現，它既
可以表現為資本主義，種族主義，也包括法國大革命當中雅各賓派
的暴力或者俄國十月革命式的暴力，當然更包括20世紀的兩大集權
主義，法西斯主義和共產主義。

　　與此類似的，本雅明在他的文章〈暴力批判〉[7]中區分了三種不
同類型的暴力： 創造法律的暴力（law-founding violence），維護法
律的暴力（law-preserving violence），以及最終救贖性的神聖暴力
（divine violence）。任何一個政權或者任何一種規範，在最初都是
依靠暴力才得以確立其合法性的，因此法律的開端其實是一種不受

7　Benjamin, Walter, "Critique of Violence," in *Selected Writings*（Marcus
　　Bullock & Michael W. Jennings, eds.）, Vol. 1, Belknap, 2002, 237-252.

法律本身約束的、法外的暴力，比如說一場革命。這種暴力最大的
特點就在於一方面它創造了法律，但是另一方面它的存在跟法律本
身之間又是矛盾的：一旦建立了法律，這種創造法律的「法外暴力」
就不可能被允許繼續存在。也正因為如此，每一個政權，或者每一
種制度都需要一種維護法律的暴力，比如說一整套的警察制度。這
種守法的暴力隨時監視著可能發生的大規模暴力革命，並將其消弭
於無形，使其無法形成規模。本雅明認為歷史的本質其實就是這兩
種暴力之間的循環：每一個政權都是依靠暴力革命建立的，但是一
旦建立起來之後，它就不能容忍另外一種能夠推翻它並建立起另一
個新政權的暴力，直到它被另外一種它沒有能力壓制的暴力推翻為
止。而這兩種暴力之間的循環必須要靠另外一種暴力來拯救，那就
是神聖暴力。這種暴力摧毀了所有現存的政治制度，把人類從制度
的奴役當中解救出來，但是它本身卻不會再建立起一種新的制度，
因此這種神聖暴力，在本雅明看來，其本質是救贖性質的。事實上
所有的這些關於建政的暴力，權力和正義之間的關係的論述，無論
是阿倫特的還是本雅明的，都間接地關聯到了施特勞斯政治哲學的
那個最最根本的問題，那就是，這個世界上必定要或者說必須要有
一些價值判斷是超越歷史的，超越意識形態的，或者說超越於某一
個歷史時期或者某一個政權的價值觀之上的。不然的話，對於那些
可以在某個歷史時期或者某個區域內一手遮天的政治權力而言，這
世上除了權力便毫無正義可言。

　　與施特勞斯自身的觀點相反，中文世界的施特勞斯派的基本工
作重心就是在為「中國特殊性」做辯護[8]。甘陽劉小楓完全忽略了施

8　關於這一點的例子不勝枚舉：比如網上流傳的一篇題目名為〈子
　　衿、韓潮、雷思溫：施特勞斯在中國意味著什麼？〉的文章裡面就

特勞斯所強調的，價值判斷的超越歷史、超越社會、超越意識形態的特性。他們把施特勞斯關於價值判斷的論述與現實社會當中的政治秩序完全等同起來，並且用這樣的一種方式來為中國共產黨和歷史上的中國儒家政治秩序做辯護，宣稱這些政治形式都是符合施特勞斯政治哲學的「賢人政治」，「精英政治」。與此同時，再把施特勞斯批判現代性的內容加以誇大，加上西方左派的一些批判西方殖民主義和資本主義全球化的論述，就構成了他們那一套中國政治傳統（儒家政治秩序和共產黨政治）對抗西方現代性的基本敘述。

（續）────────────

明確提出，施特勞斯對中國學者的影響就是讓中國學者找到屬於中國自己的nomos，或者說「中國道路」，「中國特殊的政治體制」，這樣的觀點在我看來不僅跟施特勞斯的觀點是根本相反的，而且它的問題意識是自相矛盾的：如果說受了施特勞斯影響的中國學人，他們的問題意識跟施特勞斯的問題意識根本上相反，那麼為什麼他們要去讀施特勞斯，並且還在中文世界推廣施特勞斯呢？要知道施特勞斯的本意不是要去確立一個國家自己獨特的政治制度，而是要去反思一個國家自己的政治制度，進而尋求一種超越於統治權力之上的正義。如果中國的施特勞斯派推崇施特勞斯，其目的是為了把施特勞斯的觀點朝著與他自己觀點相反的方向推進，那麼這幾乎等於說一個人在讀了馬克思以後，變得更加相信資本家對工人的剝削就是合理的一樣，這完全是荒謬的。文中提到的現在在中國人民大學哲學系任教的雷思溫先生還有一篇在網絡上廣為流傳的文章叫做〈中國文明與學術自主：反思二十年人文社會科學〉。文章當中也有這麼一句話：「施特勞斯對於中國學界的重大意義之一就在於打破西方的『現代性神話』，使很多前提重新被問題化，從而能夠通過反思現代走向對西方思想史和現代性的重新理解」。這篇文章整體上其實就是在批判從1980年代到現在中國學術界盲目學習西方潮流的現象（在他看來的「盲目學習」），並強調中國知識分子要走「中國道路」，探究中國國情。但是這篇文章的觀點相當不清楚，論述相當的空泛，他始終沒能說清楚他所認為的「中國道路」和「中國國情」究竟是什麼。

但是這種移花接木的操作不僅同施特勞斯自身的觀點完全相反，就
是說針鋒相對都不為過。他們完全破壞了施特勞斯政治哲學自身的
完整性，通過片面地截取其中的某些觀點，加上自己的添枝加葉，
添油加醋，創造出了一套完全莫名其妙的東西。更何況施特勞斯在
政治立場上屬於保守派，他可以算得上是保守派當中的保守派。他
在反對共產黨一黨專政（這裡包括世界範圍內所有的共產黨政權，
並不局限於中國）這一點上的態度也是非常明確的。共產主義在施
特勞斯的眼中實際上屬於20世紀的兩大極權主義之一，屬於暴政。
這也是他跟阿倫特之間的一個共同之處：那就是他們倆都是既批判
右翼的法西斯主義的極權主義，同時也批判左翼的共產主義的極權
主義，對於這兩種極權主義同等對待，而不是像20世紀的某些法國
左派那樣偏袒共產主義，對共產黨在蘇聯和中國的暴政睜一隻眼閉
一隻眼。

　　但是我相信，如果一個人真正讀了施特勞斯的原作，應該很難
理解為什麼這樣一種觀點居然可以從施特勞斯的政治哲學裡面推導
出來。應該說，施特勞斯關於價值超越性的論述完全沒有引起中文
學界的重視，而這跟中文學界對於政治哲學的理解有一定的關係。
中文學界對於政治哲學的接受和理解，似乎更傾向於將政治哲學當
成是一種可以應對中國現實問題的處方式的學問，而不是哲學。這
種考慮問題的方式，在施特勞斯看來恰恰是一種「二流學問」，因
為哲人的工作是要去追求超越世俗社會之上的、關於價值問題的終
極標準。我認為實際上政治哲學，作為哲學的一個分支，並不能直
接解決現實問題；那應該是屬於政府管理類學問的旨趣，而不是政
治哲學。如果從施特勞斯的觀點出發來看中國，那麼問題的關鍵就
不應該是怎樣找到中國人自己的道路，或者說怎樣找到中國自身的
獨特性，不管這種獨特性是何種意義上的，而是怎樣超越中國自己

的道路和獨特性。中國本來就有自己的道路和獨特性，無論是在古代還是在現代，不僅中國有，而且從施特勞斯的角度講，每個國家都有。我們應該相信，歷史具有它自身的偶然性，也就是說，每一個國家的社會形式，不是從一開始就計畫好了然後才朝著這個方向發展的，而是具有一種偶然性，誰也不可能知道究竟為什麼一個社會會具有那樣一種社會形式，就像中國為什麼會有儒家，西方為什麼會有基督教一樣，這些其實都是歷史的偶然。這也是以賽亞·伯林和卡爾·波普政治哲學的核心觀點，即歷史沒有所謂必然性，而強調任何一種所謂的「歷史必然性」，其本質上都是極權主義意識形態的產物，或者至少是極權主義意識形態的根源，就像黑格爾的政治哲學一樣。這恰恰就是中國共產黨一直在推動的意識形態宣傳：它宣稱自己是歷史的必然，是人民的選擇，它讓我們相信中國歷史最終的發展，就是一定要發展到中國共產黨成為唯一的執政黨這一步，除此之外，其它任何的歷史形式都是錯誤的。而這種自我宣稱的「必然性」，其背後恰恰充滿了無數的偶然性。比方如果日本當年不發動侵華戰爭，進而牽制國民黨大部分兵力，那麼共產黨就勢必會被消滅殆盡。而日本發動侵華戰爭，其本身也是具有歷史偶然性的，它也是日本在現代歷史上的一次「偶然」。從另一方面講，把「偶然」轉變成「必然」的過程其實也就是一個暴力的過程。正因為歷史充滿了偶然，所以把某一種偶然變成必然就勢必需要暴力作為手段，這也就意味著一個執政黨必須要通過暴力的方式篡改歷史，抹殺掉所有不利於它自身「必然性」的歷史事實。施特勞斯並不否認歷史所具有的偶然性，但是他更多地想要強調我們必須在承認歷史偶然性的同時，也承認偶然性所具有的局限性，或者說超越偶然性。這種超越不是黑格爾和馬克思意義上的超越，不是說歷史最終要進化到某一個完美的頂點，而是說我們要認識到承認歷史

所具有的這種偶然性，也就意味著要承認歷史可能在某些情況下走到「最低點」，進入一種非常黑暗的狀態，這也就意味著我們必須相信有一些價值判斷，它們的存在是必然要超越於歷史之上的。

　　不能否認的一點是，施特勞斯的政治思想，其最終的落腳點的確是道德完美主義，也就是說，他的思想最終的目的，是要追求一種個體意義上的自我完善，並且這種自我完善只有在一個非常理想的社群當中才有可能實現，儘管這樣的社群在現實當中其實並不存在。但是我更希望強調他關於價值客觀性的論述，尤其是價值判斷超越歷史超越意識形態的特性。我之所以要這樣講，主要原因有兩點：其一，中國的施特勞斯派學者，由於過分強調施特勞斯政治哲學當中關於道德完美主義（moral perfectionism）和道德教育的部分，實際上把施特勞斯政治哲學變得完全庸俗化了：他們對施特勞斯的宣傳使得施特勞斯看上去完全就像是一種道德說教，完全缺乏批判現實的吸引力。這種道德完美主義非常容易蛻變成一種政府管理民眾的方式：政府可以簡單地宣稱民眾都是在道德上低劣的，進而必須要被教育和規訓[9]。其二，道德完美主義，無論是何種形式，何種

9　伴隨著中國國內的施特勞斯熱的，就是由甘陽主導的通識教育運動，包括三個最主要的「博雅學院」（中山大學博雅學院、清華大學新雅書院和重慶大學博雅學院；甘陽一人身兼前兩所博雅學院的院長職位），以及從2008年開始到現在已經持續辦了十屆的「通識教育講習班」。甘陽和他在中國學術界的同仁們發起這項運動，按照他們自己的說法，的最主要目的就是為了抵制市場化和資本主義對大學的侵蝕，防止越來越多的學生抱著完全功利的目的讀書。但是事實上，我嚴重懷疑這樣的一種行為，從抵制資本主義和市場侵蝕的角度上講，究竟能起到多大的作用，抑或是說，它本質上還是在為資本和市場提供後備人才。更何況當今中國，整個國家的教育體制實際上還是掌握在共產黨，或者說國家權力的手中，而共產黨從來都沒有真正放鬆過它對整個教育系統的意識形態控制。就這一

意義上的，其實是不可能實現的，但是無論個體意義上的道德完美是否可能，這個世界上一定會有一些價值判斷，它們的對錯與否是超越於某一個社會的意識形態之上的，這一點是沒有疑問的。因此，施特勞斯政治哲學當中關於價值判斷超越歷史、超越意識形態的論述，要比他的道德完美主義更具有批判現實的價值[10]。比如說毛澤

(續)————————————————

　　　　點而言，甘陽以維護現行體制為前提的「通識教育」、「博雅教育」、乃至其推廣的施特勞斯政治哲學，本質上是為共產黨的一黨專政和社會控制提供了一種更理性的、或者至少聽上去更合理的手段。

10　另外還有很重要的一點，就是施特勞斯的政治思想在根本上是基於一個哲學概念，那就是人性（human nature）。但是實際上人性這樣一個概念，基本上已被現代西方哲學徹底拋棄了。就這個意義上講，我們即便不能完全否定這個概念的存在，至少也要承認這個概念很可疑。現實生活中，我們其實不可能直接看到「人性」，我們看到的只不過是某一個人或者某一群人的行為。換言之，如果一個人什麼都不做，那麼我們根本無法判斷他究竟是好還是壞，說他是好是壞其實都沒有意義。我們對他所做的「人性」判斷，其實是根據他的某一個或者說某一些行為做出的。因此，可能行為（action）和行為規範（norm）這樣的概念比起人性而言，能夠更好的描述社會。比方說一個人他殺了一個人，但是即便如此，我們也不能根據這個就簡單地判定他是一個壞人，因為一件行為本身不會具有固定的性質，而是要看一下該行為的種種當下的屬性。所以我們首先要去分析他的動機是什麼，但是即便他的動機是壞的，比如說搶劫，我們也很難單純根據這個就判定一個人他是壞人，因為這樣的動機也許只是臨時性的。如果僅僅根據這樣一個行為就判定這個人是一個壞人，讓他永世不得翻身，似乎對他非常不公平。因此人性這個概念，很可能是我們在沒有完全理解人的行為的時候，對人的行為所做的一種「形而上學假設」，就像我們在還沒有完全了解科學的時候，假定上帝創造了萬物一樣。我這篇文章不打算對這個哲學問題做深入的探討，它實際上超出了這篇文章的主要目的，但是不能否認，人性這個問題的真實與否是我們理解施特勞斯政治思想的一個關鍵。

東的個人品德問題，就通常是支持和反對他的人爭論的焦點，毛的支持者會認為毛自身的生活十分簡樸，具有無產階級革命家的風範。當然毛自身的生活是否真的簡樸也值得考量，按照楊繼繩在《墓碑》[11]中的描述，即便是在最困難的大饑荒年代，毛自身的生活標準、伙食標準也沒有降低。但是這些個人意義上的道德與他所發動的政治運動的正義與否沒有關係。一個私生活混亂的人完全有可能是一個造福蒼生的人，而一個禁慾主義者卻很有可能是一個創造了歷史災難的惡魔。個體意義上的價值判斷或者價值標準，有其不可靠性或者模稜兩可的特性。一個人完全可能既好也壞，完全可能在某件事情上面的判斷是正確的，但是在其他事情上是錯誤的。我這裡所指的超越歷史、超越意識形態的價值判斷，是指比如說生命的可貴，比如說犧牲無辜的生命是錯誤的。

這也是施特勞斯政治哲學最關鍵的一點，也就是說，他的思想實際上指的是，對於那些大的歷史事件和歷史轉折的正義與否的判斷，並不是基於很高的智力標準，而恰恰就是基於這些最最基本的、也是超越於所有社會形態和歷史時期的價值判斷。不能否認，在某些情況下，關於一個行為的對錯與否的價值判斷，由於受到歷史當事人的認識能力的局限，可能無法得到澄清，這一點尤其體現在大規模的集體性的暴力當中：那些參與暴力的人們可能並不認為他們自己是錯的，恰恰相反，他們可能認為他們的暴力是出於一個正義的動機。但是我們有理由相信，生命是可貴的、犧牲無辜者的生命是可恥的這樣的價值判斷，在任何社會、任何歷史時期都是正確的，也都是最最根本的價值判斷；它的對錯與否是永恆的，跟某一個具體的歷史時期或者社會形態沒有關係。或者可以這麼講，對於共產

---

11 楊繼繩，《墓碑》（香港：天地圖書有限公司，2008）。

黨一黨專政是暴政和專制的判斷，並不需要很高的智力水準，不是說一個人要讀了社會科學的博士學位才能做出這樣的判斷。不是的，按照施特勞斯的觀點，對於像文革、大躍進、反右這樣的大規模的政治運動的正義與否的價值判斷，恰恰就是基於那些人最基本的價值感覺。因為生命是可貴的，所以別說大躍進犧牲了幾千萬人，就即便是僅僅犧牲了幾個人，它也一樣是錯的。這個對錯的價值判斷，是基於人最基本的，也是最根本的價值感覺。很多人之所以看不出這些政治運動的非正義性，不是說他們的智力水平很低，而恰恰就是因為他們最根本的價值觀、價值感覺被遮蔽了，被共產黨意識形態化了，洗腦了，所以他們才會覺得為了那些虛妄的、不切實際的、宏大的政治構想和政治目標犧牲一些人、打死一些人根本不算什麼。站在歷史研究者的角度上，要想弄清楚所有這些大事件背後的成因和動機不是一件容易的事情，要想徹底了解大規模的群體性暴力也不是一件容易的事情，但是站在歷史當事人的角度上，站在那些參與了「打死人」的行為的歷史主體的角度上，要制止這樣的暴力，並不需要他們先去學習什麼是暴力，什麼是暴力的動機和成因，以及為什麼會有歷史上的那些大規模的暴力，比如說法國大革命。對於制止暴力而言最為重要的，就是歷史的當事人或者說行動者是否承認，像「生命是可貴的」這樣的價值觀是永恆的，是超越於意識形態之上的。我們有理由相信，一個人只要還承認這樣的價值觀是超越於意識形態之上的，他就絕對不會相信什麼「天大地大不如黨的恩情大，爹親娘親不如毛主席親」一類的昏話，因為這樣的意識形態教條是對價值觀的徹底扭曲，也正是這樣的價值觀的扭曲，才使得大規模的群體性的暴力得以發生，儘管這並不是它發生的唯一條件和動因。從這個意義上講，施特勞斯政治哲學的根本目的，就是希望人能夠在大的歷史轉折、大的政治動盪、大是大非

面前守住價值觀的底線，能夠拒絕暴政的誘惑，遠離殘酷。

　　我對施特勞斯的理解與當前大陸流行的甘陽劉小楓一派的不同，不僅在於我要強調甘陽劉小楓所刻意隱瞞的，施特勞斯批判共產黨一黨專政的內容，而是更在於我相信施特勞斯政治思想的核心是要宣揚一種普世價值，而並非如甘陽劉小楓所說所做，去宣揚一種民族主義來對抗西方。當然施特勞斯意義上的「普世價值」，與我們通常所說的普世價值也有一定的區別。我在此並非重述已然眾所周知的「人權高於主權」的普世價值。從施特勞斯的角度，或者從他的思想根源海德格爾的角度上講，人權並非是最根本的普世價值，因為它本身屬於一項現代意義上的制度創造，也正因為如此，它有其自身的局限性。我們畢竟生活在一個主權國家的時代，嚴格來講在我們所生活的這個世界上，並沒有能夠真正凌駕於主權之上的政治權力。也正因為如此，人權作為一個單純的概念意義上的東西，它能夠限制發生在主權範圍內的暴力的可能性很小，尤其當這樣的一種暴力本身是被主權所許可的。但就這一點而言，我認為施特勞斯跟當代意大利哲學家阿甘本（Giorgio Agamben）有殊途同歸之處。那些宣稱維護人權的國際間組織，它們實際上能夠制約主權性的暴力的可能性很小，因為它們本身並不具有權力；恰恰相反，它們自身也必須要依附於某一個主權性的權力之上（比如美國）。因此人權觀念往往會蛻變為一種國際間不同主權之間討價還價的籌碼。這也是現在大陸的異議人士陷入困境的根源：他們在對抗中國政府的過程中，無法找到另外一種超越於主權權力之上的力量來協助他們，當他們想要依靠另一個主權國家（比如美國）來支持他們的政治改革計劃的時候，他們所能得到的幫助實際上非常有限，而他們的政治變革構想也最終蛻變成中國與其他西方國家之間談判的籌碼。但是從施特勞斯的觀點看，即便是這世界上沒有人權這樣的

現代觀念創造，沒有國際間的人權組織，超越於主權和所有權力形態之上的普世價值依然存在，因為這樣一種普世的人道主義價值觀念的存在，並不是某種制度建構的產物，而是先於任何制度建構而存在，並且是評價一切制度建構的先決條件。這樣一種普世的人道主義價值觀植根於我們每一個人的心靈深處，是我們人之所以為人最根本的依憑，因為它是我們每個人心靈深處最本真的那一部分。

　　我相信這世上沒有任何一種政治制度是真正意義上「普世」的，因為所有的政治制度背後都有它的權力根源，都有它在現實層面上的權力和利益追求，即便是現代意義上的人權觀念也不能免俗。按照耶魯大學思想史學家塞繆爾·莫伊在其近期論著《最後的烏托邦—歷史上的人權》當中的論點[12]，當代意義上我們所使用的人權，實際上是美國在冷戰時期為了對抗蘇聯的集權統治而創造的產物，因此它本質上是後冷戰時期以美國為中心的世界秩序的一個組成部分。換言之，它本身也是權力及權力鬥爭的伴生物，而並非真正意義上的「普世」價值。事實上類似的批判西方普世價值、美國帝國主義、西方殖民主義歷史和後冷戰西方新自由主義政治秩序的論述，在西方左派的論著中多如牛毛，而類似的論述也經常被中國大陸具有愛國主義傾向並且支持中國共產黨的學者如汪暉和崔之元引用，來論證中國共產黨所建立的政治制度的合法性。按照他們的論述，中國所具有的「特殊性」，使得中國不適用西方意義上的政治制度和普世價值，而只有中國共產黨的政治實踐是符合中國國情的政治制度建構。我認為莫伊從左派立場出發的對人權的批判，實際上恰恰從一個側面揭示出當代中國異議人士生存困境的一個根源：

12　Samuel Moyn, *The Last Utopia: Human Rights in History*, Belknap, 2010.

正因為人權這個觀念是美帝國主義及其所建構的後冷戰國際霸權秩序的一個伴生物，所以美國當然沒有理由無條件的支持中國國內異議人士的人權訴求，因為美國畢竟有其自身的國家利益，而它對人權的支持也是其國家利益的一個組成部分。美國對中國國內市場的渴望會當然地壓倒其在人權領域的訴求，而這也成為中國政府可以在類似的人權問題上與美國討價還價的籌碼。弔詭的是，恰恰是支持中國國家利益，所謂「中國特殊性」和中國政府的國內學者比如汪暉，可以從佔據美國主流學術界半壁江山的新左派那裡得到大量的理論支持。無論美國的左派學者是否實際上支持諸如汪暉一類的支持中國共產黨政權的中國左派學者，他們至少可以從美國左派那裡找到大量批判西方霸權、西方普世價值和西方政治制度的論述，可以用來支持他們的論點。但是從施特勞斯政治哲學的角度上講，即便世界上沒有所謂人權這樣的現代政治觀念的發明，人道主義作為一種普世價值，尤其是一種能夠制止暴力，能夠制止類似於文革和反右一類暴力的普世價值依然存在，因為這樣的普世價值根植於我們人性的深處。換言之，只要人性沒有被徹底遮蔽，就有被喚起的可能。而施特勞斯的政治哲學說到底其實就是一個關於「心靈秩序」和「政治秩序」之間關係的探討。或者說，一些關於是非對錯的根本性的價值判斷是具有普世性的，只不過這種普世價值，按照施特勞斯的觀點，並沒有一個制度意義上的載體。而另一方面所有人造的政治制度都具有排他性，不完美性，偏見性，因此不可能是絕對正義的，也不可能對它屬下的每一個民眾絕對的正義。

關於施特勞斯自身的思想，以及美國施特勞斯派和中國施特勞斯派之間的關係，可以這樣來簡單地總結一下。如我之前所說，施特勞斯的政治哲學有兩個根本點：第一是肯定某些價值判斷超越歷史和意識形態的特性，第二是關於正義的政治秩序和正義的人之間

的關係問題,而這個問題可以用施特勞斯一本著作的題目來概括,就是《城與人》(*The City and Man*)。施特勞斯認為,只有在一個正義的秩序裡面,個體才有可能實現自身道德意義上的自我完善。在這個意義上,政治秩序和人之間有四種關係:即正義的秩序和正義的人,正義的秩序和不正義的人,不正義的秩序和不正義的人,以及不正義的秩序和正義的人。正義的秩序自然可以培育正義的人,因此一個正義的秩序裡面如果有了不正義的人,那麼這些不正義的人自然可以得到糾正。不正義的秩序裡面自然就會有不正義的人,但是其實施特勞斯真正關心的是最後一種情況,那就是當一個不正義的秩序裡面有了正義的人,那麼這樣的人究竟應該如何生存下去的問題,例如索爾仁尼琴和哈維爾。也正是因為這世界上總會有非正義的秩序,所以才需要超越歷史的價值判斷。這個問題也可以用施特勞斯的一本著作的題目來概括,就是《迫害與隱秘寫作的技巧》(*Persecution and the Art of Writing*)。因此,如果說施特勞斯本人的目的是想要批判不正義的秩序,那麼美國的施特勞斯派們其實是借用了施特勞斯的觀點來為美國的民主制度辯護,因為美國的民主制度當然屬於正義的政治秩序之一,尤其是相對於納粹德國和蘇聯那樣的極權主義國家而言。而中國的施特勞斯派們,諸如甘陽劉小楓,其實是在通過拙劣地模仿美國施特勞斯派們為正義的政治秩序辯護的做法,來為中國當下的政治秩序辯護。他們的邏輯是這樣的:既然美國人可以為他們的政治秩序辯護,那麼我們也可以為我們自己的政治秩序(共產黨體制和儒家政治傳統)辯護,我們也可以宣稱自己的政治秩序是正義的秩序。但是這種操作實際上是把中國施派自身推到了施特勞斯的反面。而他們這樣做的前提,如我前面所論,是因為他們只是片面地強調施特勞斯的一個論點,即人的品格有高低貴賤之別,但是卻刻意隱瞞了他的另一個核心論

點，即，不僅僅人的品格有高低貴賤之別，政治制度自身也有高低
貴賤之別，或者說正義與非正義之別。這兩者在施特勞斯的思想當
中其實是緊密關聯的。而他對於政體的正義與非正義有著明確的標
準，這套標準其實就包括自由民主要好過共產黨一黨專政[13]。

　　基於以上的論述，我要在這裡重申施特勞斯政治思想的五個核
心要點，這五個要點分別回應中國施派對於施特勞斯的五個誤解。

13　陳純先生在他發表於《思想》第35期的一篇題為〈清除啟蒙毒：論
　　劉小楓的反平等主義〉的文章當中曾經舉過一個非常好的例子，就
　　是劉小楓批判文革，但是他對這個例子的分析沒有完全點出問題的
　　關鍵。按照陳純的說法，劉小楓對文革的批判典型地體現了劉小楓
　　反對公民平等的政治參與，強調精英政治的思想。按照劉小楓的說
　　法，由於民眾在德性上是平庸的，所以公民參與的激進政治也就意
　　味著暴力的可能，而這一點最好的例子，在劉小楓看來，莫過於文
　　化大革命：「我接下來就親眼看到，政見不合的大哥哥大姐姐們操
　　起AK47對射，雙方都掩埋過戰友的屍體」（195）。劉小楓的看法
　　是這樣的，他認為共產黨在1949年建立的政體是有著儒家內涵的優
　　良政體，只可惜被文革給破壞了。清華大學歷史系的秦暉先生曾經
　　總結過關於文革的四種基本看法：就是肯定體制基礎上的肯定文
　　革，肯定體制基礎上的否定文革，否定體制基礎上的否定文革，以
　　及否定體制基礎上的肯定文革。劉小楓這種看法其實就典型地屬於
　　秦暉所說的肯定體制基礎上的否定文革。那麼在這個意義上，施特
　　勞斯本人究竟會怎樣看待文革呢？我認為施特勞斯對文革的看
　　法，應該屬於秦暉所說的反體制的否定文革。也就是說施特勞斯會
　　認為，那些學生之所以會拿著AK47對射，並不是因為他們「心性
　　不純」，不適合當公民，而是因為他們被共產黨意識形態洗腦了的
　　緣故，因為不正義的政治秩序裡面必然會有不正義的人。這也就回
　　到了我前面所說的，就是施特勞斯的意思不僅僅是強調人的品格有
　　高低貴賤之別，而且政治體制、社會規範這些東西本身也有正義和
　　非正義之別。如果說我們僅僅只是強調人的品格，而完全忽視政治
　　體制自身的正義與否，就會產生劉小楓意義上的那種莫名其妙的、
　　跟施特勞斯觀點背道而馳的中國施派觀點。

第一，關於施特勞斯的基本政治立場，尤其是他對於馬克思主義或者說共產主義的態度。我認為太多的證據可以說明，施特勞斯毫無疑問是反對共產黨一黨專政的，而且他對於馬克思主義的可能性也是持懷疑態度的。在這一點上，施特勞斯毫無疑問是一個「反共份子」。就比如他在〈《斯賓諾莎的宗教批判》序言〉裡面說的這一段[14]：

> 蘇聯之所以能夠生存下來完全是因為斯大林的決定，就是不要等待西方的無產階級革命，而是要在一國之內建立一黨專政式的社會主義，在那裡他的話就是法律，他採用他可能採用的任何手段，無論多麼野蠻，當然這些手段裡面其實就包括希特勒所使用過的、儘管不是希特勒所發明的手段：大規模的黨內清洗和反猶太人政策。

對於施特勞斯而言，共產黨的一黨專政毫無疑問是暴政，而暴政在他的思想體系當中是居於最底層的、最壞的社會形式，遠遠劣於自由民主。當然對於施特勞斯而言，現代意義上的自由民主也不是人類社會最好的存在方式，但是它毫無疑問要優於暴政，當然也就優於共產黨的一黨專政。就這一點而言，劉小楓用施特勞斯維護中國共產黨政體的作法是根本沒有理論依據的，而且跟施特勞斯本人的觀點也根本不符[15]。

---

14 Leo Strauss, "Preface to Spinoza's *Critique of Religion*," in *Jewish Philosophy and the Crisis of Modernity: Essays and Lectures in Modern Jewish Thought*, State University of New York, Albany, 1997, 144.

15 劉小楓先生有一系列的文章論述這個問題，圍繞的都是維護中國共產黨政權的合法性和中國國家主權的重要性這個問題，例如〈如何

第二，施特勞斯的政治哲學可能或者說可以被用來支持民族主義嗎？我認為是不可能的。如果施特勞斯政治思想的核心是要尋求超越一切世俗權力（或者世俗規範）之上的正義，那麼他的思想又怎麼可能被用來支持民族主義呢？這很顯然跟施特勞斯的本意是嚴重不符的。更何況施特勞斯本人多次提到，他追求超越於一切世俗權力之上的正義，其目的就是為了對抗現代極權主義那種「集體性的自私」，或者說「集體性的自大」。如果是這樣的話，那麼他的思想又怎麼可能被用來支持民族主義呢？

第三，施特勞斯批判現代性的目的是什麼，或者說，他對現代性的批判可以被理解成是對於西方霸權主義或者說西方殖民主義的批判嗎？他對現代性的批判可以被理解成是要支持一種中國本土的

認識百年共和的歷史含義〉，〈今天憲政最大的難題是如何評價毛澤東〉，〈誰能使中國恢復「大國」地位〉，〈毛澤東與中國的「國家理由」〉，〈為什麼應該建設中國的古典學〉等。我認為，劉小楓這些文章的理論來源，如果說是施米特似乎還有些道理（當然本質上也不準確），因為施米特的政治思想的確跟維護主權有很大關係，但是要說是施特勞斯則根本講不通。也就是說劉小楓在引介施特勞斯給中國的時候，在很大程度上混淆了施米特跟施特勞斯之間的區別，因為他總是把這兩個人完全並列，但是實際上施特勞斯跟施米特的思想在本質上是有很大區別的，我接下來馬上就要談到這個。我認為劉小楓或者是刻意在迴避施特勞斯政治思想跟他自身觀點之間的本質性區別，或者說他自己根本上誤讀了施特勞斯。在2015年的一篇題目名為〈劉小楓：「不指望學界整個提高古典意識，沒有可能也沒必要」〉的訪談裡面，劉小楓又一次提到他之所以要向中國學界引介施特勞斯，其原因主要有二：一是因為施特勞斯在解讀西方經典方面很有功夫，二是因為施特勞斯思想當中所包含的道德教育的內容。但是僅僅只是強調這兩點，在我看來實際上是避重就輕的，我這篇文章的目的就是為了說明，為什麼這樣的一種對施特勞斯的理解其本質上是在避重就輕。

現代性來對抗西方的現代性嗎？答案我認為也是否定的：這種對施特勞斯的理解實際上是混淆了他和左派之間的區別。施特勞斯對於現代性的批判的確是有跟左派，比如說法蘭克福學派之間類似的地方，主要是在對於現代技術理性的批判方面。但是批判西方殖民主義，西方霸權，以及強調「非西方的現代性」，這些觀點實際上並不屬於施特勞斯，而且施特勞斯本人也從來沒有強調過他對現代性的批判包含了這些內容。這些內容更多的是屬於西方左派，尤其是後殖民研究一類西方左派喜歡強調的內容。施特勞斯對現代性的批判，除了對技術理性的批判之外，最主要的一點是他認為現代性本身不能避免暴政。在施特勞斯的政治哲學當中，對於暴政的批判才是根本，而批判現代性實際上是輔助性質的。他之所以要反「現代」，是因為「現代」本身不能「避免」暴政，而現代的暴政最好的體現，則毫無疑問就是20世紀的兩大極權主義：法西斯主義和共產主義。在這一點上施特勞斯的觀點跟法蘭克福學派阿多諾和霍克海默的觀點毫無疑問有重疊，施特勞斯也不否認像納粹集中營那樣的現代暴政，技術理性的濫用是它的一個重要的根源。當然另一個重要的根源，按照施特勞斯的觀點，就是來自於價值觀層面的墮落了。就這一點而言，施特勞斯的保守主義傾向很明顯，因為他確實認為現代社會代表了一種價值意義上的墮落，但是他提出這個論點最主要的目的，是為了回應20世紀兩大極權主義對西方自由世界所構成的威脅。而且更重要的一點是，這兩大極權主義，納粹主義和共產主義，其理論基礎都根源於西方現代政治哲學。按照施特勞斯的理解，現代西方政治哲學跟柏拉圖亞里士多德以及中世紀托馬斯阿奎納等的主要區別，就在於現代西方政治哲學不再強調價值判斷的客觀性、永恆性、超越歷史性以及不依人的主觀意志為轉移的特性，而這種客觀價值判斷的缺失在他看來，實際上為極權政治的發展提供了條

件。當一個人的價值判斷有問題的時候，也許不難對他做出糾正，但是如果一群人的價值觀都出了問題，都整體性地陷入了一種「集體性的癲狂」或者說「集體性的自大」，那麼客觀價值標準的存在與否就十分關鍵。

就這個意義上講，中國施派拿施特勞斯來支持中國的民族主義，或者說「中國的現代性」（當然他們其實指的就是中國共產黨建立的政治體制），在很多個層面上都不符合施特勞斯的本意。不僅僅是說施特勞斯的政治哲學不能拿來支持共產主義、社會主義、民族主義，而且施特勞斯批判現代性的目的也根本不是為了去尋求一種「非西方的現代性」來對抗西方，而恰恰是為了維護西方社會不受極權主義的傷害。當然有人會說，中國大陸在1980年代改革開放之後，由於市場化的緣故，的確出現了很多問題，比如說道德淪喪、社會不公平、貧富差距加大等等，施特勞斯對於現代性的批判也許可以用來解決這些問題。這個觀點有可取之處，但是它跟施特勞斯自身的觀點依然不符，因為施特勞斯從來都沒有批判過資本主義以及資本主義所造成的一系列問題。他對現代性的批判也沒有包含這個。就這一點而言，中國施派最大的問題，不僅是他們過分誇大了施特勞斯批判西方現代性的觀點，將其提升到施特勞斯政治哲學的主要位置，而且他們把很多西方左派批判現代性的論點強加給了施特勞斯，比如說對於西方殖民主義、西方霸權、資本主義及其造成的問題等等，這些東西並不屬於施特勞斯。

第四點，跟施特勞斯觀點最接近的現代西方政治哲學家是施米特嗎？如果我們承認，施特勞斯政治哲學的核心是要去尋求一種超越與一切世俗權力之上的正義，那麼很顯然，施米特並不是跟施特勞斯觀點最接近的那個人。當然施特勞斯跟施米特和科耶夫之間有過對話，他們三個人之間的對話是20世紀思想史很重要的一個構成

部分，但這並不代表他們的觀點是一致的。恰恰相反，他們的觀點之間的分歧要遠大於他們的相似性。施特勞斯跟科耶夫之間的分歧最主要地體現在他們倆在關於施特勞斯的《論僭政》一書的爭論上。簡單來講，施米特和科耶夫跟施特勞斯之間最大的分歧，在於施米特和科耶夫都不承認有超越於歷史之上的價值判斷。科耶夫在《黑格爾〈精神現象學〉導讀》一書中對黑格爾的創造性誤讀，已然說明了他跟施特勞斯在這一點上的分歧[16]：科耶夫認為人類歷史前進的動力就是黑格爾的「主奴辯證法」，或者說「為承認而鬥爭」。這種鬥爭最終使得鬥爭的雙方互相承認，從此人類歷史進入了一個太平時代，但是這並不排除在遙遠的將來鬥爭會重新開始。但是科耶夫從未說過有某些價值判斷是超越於歷史的。施米特也一樣。與科耶夫十分類似的是，施米特也同樣喜歡強調政治的本質是一種敵我雙方之間的鬥爭。這種鬥爭集中表現在兩個方面：就國內意義上講，現代的議會形式的民主只不過是這種鬥爭的部分體現，但是它不可能把這種鬥爭完全吸收掉，一旦鬥爭超出了民主表決的範圍，那麼就需要有一個最終的仲裁機構來做出一個決斷。就國際關係而言，國與國之間的鬥爭也是存在的，那麼一旦國家的安全受到了威脅，就需要有一個強有力的中央政府，有軍事力量來保護這個國家的安全。這兩方面加起來，施米特就認為一個國家需要有一種超越於憲法之外的主權性權力。這種主權性的權力存在的最主要的理由，就是為了解決衝突以及衝突可能造成的國家動盪和解體。就這個意義上講，施米特的觀點距離施特勞斯所強調的超越於權力之上的正義更加遙遠。基於這一點，我認為中國國內的施特勞斯派之所

16　Alexandre Kojeve, *Introduction to the Reading of Hegel: Lectures on the Phenomenology of Spirit*, Cornell University Press, 1980.

以總喜歡把施特勞斯跟施米特相提並論，其實是在把施特勞斯朝著
施米特的方向歪曲，進而完全忽略或者說掩蓋施特勞斯政治哲學當
中最根本的那一部分，也就是對超越與歷史和政治權力之上的正義
的追求。當然施特勞斯跟施米特之間也並非沒有共同性；如果說他
們之間有什麼共通之處的話，那就是他們都認為我們不能低估人性
的自私之處以及由此帶來的社會衝突。但是也正因為如此，施特勞
斯訴諸於一種超越於歷史和意識形態之上的道德標準或者說價值標
準，而施米特卻同施特勞斯相反，最終訴諸於國家權力來解決人與
人，國與國之間不可調和的衝突。

　　第五點，也是最最關鍵的一點，那就是，施特勞斯的政治哲學
跟自由主義之間是完全衝突或者說完全矛盾的嗎？很顯然不是的，
但是要完整的回答這個問題並不容易。我這篇文章的目的不是要對
自由主義的歷史脈絡做完整的梳理。自由主義本身是一個非常寬泛
的概念，它所包含的議題也非常多，其中有些議題跟施特勞斯政治
哲學的關係並不大。比如說平等就是自由主義的一個重要議題，但
是施特勞斯從來都沒有討論過平等問題，無論是經濟意義上的還是
身分意義上的。當然施特勞斯提到過，在他看來，似乎哲學家的地
位要高於一般民眾，因為哲學家追求最高形式的善。但是這跟一般
政治哲學意義上的平等問題完全是兩碼事。通常當我們講到平等，
指的是經濟意義上的平等，或者身分意義上的平等，但是這些平等
問題並不在施特勞斯的考慮範圍之內。雖然他一再提到關於猶太人
遭受壓迫以及猶太復國主義的問題，但是西方自由派和左派意義上
的那種強調不同族群身分之間，尤其是白人和非白人之間的平等問
題，並不在施特勞斯的考慮範圍之內。當然施特勞斯非常重視的價
值問題，或者說道德問題，可能在一些自由主義者看來很重要。因
為即便是在一個自由民主的社會裡面，我們也不能否認人需要一種

道德層面的追求或者說自我提升。但是這個在我看來依然不是施特勞斯與自由主義之間最重要的銜接點。

如果說施特勞斯的政治哲學對自由主義的某一個議題貢獻格外重大，這個問題就是關於殘酷或者說暴力的問題。自由主義的一個題中應有之義，就是要遠離殘酷，或者說避免暴力。而這個問題恰恰是施特勞斯政治哲學的核心問題，也是實際上完全被中國大陸的施特勞斯派所忽略掉的問題。筆者在前文的論述中已然陸續提到這個問題。在這裡我要再一次指出，施特勞斯之所以要強調價值問題，或者說強調價值判斷的超越歷史、超越社會、超越意識形態的特性，最根本的原因就是為了對抗歷史和現實中的殘酷和政治暴力。非常有意思的是，中國大陸受施特勞斯影響的學者，對這個問題的忽略跟中國官方對中國現當代歷史當中各種形式的殘酷（如反右、土改、大躍進、文革、六四等）的忽略如出一轍，遙相呼應。而恰恰施特勞斯的政治哲學就是對抗這些政治殘酷的最好理論武器。在這一點上，熱衷於這一類歷史問題的中國大陸自由派學者也似乎沒有發現施特勞斯的政治哲學，其宗旨就是為了對抗這一類的政治殘酷。這其實才是施特勞斯政治哲學和自由主義之間最重要的交匯點，也可以說是施特勞斯比自由主義更加深刻的地方。可能很多人都知道施特勞斯在其經典著作《自然權利與歷史》當中對馬克思韋伯的社會學方法的批判，施特勞斯稱之為價值中立的研究方法，就是只描述事實，但是迴避價值判斷。其實細讀這本書就會發現，施特勞斯對韋伯的批判是項莊舞劍，意在沛公，他真正的目的是為了批判西方世界對極權主義的不作為。正如施特勞斯所說，「這種社會學方法就好比我們可以對納粹集中營當中的事實做一個詳盡的觀察，但是

卻不能夠說那是一種殘酷」[17]。這幾乎就是對英美等國戰前對納粹
德國的綏靖政策的批判。你看到所有的惡，但是你卻對它保持沉默，
這其實才是最大的殘忍。

　　但是不能否認的是，施特勞斯在關於殘酷的問題上也有很大的
局限性。他實際上把殘酷的根源歸結到人性的惡上面。施特勞斯認
為人性的惡是一種不可能被完全根除的弊病，也正因為如此，我們
應該像（在他看來）柏拉圖或者亞里士多德那樣承認某些價值判斷
是超越於人的主觀意志之上的。只可惜這樣的古典觀念在現代政治
哲學當中逐漸消失了，也正因為如此，當人類面對20世紀的兩大極
權主義的時候，面對人性當中極惡的那一面的時候，他們缺少能夠
對抗極惡的最後那一道防線。應該說施特勞斯對待人性的態度是很
消極的，也正因為如此，在他的哲學裡面沒有給現代意義上的自由
留有位置，而只有柏拉圖式的自由，也就是靈魂脫離肉體的自由。
從施特勞斯的角度上講，承認現代意義上的自由也就意味著承認了
人性當中所固有的、根深柢固的作惡的潛能。因此我們在肯定施特
勞斯對殘酷這一問題的貢獻的時候，也不得不反思他是不是在這個
問題上走得太遠了。換言之，只有所有人都追求靈魂的高貴才能制
止殘酷和暴力的發生嗎？難道現代意義上的自由就一定不意味著人
具有為他們自己的行為，哪怕是非常壞的行為，集體性的非常惡的
行為，負責的能力嗎？對於這個問題的回答，恰恰就是20世紀最重
要的自由主義哲學家之一，前哈佛大學教授朱迪斯·史克拉（Judith
N. Shklar）最主要的學術工作。史柯拉認為，自由主義最重要的任
務是要防止殘酷[18]。實際上，前些年在中國國內風靡一時的〈在北

17　*Natural Right and History*, 52
18　非常有意思的是，甘陽在他的一篇在網絡上廣為流傳的文章當中公

(續)

然提出他非常喜歡朱迪斯‧史柯拉。這篇文章的題目叫做〈關於研究美國憲法的一封信〉。甘陽的原話是這麼說的：「這裡實際就和你信中提到的一些問題有關聯了，亦即你在來信中提到1990年代以來脫意識形態化的社會科學在中國的興起及其問題的暴露。我事實上一直認為，1990年代以來在許多方面，國人都是在不自覺地重複甚至有意識地效仿西方1950年代最時興的東西，例如哈耶克，反盧梭，脫意識形態，實證社會科學，等等，這大概同樣很可以理解，因為西方1950十年代的中心問題是西方與共產主義的對峙問題，這不僅是政治的問題，而且也是當時西方知識界學術界的中心問題。因為1940年代末，1950年代初，西方包括美國的知識分子仍徘徊於如何看待蘇聯的問題，我們知道20世紀上半葉西方知識分子和中國一樣普遍親左，因此1950年代前後之批判共產主義意識形態，並不僅僅只是在外批判蘇聯，而同時是非常內在於西方知識界學術界自己的基本問題意識的。當時流行的理論（例如波普爾之批判柏拉圖，許多人批判盧梭，柏林的兩種自由，社會科學界歪捧韋伯，等等）往往都比較具有針對共產主義意識形態的含義。例如哈耶克的全部問題意識都是批評社會主義和計劃經濟問題，除此以外他沒有別的問題。而很可以理解，對原社會主義國家所謂撥亂反正的需要而言，則自然這類東西看上去似乎最對症下藥，因為這些批判都是針對原先人們熟悉的意識形態的。但人們往往忽視，這類東西通常都是批判共產主義有餘，但解釋西方本身則往往大有問題，這就是Shklar指出的這種為了與蘇俄強烈對照而描述的「西方」往往是高度意識形態化而實際非常扭曲的西方圖景」。

　　甘陽一定程度上誤解了史柯拉批判哈耶克的目的。史柯拉的確批判過哈耶克，但是她批判哈耶克的理由跟甘陽所講的並不一樣。事實上，但就反對共產黨一黨專政，反對共產主義革命的暴力傾向這一點而言，史柯拉跟哈耶克完全一致。史柯拉跟哈耶克之間的分歧不是在這一點上，而是史柯拉認為哈耶克反對共產黨一黨專政的方式是錯誤的。史柯拉認為哈耶克的批判實際上變成了另一種類型的教條主義：按照哈耶克的論述，似乎現代歷史，因為有了理性，就必然會有理性的濫用，進而也就必然會有蘇聯式的完全計劃經濟的極權主義。史柯拉所反對的是這種歷史決定論的解釋方式。甘陽的目的，如同我前面所引用過的雷思溫，是想要說明自八十年代以來中國國內的知識分子（尤其是自由派的知識分子）在盲目地學習

京讀施特勞斯〉一文的作者馬克·里拉，就是史柯拉在哈佛大學的
弟子，而里拉博士論文的副導師，則正是美國施派成員哈維·曼斯
菲爾德（Harvey Mansfield）[19]。馬克·里拉這篇文章，其實就是一

────────（續）────────

　　西方，因此甘陽認為史柯拉的觀點構成了一種對於這種盲目學習西
　　方的批判。但是實際上朱迪斯·史柯拉反對殘酷的思想跟中國自由
　　派知識分子的基本觀點並無二致。

19　Mark Lilla, "Reading Strauss in Beijing: China's Strange Taste in
　　Western Philosophers," in *The New Republic*, December16, 2010. 談到
　　馬克·里拉的這篇文章也就不能不談到他在這篇文章裡面提到的，
　　與甘陽劉小楓同屬於一個知識圈子的李猛。有趣的是，李猛在最近
　　的一篇題為〈人文教育要讓學生明白，做一個好人難且值得〉的訪
　　談當中回應了這篇文章當中關於他的內容。李猛的原話是這樣說
　　的：「但比起涉及我個人的這個小小例子，更大的問題恐怕是，他
　　整篇文章對中國興起古典學的理解有誤。他並沒有理解，中國興起
　　古典熱，並不是簡單地希望和西方對抗，我認為中國人其實有從自
　　己的文明出發，去把西方文明看成是我們傳統一部分的傾向，而不
　　是想要從中學習某種權力的把戲。坦率地說，這些東西任何民族自
　　己都有，難道一個民族還需要從另一個民族那裡學習機詐和霸術
　　麼？沒有必要。我們真正希望的是去從荷馬和莎士比亞那裡，去理
　　解西方文明對人性最根本問題的看法，這意味著中國文明已經超越
　　了魏源的時代，不是只把西方作為一個敵人來看待了。我們不再把
　　西方理解為製造器物的技術能力和政治制度，而是把西方文化看作
　　對人類最高問題有精深理解的文化，中國人需要在這個高度上去理
　　解西方，並最終使其成為能夠豐富我們自己文化的『傳統』」。實
　　際上認真閱讀過馬克里拉那篇文章的人應該都能看出，李猛在這篇
　　訪談中其實巧妙地迴避了里拉提出的問題。里拉從來都沒有說過他
　　認為中國人學習西方古典是為了學習西方的「權術」、「權力遊戲」，
　　進而跟西方對抗。這根本就不是里拉的意思。里拉的意思是說他看
　　到了這一批熱愛施特勞斯、施米特，以及西方古典學的中國知識分
　　子（包括李猛在內）強烈的民族主義和國家主義傾向，但是民族主
　　義，尤其是對於中國當代而言的民族主義，意味著國家主義、專制、
　　暴力和殘酷，而暴力和殘酷，恰恰正是里拉的思想源頭──史柯拉

篇從史柯拉派自由主義（連同施特勞斯）角度批判中國國內民族主義的文章。簡言之，自由主義應該永遠把遠離殘酷這一點放在第一位，而民族主義的宗旨似乎與此恰恰相反。

史柯拉的作品當中，同施特勞斯關係最大的一本莫過於她的《烏托邦之後：政治信仰的衰落》[20]。這本書是她從政治心理學的角度對反極權主義思想所做的一個梳理。她著重批判了兩種在她看來走過了頭的反極權主義思想。一種是單純只強調個人自由，排斥一切政治活動的浪漫主義（romanticism）思想，認為世界上只有個人自由最大，除此之外一切政治活動都是對個人自由的侵害；這種過分從個人自由的角度逃避政治生活的作法，在她看來並不可取。第二種就是施特勞斯式的「宿命論」（fatalism）觀點，認為整個人類的現代歷史都是一部人類逐漸走向墮落的歷史，而這種墮落的根源，就在於現代人從根本上不承認某種超越於人的意志之上的道德—宗教權威。只不過史柯拉在書中所具體採用的例子不是施特勞斯，而是我在前文中所提到的那兩位跟施特勞斯觀點極其接近的人，法國天主教思想家雅克·馬里坦和德國保守主義思想家艾里克·沃格林。所以從這個意義上講，這本書其實也可以被當作是一個對施特勞斯的批判。

史柯拉的這一批判恰恰戳中了中國施派們的要害，因為中國的施派們所想要強調的，並不是我所說的，施特勞斯反專制反殘酷的

（續）——————————

派自由主義（當然也包括施特勞斯）——最主要要反對的東西。在這一點上，馬克·里拉跟中國國內的自由派知識分子的態度基本上是一致的。我認為李猛對里拉原意的迴避，實際上跟中國政府對中國現當代歷史真相的迴避，在某種程度上有殊途同歸之處。

20 Judith N. Shklar, *After Utopia: The Decline of Political Faith*, Princeton University Press, 1957.

那一面，而恰恰就是施特勞斯「宿命論」的那一面。他們還喜歡去
強調人類的現代歷史本質上就是一種墮落的歷史，然後再給這個觀
點加上一個不倫不類的結論，那就是西方的現代性完了，而中國正
在崛起。在這個基礎上我打算對史柯拉的批判做一點延伸。首先，
按照我在前面所論述過的，我並不認為施特勞斯的觀點跟史柯拉的
觀點完全相左，他們倆的思想，就其初衷而言，有巨大的相似性，
都是為了反對殘酷和狂熱的共產主義革命式的政治激進主義。而且
施特勞斯所強調的價值判斷超越歷史的觀點，其實對史柯拉的思想
也具有補充作用。他們倆之間真正的不同，其實是他們倆對同一個
問題的解決方案不同：不同於史柯拉和以賽亞・柏林的懷疑論，施
特勞斯最終依靠一種帶有強烈道德色彩的權威主義來解決殘酷和暴
力的問題。他認為每一個人的行為都具有其目的性，而這些行為的
目的性最終構成了人生的目的性。一個人的行為，其目的有好有壞，
因此一個人的一生，其目標也有好有壞，一個人最終會成為一個好
人或者壞人。在這個意義上，施特勞斯認為人的行為離不開一種價
值層面上的導引。這種導引也有可能有好有壞。就如同我前面所論
述的，如果一個社會整體的價值觀都出現了問題，受到了某種窮兵
黷武的思想的影響，或者如同共產黨在土地革命當中所做的那樣，
鼓勵窮人打死富人，你不能想像生活在這樣一個社會當中的人，他
們的行為會具有一個正義的目的，他們會向著正義的方向發展。而
施特勞斯對這個問題的解決方案，就是認為一個社會必須要在某種
「道德權威」的指引下才會最終走向正義。離開了這種道德權威的
指引，這個社會就會走向墮落，而這種觀點從自由主義的角度看是
完全無法接受的。

　　在《烏托邦之後》這本書中，史柯拉最終提出了一個頗具建設
性的看法。她認為，除了類似於施特勞斯、馬里坦、沃格林、哈耶

克這種宿命論式的反極權主義思想之外，還應該有一種具有懷疑論精神的反極權主義思想，那就是對所有的激進革命都持一種懷疑論的態度，而她自己其實就是這種思想的代表，當然也包括同她十分接近的以賽亞・柏林和雷蒙・阿隆。事實上，這種懷疑論的精神跟施特勞斯所強調的價值判斷超越歷史的思想，本質上並不違背，但是卻跟他所強調的道德權威主義的觀點相去甚遠。我們完全可以只保留施特勞斯關於價值判斷超越歷史的論述，拋棄掉他關於道德權威主義的思想，並把他關於價值判斷超越歷史的看法同史柯拉和柏林的懷疑論精神相結合。這種懷疑論精神的本質其實是教給我們怎樣「看破」，怎樣看穿激進革命本質上的虛妄。借用《三國演義》開篇的那句話，它有一些「是非成敗轉頭空」的味道，只不過從施特勞斯的角度上講，空掉的是「成敗」而不是「是非」，而且「不空是非」恰恰是「空成敗」的前提。或者更進一步講，它其實是教給我們怎樣用一雙「冷眼」去看每一個社會，去看穿所有那些所謂的偉大的政治成就，它背後的虛妄和它本質上的失敗。而對於施特勞斯的政治哲學而言，其實我們最需要的，就是他政治思想當中所隱藏的那樣一雙「冷眼」。

朱元海，約翰霍普金斯大學人文碩士，研究政治哲學，歐陸哲學，尤其是20世紀的反極權主義思想。

余英時先生
析論「五四」

試釋「五四」新文化運動的歷史作用

余英時

緣起

今年（2019）恰逢「五四」運動一百週歲，是一個非常難得的紀念之年。我們都知道，「五四」運動有狹義和廣義的兩種理解：狹義指1919年5月4日北京的學生運動；廣義則指一場新思想的運動，當時稱之為「新思潮」或「新文化」。它必須上溯到1917年的新文學運動（白話取代了文言）和《新青年》雜誌所倡導的「賽先生」（科學）和「德先生」（民主）。所以狹義的「五四」其實祇是「新思潮」或「新文化」的一種行動表現，因而必須包括在廣義「五四」之內。我在本文（和〈訪談錄〉中所說的「五四」都指廣義而言。這一點必須先交代清楚，以免引起不必要的誤會。

「五四」新文化是我一向重視的一件歷史大事，曾先後多次為文討論。這次百年紀念更激起我對於「五四」的種種反思，其中一部份已見於我和唐小兵教授的訪談錄中。但訪談結束後，我感覺還有不少重要的想法當時沒有機會說出來。（因為訪談只進行了一小時。）現在我想將其中一些想法組織起來，對「五四」在現代中國的歷史作用，做一次客觀的整體論斷。

　　根據我所了解的情況，目前大陸上很多人，包括新左派、新儒家，甚至自由主義者，都對「五四」採取了批評甚至否定的態度，這確是一個值得重視的現象。我在海外也讀過一些介紹大陸思想動向的文字。如我的朋友葛兆光在《思想》上發表的有關「天下想像」和新儒家「政治訴求」的文章，以及最近梁治平先生評介各種「天下」論述的長文。（《思想》第36號，2018年12月）我所得到的印象完全可以印證一些大陸來訪者述及的親身觀察。其中新左派和新儒家對「五四」的指控說來說去無非是：民主、科學之類的價值來自西方，不但不合乎中國的需要，而且還破壞了中國的本土文化。這是一百年來反「五四」者的老生常談，毫無新意。但是我進一步檢查了他們所提出的各種不同的取代「五四」的方案，發現其中有一個共同傾向，即強調中國自遠古以來便形成了一個獨特的「天下」型文明；這個文明雖一度為西方的侵略而受到嚴重毀壞，但在中國「崛起」的今天，必將以全新的方式重建起來。這一傾向使我深信：這些「天下」方案，雖然彼此之間存在著某些分歧，都是在為中共尋找一個新的意識形態，以說明其政權的「合法性」（legitimacy）。

　　毛澤東死後，文化大革命告終，馬列主義的意識形態事實上已完全破產。在鄧小平主持的「改革開放」時代，黨內黨外許多人都有回到「五四」民主路向的期待。1978年北京「民主牆」的出現便充分折射出當時一般人民的思想趨向。「民主牆」的作者主要是體制外的知識青年，他們在大字報中批判一黨專政並強烈要求民主，都是緊接著大批文革受害者的冤情陳訴而提出的，可見他們是「為民請命」，而不僅僅是表達了個人的政治思想。「民主牆」的衝擊力在當時是巨大的，引起各國記者的注視和報導，甚至鄧小平在未奪回領導權之前，也對日本、美國、法國的訪問團公開表示：人民用大字報表達不滿的權利是應當尊重的。（按：鄧取得領導權是在

1978年12月底十一屆三中全會上定案的。）所以「民主牆」通過對毛時代意識形態的否定，而動搖了中共政權的合法性。為了挽救這一危機，1979年一月到三月，中共在北京召開了一個「理論工作務虛會」，由即將任總書記的胡耀邦主持，其目的便在重建一套意識形態，為鄧小平改革路線提供正當性。會議的最後成果是確立了「實踐是檢驗真理的唯一標準」為意識形態的新正統；一望可知，這正是鄧小平「白貓黑貓論」的理論化妝。這個新意識形態在「務虛會」之後雖受到廣泛的傳播，但黨內黨外的批評也層出不窮，更由於它過於抽象，完全未能展現黨的最新動向，最後只有不了了之。從1979到1989的十年之間，不斷有人向黨提出新的建議，其中最著名的是借自美國政治學者杭廷頓（Samuel P. Huntington）的「新權威主義」（new authoritarianism）。這裡有一個不但有趣而且反映當時政治形勢的故事：1989年初，天安門民主運動即將爆發的瞬間，趙紫陽在和鄧小平的一次對話中，提到正在流行中的「新權威主義」。趙告訴鄧，中國的「新權威主義」認為，「為了推動改革開放，必須掃除障礙，保持穩定，必要時不惜採取鐵腕手段……」話猶未畢，鄧便迫不及待地說：「我就是這個主張！」（見吳稼祥《頭對著牆──大國的民主化》，台北，聯經，2000，我在此書〈序〉中特別討論了這一對話。）「新權威主義」一度成為聚談最盛的論題，正是因為它差一點便成為新的意識形態。但當時多數知識人，特別是北京大學的師生們，正在發起「五四」七十週年紀念大會，以展開民主運動。「新權威主義」在這樣的思想氛圍中所得到的，是抨擊遠多於認同，否定遠多於肯定。所以在「六四」屠殺之後，鄧小平在萬般無奈之中，只能提出「不問姓『社』姓『資』的要求」，用避而不談的方式暫時和緩一下意識形態的危機。

　　上面關於鄧小平時代意識形態的回溯和前述「天下」方案的興

起密相關聯。我們首先必須理解二者之間的關聯，然後才能進一步認識「五四」新文化在改革開放以來的歷史處境。概括地說，鄧小平在復出奪權和掌權的過程中（大致是從1977到1989），一直想重建一套新意識形態以發揮雙重作用：第一、取代華國鋒所繼承的毛澤東路線，這是奪權的先決條件；第二、為他的「改革開放」的新路線提供理論根據，這是強化掌權的精神力量。上面已經指出，1979年「實踐是檢驗真理的唯一標準」便是這樣確立的。但是這一「實踐」主義雖然有效地摧毀了華的「凡是」主義（即「凡是毛主席贊成的我們都贊成；凡是毛主席反對的我們都反對。」），卻不足以支持越來越複雜的「改革開放」路線。後來新權威主義也曾得到鄧的擊節稱賞，然而官方始終沒有正式出面宣導過它，其地位還遠在「實踐」主義之下。可見1989年以前鄧在尋求新意識形態這件大事上沒有取得成功。而且我們更看到，1989年以後，他竟坦然採取了避而不談的消極態度。為什麼在改革開放時期，意識形態的重建問題竟如此困難？讓我從歷史角度稍作推測。

　　首先我要指出：這十幾年中，「改革開放」的政治要求為「五四」精神的回歸開闢了道路，「五四」時代所強調的普世價值，特別是民主、自由、人權、法治等觀念，頓時大行其道。1978年10月我訪問大陸，正值「思想解放」運動全面展開。當時一個最響亮的口號是「讀書無禁區」。這就表示，大批的知識人，無論在體制之內或之外，都要求在知識、思想、言論各方面取得自由和開放。我在北京和各地所接觸到的黨內人士往往將「思想解放」和五十年代中期的「百家爭鳴」、「百花齊放」相提並論；並且很有信心地說，這次的「放」決不會落到「陽謀」的下場。我在11月回到美國之後，很快便有「民主牆」的崛起，遠遠超出「思想解放」的範疇了。「五四」精神在為下一段時期演出了一次波瀾壯闊的歷史悲劇，其事人

所共知，不待贅說。

　　這裡我要特別指出的是：「五四」精神在現代中國是一股實實在在的歷史潛力。只要政治壓力稍鬆動，便會捲土重來。我們應該記得，1957年那個短暫的所謂「百家爭鳴」，便是由北京大學學生在5月4日發動起來的。這一天八千個學生開「五四」運動紀念會，十九個學生領袖發表激烈的演說，公開攻擊中共政權對民主自由的迫害。他們還編印了一個名之為《民眾接力棒》的期刊，寄給全國各級學校，呼籲全體學生為民主、自由、人權而奮鬥。（關於這一事件，參看胡適1957年9月26日在聯合國的講詞 "Anti-communist Revolts in Chinese Mainland"，收在周質平主編，《胡適英文文存》，台北：遠流出版公司，1995，第三冊，頁 1490-1491）當時「黨天下」統治中國已八年之久，「知識分子思想改造」和「胡適批判」之類的運動也已在全國範圍內深入而持續地進行了多年。我相信毛澤東不顧黨內反對，一心一意要搞「鳴放」，是他深信知識人基本上已被征服，不致導向亂局。（按：毛在2月27日很有信心地說：「匈牙利事件發生以後，在我國一部分知識分子有些動盪，但是沒有引起什麼風浪。這是什麼原因呢？必須說：原因之一就是我們相當徹底肅清了反革命。」見胡適上引文，頁1495）但他絕對沒有料到，「鳴放」的風聲剛剛傳出，「五四」精神便復活了。「陽謀」之說其實不過是事後造出的一片遮羞布而已。五四精神是客觀存在的歷史潛力，在此獲得清楚的印證。至於改革開放時期的民主運動，從「思想解放」、「民主牆」到天安門結局，都一直在「五四」精神的籠罩之下，更是無可爭辯的歷史事實。這裡唯一應該特別強調的一點是：當時知識人致力於「五四」精神的復活完全是自覺的，所以他們公開喊出了「回歸五四」或「重新啟蒙」的明確口號。（參看陳樂民（1930-2008）在《啟蒙箚記》中追憶李慎之的文章，《萬

象》，2008年第6期。）

　　分析至此，我們才能進一步說明，為什麼改革開放時期不能發展出一個為「黨」所認同的意識形態。這是因為「五四」作為一個巨大的歷史動力，在共產黨內部造成了分裂。文革結束時，國民經濟已瀕臨崩潰邊緣，所以鄧小平的改革開放最初僅限於經濟領域。但在改革過程中，主持人（如胡耀邦和趙紫陽）都發現：經濟體制的改革無可避免地牽涉到政治體制；後者不改，前者便改不下去了。最後雖在黨內保守派強烈反對之下，鄧小平終於接受了改革政治體制的原則，並在1986年指定趙紫陽主持其事。第二年中共第十三次代表大會接受了趙的報告，政治改革才正式提上了議事日程。但內部的分歧也立即開始了。簡單地說，以胡、趙為首的改革派，由於其中往往有人和體制外的知識人互通聲息，傾向於參照西方體制以擴大改革的尺度，因而不免削弱了一黨專政的權力。另一方面，鄧小平雖號稱「改革總設計師」，但是他整體構想是通過經濟改革以強化「一黨專政」。自始至終他決無一絲一毫開放政權的意思。1986年12月30日，他在家中會見胡耀邦、趙紫陽、萬里等人，討論學潮與「反對資產階級自由化」的問題，同時也為「政治改革」定下了基調。例如他說：「我們講民主，不能搬用資產階級的民主，不能搞三權鼎立。」又說：「反對資產階級自由化至少還要搞二十年。民主只能逐步地發展，不能搬用西方的一套，要搬那一套，非亂不可。」這兩段話清楚地反映出，改革派受到當時「五四」精神的影響，正在把政治改革推向民主和法治的途徑。所以鄧才有此針鋒相對之論。1987年5月27日他讀了趙紫陽送去的政治報告初稿之後，又作了如下的評論：

　　我們不能照搬三權鼎立，你們也沒有寫要三權鼎立，但是不是

也搬了一點三權鼎立呢？（中略）不能放棄專政，不能遷就要
求民主化的情緒。（按：以上資料都見於吳國光，《趙紫陽政
治改革》，香港：太平洋世紀研究所，1997）

這裡鄧明明承認，當時中國存在著「要求民主化的情緒」，然
而他悍然不顧，只強調「不能放棄專政」。我們當然都知道，「改
革開放」時期的權力源頭是緊緊握在以鄧小平為首的元老派之手，
其中包括陳雲、薄一波、李先念等人。他們無疑都接受改革必須不
能違背「四項堅持」的原則，這是鄧在務虛會結束時正式提出的（1979
年3月）。所以嚴格地說，「政治體制改革」根本便不曾開始，甚至
在經濟領域中提出的改革如「黨政分開」也有名無實。因政改而引
發的黨內分裂至六四屠殺而結束，「五四」精神在暴力面前退出了
歷史舞台，「黨天下」也進入了一個全新的階段。在這一新形勢下，
意識形態的重建問題再度出現了。

「六四」以後，鄧小平一度表示不談「姓社」、「姓資」的消
極態度，但是中共的整體統治究竟屬於什麼性質，無論對國內或國
際而言，都是一個無法迴避的問題。1992年江澤民在哈佛大學演講，
喊出「實現中華民族的偉大復興」的口號。這可以看作是中共官方
最早將意識形態和中國文化傳統聯繫起來的一種表示。這一年正是
鄧小平「南巡」，大力推動經濟開放的時期，可見他仍大權在握。
江在意識形態上的新轉向必曾取得他的認可，這是絕無可疑的。從
字面上說，這一口號好像是對於鄧所謂「中國特色的社會主義」提
出的解讀。但其實不然。鄧所謂「中國特色」的本意原指中國的社
會主義包涵了「讓一部分人先富起來」的市場經濟，與通常理解的
「社會主義」大異其趣，然而這恰好是「中國特色」之所在。其中
並沒有回歸中國文化傳統的意味。現在時移世異，中共官方（不是

江個人）便在「中國特色」四個字上大做起新文章來了。這裡用「時移世異」一語是極其認真的。我必須進一步指出為了推拓民主運動，「六四」以前的知識人，無論在體制內或體制外，都同時抱著一種批判中國傳統的意態。這是因為他們認為「黨天下」的局面是從中國傳統中逐漸演變出來的。當時震動海內外人心的電視紀錄片——《河殤》——便是明證。在這一強大思潮之下，中共不可能以傳統文化為號召。但「六四」之後情況完全改變了，「五四」精神已被徹底地鎮壓了下去。民主、法治、自由、人權等等普世價值都被視為是「西方的一套」，如果「搬到」中國來，便「非亂不可」。上面所引鄧小平的話，這時已成為唯一能公開露面的政治語言。這是中共在意識形態的層面回歸中國傳統最好時機，一方面運用民族主義激情以重建政權的正當性，另一方面則以釜底抽薪方式切斷民主在中國的生命線。當然，這裡說的「回歸中國傳統」指的僅僅是政治語言，實質的回歸不但不可能，而且中共也根本無此意願。所以從江澤民到習近平，儒家的政治語言越來越占上風，而馬克思主義的政治語言則已淪為附庸的地位。習在各種講演和談話中引用傳統經典，層出不窮，以至官方必須編一部《習近平用典》（北京：人民出版社，2015）以供讀者查考。「與之相呼應，新編《四書五經語錄》一類古代經典選本也被大量刊行，擺上了千萬黨政幹部案頭。」（見上引梁治平，〈想像天下〉一文，頁159）《四書五經語錄》（北京：人民出版社，2013）是由「中華文化促進會」主持編纂的，號稱「黨政幹部誦讀本」。這立即使我聯想到六十年代國民黨在台灣「復興中華文化」的種種活動。蔣介石晚年對《大學》、《中庸》特別加以發揮而集成《科學的學庸》一書。國民黨又建立了「中華文化復興委員會」以推行這一運動，出版了《孔孟學報》和相關叢書（如陳立夫《四書道貫》之類）。國民黨的目標十分明確，即抗

拒當時胡適、雷震、殷海光等以《自由中國》為基地的民主運動（見下文）。兩相對照，今天中共「促進中華文化」和國民黨在台灣「復興中華文化」，走的是同一道路，所採用的具體方式也如出一轍，不過先後相距已超過半個世紀了。

在本節開始前，我曾提到，今天大陸上新左派和新儒家提出了形形色色的「天下」論述，都以「中國獨特文明」為理據，徹底否定「五四」的歷史意義。我又進一步指出，這些論述基本上是為「黨天下」尋找一個新的意識形態。現在通過以上的歷史探索，我相信我的論斷已得到證實。事實上，梁治平先生提出「官方意識形態的天下主義與其他各種天下論說之間的關係」，便已將這個問題點破了。（見前引文，頁168）澄清了這一關鍵性的問題之後，我願意再回到一些大陸自由派知識人的憂慮：「五四」在今天是不是已經淪落到被普遍否定的境地？我不接受這樣悲觀的看法。上面已指出，「六四」以後「五四」精神退出了前台，不再公開露面，很少知識人的肯定論述能獲得表達的機會。相反地，否定「五四」則因受到鼓勵而無所不在。攻擊「五四」最力者來自「天下主義」的論客，他們不但人數眾多，而且望風而至者時有所見。但作為一個獨特的知識群體，他們其實只代表一種聲音。（詳見梁治平，上引文，頁166-7注236）因此我深信「五四」精神作為一股歷史潛力，它的存在仍是不容忽視的。我希望大陸的自由派知識人不必為最近在種種紀念會上聽到的負面評論而過分為「五四」擔心。最後讓我略述「五四」精神在國民黨政權下的發展，以加強我的論點。

北伐剛剛完成之後，國民黨元老胡漢民便在1927年6月公開宣布「黨外無黨，黨內無派」的大綱領，並且進一步強調：「三民主義之外無主義」。（見胡漢民在同年《民國日報》上刊出的兩封信，剪報收在《胡適日記》1927年6月11日條）。但是在實際運作中，國

民黨完全沒有力量推行胡漢民的構想。在大陸上執政二十二年期間
（1927-1949），它雖曾一再試圖用種種政治壓迫的手段來加強專制
的威權，其結果不僅收效甚微，而且引起社會上普遍的反感。因此
學術教育界的批評、青年學生的罷課遊行以及反對團體的組織活動
等等，都從來沒有停止過。這就顯示「五四」精神在當時社會上是
得到了廣泛支持的。國民黨之所以如此無力，主要是因它並沒有真
正將自身建立成蘇聯式的布爾什維克組織，有權力沒收一切私有財
產，將人民的生活資料完全控制在黨的手中。當時丁文江說「國民
黨的專制是假的」，可謂一語道破。

　　抗戰勝利之後，內有中共的威脅，外有美國的壓力，國民黨不
得不提前結束「訓政」而進入「憲政」階段。為了爭取社會的廣泛
支持，國民黨必須在中共及其同路人之外，尋求其他黨派、學術文
化界、「社會賢達」等人的合作。這些人中很多都經過了「五四」
的洗禮，基本上認同民主、自由、法治等普世價值。例如1946年頒
布的《中華民國憲法》，其主要起草人之一便是民社黨領袖張君勱
先生。兩年後（1948）根據憲法而舉行了選舉，國民黨便宣告它所
領導的政府已從「一黨專政」轉變為「憲政民主」了。但是這次所
謂「選舉」基本上是在執政的國民黨操縱之下進行的，當時輿論往
往稱之為「假選舉」。這大概和實況相去不遠。不過正如政治學家
蕭公權所指出的，選舉「做假」這一行為的本身證明政府已明白承
認憲政的必要性，而且假以時日，「弄假成真」的可能性也不容排
除。（見蕭公權《問學諫往錄》，台北：傳記文學叢刊，1968，頁
193）無論如何，國民黨的憲政體制雖然最初僅僅是一種形式，但在
長期歷史演變中卻發揮了始料所不及的功能。在這一關聯上，我們
的討論必須轉向1949年國民黨政權撤退到台灣後和「五四」精神的
交涉。

　　蔣介石當年從「訓政」轉入「憲政」是在政治危機下萬不得已
的一種舉措。遷台以後，政治和軍事形勢已完全改變。為了重整旗
鼓，蔣很想廢除憲政，將大權掌握在一己之手。1953年1月16日，在
蔣和胡適兩人的私下長談中，蔣對召開國民大會，選舉總統一事，
明顯地表示了否定的意向。這一表示使胡「驚異」」，因此在《日
記》中問道：「難道他們真估計可以不要憲法了嗎？」胡不但當場
糾正了蔣的看法，而且幾個月後又特別從紐約寫信給王世杰（當時
是總統府秘書長），「討論憲法的法統不可輕易廢止。國民大會明
年二月應該召集……。」（見《胡適日記》，1953年5月5日條）毫
無可疑，國民黨的「憲政」「法統」在台灣獲得保存，胡適是功不
可沒的。（詳見我的《從《日記》看胡適的一生》第七章中「憲政
法統的延續」一節。）胡的反共立場和蔣完全一致，在這一方面他
是支持蔣的。由於蔣在台灣事實上已是「黨、政、軍大權集於一身」
（胡適語，見1951年5月31日《胡適致蔣介石函》），胡適作為「五
四」新文化的領袖則堅決反對這種「一人獨裁」的統治方式。所以
蔣、胡衝突的一面恰好反映了「五四」精神的歷史作用。下面讓我
用最簡要的方式，略說一個大概，作為我的論點的終結。

　　這裡我要提出一個很大膽的看法：1949年胡適和他的朋友們在
台灣開闢了第二度的「五四」運動，通過一個很長的曲折過程，最
後終於完成了台灣的民主化。事情必須從《自由中國》半月刊說起。
1949年二月到四月，胡適在上海和杭立武、王世杰、雷震等人一再
商談怎樣辦一份期刊宣揚自由和民主的價值，以對抗極權勢力在中
國的興起。同時參與期刊的還有毛子水、傅斯年、張佛泉、崔書琴
諸先生。刊名《自由中國》是胡適決定的，〈宗旨〉也是他在赴美
船上寫的，以後刊在每一期上。創刊號是1949年11月20日在台北出
版的，由胡適擔任了「發行人」的名義。這裡顯示出《自由中國》

的雙重背景：第一、這是當時一個特殊知識人群體的大結合；其成員無論是在職官員或自由學人都認同「五四」以來的現代普世價值。他們可以說是一群有號召力的中國自由主義先驅，因此在《自由中國》刊行以後，自由主義者的陣營在台灣得以不斷擴大。第二、胡適不但是創刊的最主要原動力，而且「發行人」的稱號更使他成為《自由中國》的「護法」（patron saint）。所以在他心中，《自由中國》和《新青年》、《新潮》、《獨立評論》等是難分軒輊的。在此雙重背景之下，《自由中國》承擔了傳播第二度「五四」運動的重任是不足詫異的。

胡適曾將「五四」新思潮的根本意義歸結於一點，即「評判的態度」，我認為《自由中國》把這一態度發揮到空前的高度，特別是在政治領域之內。雷震、殷海光等人都通過對國民黨種種不合理政策及其實施的強烈批評來推動民主運動。他們不但全力闡揚民主、自由、法治、人權、科學思維等等理念，而且進一步推展到反對黨的籌建，直接威脅到國民黨政權。他們「評判的態度」在1959-1960期間更發展到登峰造極之境：在胡適領導下，攻擊蔣介石違背憲法，「競選」第三任總統。其後果是盡人皆知的：1960年9月雷震入獄十年，《自由中國》關門，胡適在1962年2月中研院院士會議上談到自由中國的確有「言論和思想自由」的激動中，引發心臟病而去世，幾年之後殷海光也失去教職。這一結局很像「改革開放」時代的民主運動終於「六四」的悲劇。但是我們回顧十一年間以《自由中國》為基地的民主運動，不能不承認它在台灣的偉大啟蒙作用。我稱它為第二度的「五四」運動決沒有過響的嫌疑。更重要的，二、三十年後，台灣走上了民主化的道路，其中的因素雖然複雜，但在思想層次上直接繼承了《自由中國》的傳統，則是不容否認的事實。

　　「五四」精神是一股真實的歷史動力，在此又得到了更明確的印證。

2019年1月18日於普林斯頓

　　余英時，歷任哈佛大學教授、香港新亞書院校長兼中文大學副校長、耶魯大學歷史講座教授。2001年6月自普林斯頓大學校聘講座教授榮退。1974年當選中央研究院院士。2006年獲得「克魯格人文與社會科學終身成就獎」，2014年獲頒唐獎漢學講。著作包括《歷史與思想》、《中國近代思想史上的胡適》、《中國近世宗教倫理與商人精神》、《中國思想傳統的現代詮釋》，《朱熹的歷史世界》、《論天人之際》、《余英時回憶錄》以及 Chinese History and Culture 兩卷等多種。

「五四精神是一股真實的歷史動力」：
「五四」百年之際專訪余英時先生

唐小兵

余英時先生是享譽海內外的傑出歷史學家和人文學者，對於我們這一代70後從事思想文化史和知識分子史研究的學人而言，余先生的著作如《歷史與思想》、《士與中國文化》、《中國思想傳統的現代詮釋》、《朱熹的歷史世界：宋代士大夫政治文化的研究》、《論天人之際：中國古代思想起源試探》等都是我們高山仰止的經典，也是我們汲取學術靈感、探究學術方法和拓寬學術視野的重要學術資源。除了這些以中國歷史文化傳統與士大夫群體為研究物件的著作外，余先生也常涉足近代中國思想文化史領域，其《陳寅恪晚年詩文釋證》、《重尋胡適歷程：從日記看胡適的一生》、《未盡的才情：從《日記》看顧頡剛的內心世界》等都是研究近代中國歷史人物的膾炙人口的佳作，將思想史、生活史與心態史研究融為一爐，展現了近代中國知識人斑斕多姿的歷史群像。最近余英時先生的回憶錄三部曲的第一部在港台上市以後，也是洛陽紙貴一紙風行，在華人世界成為津津樂道的文化話題。余先生在這本回憶錄裡追溯了自身思想和學術成長的履歷，以此為契機串聯現代中國知識人波瀾壯闊的「內史」與「外史」，尤其是講述學術思想之演進脈

絡的章節，大有龍場頓悟以身證道之感，更是「授人以漁」的歷史
傑作。

筆者自研究生時代就開始觸及、閱讀和揣摩余先生體大思精的
學術與思想，無論其史識、史才與史筆都是我極為仰慕的，而先生
「獨立之精神，自由之思想」更是讓我敬佩不已。春風風人，春雨
雨人，余先生栽培的弟子如王汎森院士、黃進興院士、陳弱水教授、
田浩教授等學者的作品，也對我輩影響甚深，在兩岸三地也頗受歡
迎，可以說在中國思想文化史領域，「余學」成為最引人矚目也最
具有學術生命力的一脈。

筆者因偶然機緣得以哈佛燕京學社訪問學者身分自2017年秋到
2018年秋在哈佛附近居住了一年，這也是余英時先生1955年以哈佛
燕京學社學者訪問過的名校，而且後來轉成該校歷史系博士生，又
曾經在哈佛任教多年，可以說到了哈佛感覺心理上與余先生更接近
了。歸國前夕攜家人與幾位朋友專程到幽靜如世外桃源的普林斯頓
余府拜訪余先生。行前台灣《思想》雜誌總編輯錢永祥先生得知我
的行程，特意囑咐我為該刊做一個學術訪問。一想到2019年正好是
「五四」運動百年，而余先生曾先後多次撰文紀念「五四」，我自
己的研究領域集中在現代中國知識分子史，大多與「五四」時代的
思想文化有或多或少的關聯，於是就有了在余府閒談之後的聚焦「五
四」的一小時正式訪問，余先生夫人陳淑平老師平易近人，對我們
這些訪客極為熱忱，給我們精心準備了茶水和點心。這真是一次奇
幻而如沐春風的「思想文化之旅」，後經錄音整理發給余先生，余
先生以近九十之高齡，對這個學術訪問極為鄭重，擱置了其他手頭
事務，花費了很大心血幾乎等於重新撰寫了他對於近代中國思想文
化史上的「五四」的理解與詮釋。我想，這也許是「五四」百年之
際，對於歷史中的先賢最好的紀念吧，正如美國猶太裔思想家漢娜‧

阿倫特所言：除非經由記憶之路，人類將不能達到縱深。我想，與
余先生通過訪談對歷史世界與思想世界的重訪，也是抵達「五四」
的縱深區域最重要的途徑之一吧。

唐小兵（以下簡稱唐）：余先生，您好！謝謝您願意在「五四」
百年之際接受《思想》委託我的專訪。您在「五四」運動七十、八
十週年等重要的紀念年份都曾發表過專門的紀念和反思文章，深化
了華人知識界對這一現代中國歷史上的重要事件和時刻的認知。請
您先概略地談談您現在對「五四」的基本認識吧。

余英時先生（以下簡稱余）：在未開始討論之前，我想先談一
談個人對「五四」的大體認識：第一，我認為「五四」具有多重的
複雜性質，不能僅僅把它看成一場激進的思想運動（或革命）。在
一般人的理解中，「五四」的特色在推翻中國的名教傳統，運用西
方現代的文化成果，特別是民主（「德先生」）和科學（「賽先生」）
把古老的中國轉變為一個現代化的國家和社會。所以「五四」作為
一種新文化或新思潮往往被看作和「反傳統」與「西化」是分不開
的。這一理解或認識大體上是言之成理，持之有故的。但是我們決
不能進一步推斷：所有接受或認同「五四」新文化的知識人都必然
會走上反傳統與激進化的道路。事實上，只要稍作考察，便可發現
很多學人當時曾參加「五四」運動，也接受民主和科學，但對中國
傳統並不一筆抹殺，而且還能指出傳統家族與宗親關係也有互相支
援的一面。他們主張憲政，尊重思想和學術的自由，但反對以暴力
改變現狀的激進態度。我過去曾指出，蕭公權先生便是一個典型人
物，因為和他採取相似立場的學人隨處可見。甚至胡適本人也同樣
具有典型性，晚年（1960）〈中國傳統和未來〉（The Chinese Tradition
and the Future）一篇講詞便是明證。

　　第二，今天一般的印象多以為「五四」是一場驚天動地的運動，其影響立即傳布到全國各地。事實上又適得其反。讓我舉《胡適日記》中一個有趣的例子。1922年10月24日，北大招生考試，國文科有一道作文題：「述五四以來青年所得的教訓」。其中有一個奉天（瀋陽）高師附中的學生竟問胡適：「五四運動是個什麼東西？是哪一年的事？」胡大為驚詫，還以為這是一個特別的例外。不料他遇到其他試場的監考人，他們也說有十幾個考生不知「五四」為何物。這時上距「五四」運動的發生不過三年，而北大考場卻發生如此不可想像的事件，可見「五四」的衝擊力大概限於北京、上海、天津、南京等大城市的少數大學、中學等處，其他邊遠城市似乎並沒有受到深刻的刺激。同時，我自己的早年經歷也可以與上例互相印證。我是1937年回到安徽潛山縣官莊鄉的，1946年初才回到城市。這九年中，我曾在桐城縣城內的外公家中住過一兩年，此外還短期住過潛山縣城野人寨和舒城縣城。我接觸過的人多是中學教師、地方名士（如桐城）和縣級官員等。但我從來沒有聽見過「五四」這個名詞，甚至學寫作文也一律用文言，沒有先生教過或提倡寫白話。我確曾有一次聽到過有人罵陳獨秀主張「萬惡孝為首，百行淫為先」（按：其實是誣詞。）但罵者並未連帶提到「五四」運動。我知有「五四」是戰後回到大城市後的事。我認為這一點對我們理解「五四」的歷史意義是很重要的。換句話說，「五四」作為一個新文化或新思潮，必須從長期歷史的發展中了解。

　　第三，「五四」作為一個新文化或新思潮運動，雖然未曾在全國範圍內發生立即的普遍的作用，但長期來看，它的確為中國學術思想史開闢了一個全新的時代。這裡我要介紹一下，胡適晚年對「五四」（按：他稱之為「文藝復興運動」或「新文化」、「新思潮」）所提出的一個新解釋。由於他的有關文章未曾正式刊行，這一晚年

之論竟沒有引起人的注意。1955年，他寫了一篇很長的論文，名為〈四十年來中國文藝復興運動留下的抗暴消毒力量〉（又題作〈中國共產黨清算胡適思想的歷史意義〉），但這篇長文並未寫完，尚待續稿，死後收在《胡適手稿》第九集。當時中共正在發動全國性的「胡適批判」運動，《自由中國》就有一封公開信，請他討論為什麼中共要如此大舉清算胡適思想，並公開宣告胡適是「中國馬克思主義和社會主義思想的最早的、最堅決的、不可調和的敵人。」（周揚語）以下是胡適的答案：

> 這個大謎的解答，費了我好幾個月的研究和回想，現在我漸漸明白了。我雖然從沒有寫過一篇批駁馬克思主義的文字，我在這三十多年中繼續為中國文藝復興運動所做的工作，漸漸的把那個運動的範圍擴大了，把它的歷史意義變得更深厚了，把它的工作方法變得更科學化了，更堅定站得住了，更得著無數中年和青年人的信任和參加了。

　　胡適緊接著說：「這一段話很像是替我自己大鼓吹」，但他認為這是一個「近於史實的論斷」。就我所知，他確有一些誇張個人作用的嫌疑，然而他指出中國文藝復興運動在「五四」以後幾十年間一直在「擴大和加深」之中，則是不可否認的歷史論斷。

　　1919年胡適在〈新思潮的意義〉一文中說：「新思潮的根本意義只是一種新態度。這種新姿態可以叫做『評判的態度』。」所謂「評判的態度」便是今天通用的「批判精神」（critical spirit）。「五四」以後，絕大多數的知識人在從事嚴格的教學和研究時都已受到這一「態度」或「精神」的啟發，因此才能在長時期中擴大並深化「文藝復興」的運動。胡適在同一文章中又特別提出了「輸入學理」

和「整理國故」兩大具體計畫,成為以下幾十年學術界的努力目標,使「評判的態度」得到了發揮的場所。根據我的觀察,「五四」以後的中國知識人已自動走上了這一道路。例如錢穆先生回憶抗戰前夕的北平學術界,便列舉了一二十位人文和社會科學家,並肯定地說:他們都各自潛修,已取得了可敬的成就;如果不是戰爭的關係,中國已形成的新學術規模一定會不斷擴展下去。(見錢穆《師友雜憶》)錢說可以印證胡適所謂「文藝復興運動一直在擴大中。」由此可見,「五四」以來,中國現代的新學術和新思想已形成一種風氣,不能片面歸之於胡適個人的影響。

以上我特別挑出「五四」運動史上三個重要方面,略作介紹。這是因為這三方面到今天為止還比較未受到研究者的充分注意。從上面的簡介中,我們至少可以看到「五四」作為一個新文化或新思潮的大運動,不但具有多層次的結構,而且其內涵更是異常豐富而複雜的。在這次訪談中,我當然不能詳論這三個方面,但我儘量希望就你所提出的問題中,把討論和分析和上述三方面作一種有機的聯繫。

唐:謝謝余先生精要地提煉了「五四」新文化運動這三個基本面相,涉及的都是「五四」歷史認知中最重要的幾個方面,現在看來不能簡單地將「五四」這一代人等同於全盤性反傳統的一代人,中國的文化傳統正如寫作《中國的自由傳統》的美國學者狄百瑞所指出的那樣,也有與民主、自由等普世價值可以銜接的部分。此外,「五四」新文化運動在當時中國的影響就空間而言是有限的,我們做歷史研究的學人不能誇大其作用。但從歷史的長時段來看,「五四」的歷史意義和影響卻又存在一個層累地疊加和擴展的過程,可以說在歷史與闡釋之間,在理論與行動之間,「五四」成為現代中國啟蒙歷史中最具有生命力的思想價值資源。

　　我記得殷海光先生同林毓生先生在半個世紀前的通信中就如
何認識「五四」這一代知識人提出了一個很有意義的問題，當時林
先生在芝加哥大學讀博士，殷海光先生在台大哲學系任教，他們經
常通信。我讀他們的書信錄，特別為他們「求知的熱忱」和「求真
的勇氣」所感動，裡面有一段話是殷先生講到「五四」新文化運動，
他認為：

> 五四人的意識深處，並非近代西方意義"to be free"（求自由），
> 而是"to be liberated"（求解放）。這二者雖有關聯，但究竟不
> 是一回事。他們所急的，是從傳統解放，從舊制度解放，從舊
> 思想解放，從舊的風俗習慣解放，從舊的文學解放。於是，大
> 家一股子勁反權威、反傳統、反偶像、反舊道德。在這樣的氣
> 流之中，有多少人能做精深謹嚴的學術思想工作？新人物反
> 舊，舊人物也反新。互相激盪，意氣飛揚。防禦是尚，於是形
> 成兩極，彼此愈來愈難作理性的交通。1911年以後的中國就沒
> 有日本那樣的穩定的社會中心，以及深厚的中間力量。加以左
> 右的政治分化和激盪，更是不可收拾，正在此時，日本從中橫
> 掃，遂至整個土崩瓦解。

　　我對殷先生指出的這一點特別好奇，想請余先生來談談，您對
殷海光先生的這一看法是怎麼理解的，因為他也是受「五四」新文
化運動影響的這一代人的代表。

　　余：殷海光先生推斷「五四」人的意識深處並非追求西方近代
所謂「自由」，而是追求「解放」，即從中國舊傳統中解放出來。
由此出發，「五四」以後的思潮便流為「反傳統」，與維護傳統的
保守人士形成勢不兩立的敵峙，互相攻擊，以致未能建立起一個穩

定的中間力量。

我沒有注意過殷先生這個問題，不過在我的認識中，「求自由」
（to be free）和「求解放」（to be liberated）其實是一體的兩面：從
束縛中「解放」即是「自由」；「自由」了便不再受束縛。所以「解
放」是消極地說，「自由」是積極地說。西方人也往往從「解放」
的角度解釋「自由」的涵義。如穆勒（1806-1873）的名著*On Liberty*
（嚴復譯作《群己權界論》）便指出：個人爭「自由」在歷史上是
從貴族統治和君主專制中「解放」出來，在現代民主體制下則必須
擺脫群體媚俗的限制。所以我認為殷先生把「自由」和「解放」之
間的區別過分誇大了。據我所見，「五四」的知識人在要求從傳統
中「解放」出來的同時便已涵有追求一種「自由」的現代人生的意
識，並不僅僅是為了推翻舊傳統而已，而且這一基本態度早在清末
便已呈現。譚嗣同（1865-1898）和他的《仁學》便是一個最明顯的
例證。《仁學》的主旨是要破除「名教綱常」，也就是他最著名的
「沖決網羅」。但另一方面，他也同樣強調：破舊是為了立新，即
建立一個「仁」的新秩序；在這一新秩序中，人倫關係不再是專重
上下之分的傳統「五倫」，而是以「自由」和「平等」為主導原則，
因此他特別提出傳統「五倫」所未曾包括的「朋友」關係。他的新
秩序顯然是受到西方模式的啟示。在這一點上，他可說是「五四」
的先導。同時晚清以來個人自由的意識也開始萌芽和發展，所以「個
人之自主」這一概念屢見於譚嗣同、章炳麟、陳獨秀等人的文字中。
關於這一問題，我早已在別處討論過了，這裡不再重複。以上的史
實可以看作是「五四」的源頭。

唐：那麼在余先生看來，「五四」這一代人追求的自由究竟是
一種怎樣性質的自由觀呢？有些人認為「五四」人只是在追求從傳
統網羅中沖決出來的「消極自由」，比如結婚、戀愛、讀書等不受

父母干涉，胡適在一篇演講〈美國的婦女〉中對留學生濫用這種自由拋棄舊式婚約就有很尖銳的批評。有些學者則認為「五四」這一代人追尋的是現代的政治自由，比如認為蔡元培改革後的北大成為新政治文化的中心等。還有些學者認為「五四」最重要的是開啟了現代中國學術體系的建構過程，讓融合了西學方法的學術研究從傳統的框架裡脫穎而出。

余：關於「五四」時代知識人所關懷的「自由」究竟屬於什麼性質的問題，我的看法大致如下：首先，我不認為他們偏向精神、文化的抽象方面，而是和當時中國人的實際生活密切聯繫在一起的。用你提出的「生活的自由」和「政治的自由」兩個觀念來說，他們都同樣強烈地關懷著。你所說的「生活自由」指個人生活而言，包括戀愛、結婚等在內。這正是很多「五四」人的切身問題，因為當時婚姻仍在家族支配之下，個人並不能自主。不但如此，「五四」人痛責「禮教吃人」則是由於當時社會上還流行著鼓勵「貞女」、「烈女」的風氣，並且在法律上頒布了《褒揚條例》。這在現代思想中是絕對無法接受的。至於「政治自由」，我們只要回顧一下狹義「五四」即1919年5月4日北京學生的抗議示威活動，便完全清楚了。那一天之前，軍閥政府準備簽訂凡爾賽和約，將德國在山東的權益轉讓給日本，消息傳出，以北大為首的愛國學生便組織起來，在天安門大集會並發表宣言。這是「政治自由」的最強烈的表現。現代中國的學生干政也是從這一天開始的。

但是這裡我還要特別指出：「學術思想的自由」更是「五四」知識人所看重的價值。胡適《中國哲學史大綱》上冊出版（1919）後立即受到整個知識界的熱烈反應，並發生了重大的影響，其中一個主要的原因便是打破了漢代以來，儒家定於一尊而其他先秦諸子則受到「罷黜」的待遇。胡氏把儒家和諸子看作有同樣價值的學術

思想，在當時是一大突破。所以蔡元培在《中國哲學史大綱》〈序〉中特別稱讚為「平等的眼光」。所以「五四」以來學術思想自由在知識文化界已取得普遍的認可。不但對於中國舊有的學術流派如此，對於一切從近代西方輸入中國的「學理」也必須採取同樣的態度。這些外來的新說只能以參考資料的地位在中國思想界流傳，其中任何一家都不能被看作「天經地義」的真理而定於一尊。胡適論〈問題與主義〉（1919）以及「輸入學理」（1919）便清晰地表達了這一信念，當時多數知識人是同情他的觀點的，包括早年毛澤東在內。

　　唐：余先生，您曾經在三十年前一篇紀念「五四」七十年的文章〈我所承受的「五四」遺產〉裡談到「五四」新文化對您的影響：「現在回想起來，大概梁啟超給我的影響最深，胡適次之，魯迅幾乎沒有發生任何刺激。這大概是因為我所生活的社會已和五四前後大不相同。魯迅所譴責的『正人君子』以及其他具體對象對我而言是完全陌生的，無法引起我的共鳴。梁啟超和胡適的影響主要也限於中國學術傳統方面。」您覺得「五四」這一代知識人，在哪些方面對於晚清這一代的啟蒙思想有所推進？

　　余：你根據我寫的一篇談「五四」的文字，追問我「五四」一代知識人在哪些方面推進了晚清的啟蒙思想。這個問題很大，非一言可盡，這裡只能略說大要。

　　首先我必須強調，「五四」新文化（或「新思潮」）是中國現代思想史上一場開天闢地的大運動，奠定了一百年來中國心靈發展的基礎。對比之下，晚清的啟蒙思維則仍在傳統格局的籠罩之中。後者對前者雖有一點鋪路作用，但二者的歷史意義是完全無法相提並論的。若再進一步觀察，晚清的啟蒙思維大致可以概括為「中學為體，西學為用」這一著名的公式之中。1861年馮桂芬在〈采西學

議〉一文中（見《校邠廬抗議》）說：「以中國倫常名教為原本，輔以諸國富強之術。」這是「中國為體，西學為用」的最早提法，其中「諸國富強之術」則指西方的科技而言。清末張之洞寫《勸學篇》（1898）改稱「舊學為體，新學為用」，但因上距馮桂芬已近四十年，內容已頗有改動。《勸學篇》中的舊學指「《四書》、《五經》、中國史事、政書、地圖」而言；「新學」則指「西政、西藝、西史」，內涵已超過以前的科學技術（即所謂「西藝」）。不但如此，張氏還特別強調：「西學亦有別，西藝非要，西政為要。」這是因為當時處於戊戌政變的時期，多數士大夫都以「君主立憲」之類的政體改革是中國救亡的最重要途徑。張之洞雖然擴大了「西學」的範圍，要求中國在政治體制上也向西方學習，並且把科技降為次要的地位，但他顯然仍繼承了馮桂芬「以中國倫常名教為原本」的大綱領，這可以從他的「舊學」內涵（「《四書》、《五經》」）看得非常清楚。譚嗣同「沖決網羅」畢竟是一個特殊的例外，遠遠超出了他的時代。所以我們可以斷言，清末的啟蒙思想始終沒有跳出「中學為體，西學為用」的格局。明白了這一點，我們才真正懂得為什麼「五四」在學術思想的領域具有「開天闢地」的歷史意義：「五四」一方面結束了晚清「中體西用」的舊格局，另一方面又開創了以近代西方為模式而徹底改造中國的新思潮。所以「五四」是取代而不僅僅是「推進」了晚清的啟蒙思維。

　　但這裡我還要進一步說明：為什麼這一「開天闢地」的大變動發生在「五四」時代，而不是晚清？我認為這和時勢與參與人之間的歧異都有關係。以時勢來說，晚清處於王朝傳統的末期，雖在內外危機交迫下不得不尋求變革，但還是要將變革限制在傳統體制之內。「五四」則已進入民國時期，意識上不再受傳統體制的束縛，開創一個全新的現代中國的要求適在此時興起，可以說是一個非常

自然的發展。再就參與晚清啟蒙和「五四」兩個運動的人物而言，其差別更為顯著：晚清提倡「西學」（或「新學」）的都是傳統的士和士大夫。所謂「士」，是指科舉制度下的讀書人；他們考試成功後立即可以進入權力世界，即所謂「學而優則仕」。入仕之後，便成為「士大夫」了。可知晚清的「士」應屬於統治階層的後備隊。而「士大夫」更是統治階層的正式成員了。對照之下，「五四」的推動者已不是傳統的「士」，而是現代的知識分子（intellectual，我改稱為「知識人」）了。大關鍵不僅在於他們已進入民國，而更在於1905年科舉制度廢除以後，他們與權力世界之間不再存在著任何內在的關聯了。同時由於他們對西方文化的認識遠遠超過了晚清之士，終於探驪得珠，正式提出了「賽先生」（科學）和「德先生」（民主）為新文化運動的兩大宗旨。這是晚清宣導「西學」之士所望塵莫及的。梁啟超後來在《清代學術概論》中對這一點有很生動的反思：

> 晚清西洋思想之運動，最大不幸者一事焉，蓋西洋留學生殆全體未嘗參加於此運動；運動之原動力及其中堅，乃在不通西洋語言文字之人。坐此為能力所限，而稗販、破碎、籠統、膚淺、錯誤諸弊，皆不能免；故運動歷二十年，卒不能得一健實之基礎。旋起旋落，為社會所輕。

總而言之，「五四」是中國現代知識人第一次發動的文化運動；他們不但擺脫了中國傳統的種種限制，而且對近代西方文化也取得了前所未有的認識。它不是晚清啟蒙的延續，而是別開生面。

唐：我們今天一提起「五四」新文化運動，就會提及當時的兩大口號「民主」和「科學」」，但一百年過去了，中國並沒有真正

實現民主化，中國人習慣於呼喚強人政治或者聖人明君的出現，而
欠缺一種自由而平等的公共政治文化，而科學的意識與文化似乎也
沒有在中國真正紮根，山寨產品和低端產品多，中國科技的原創能
力仍舊比較薄弱。您覺得「五四」這代人宣導的「民主」與「科學」
與晚清士大夫的理解有什麼差異呢？

　　余：關於「賽先生」（科學）和「德先生」（民主）在「五四」
時期的特殊重要性，我也願意極簡單地說幾句話。這兩個概念當然
早在晚清已傳入中國。先說「民主」。我記得最先用這一詞彙的似
是王韜（1828-1897）。他在1870年訪問英國回到香港以後，對英國
的法律和政治十分欣賞，認為中國經典中所描述的「三代之治」大
致也就是如此。他的「民主」一辭既是指英國的情況，也暗示中國
遠古已與之相去不遠。後來康有為也說中國「三代之治」可以當得
起「民主」的稱號。我相信他曾受過王韜的影響，不過很難找到直
接的證據。但是，「五四」宣導者對西方民主才有比較全面而深入
的認識。他們用「民主」的最廣闊的涵義。所以「民主」是指整體
的政治、法律、社會秩序，自由、人權、公平等等無不包涵在其中。
這和王韜、康有為等人的概括式的印象不可同日而語了。

　　其次再說「科學」。上面早已講過，晚清的「西學為用」原來
便指科學技術而言。後來「西學」雖然一度擴大到「西藝」加上「西
政」，但一般士和士大夫對於科技的重視仍是有增無減。不過我們
在這裡也清楚地看到：科學及其技術只有工具作用：中國必須發展
科學（及隨之而來的技術）才能製造出「船堅炮利」，以對抗西方
的侵略。當時人稱此為「師夷之長技以制夷」。但在「五四」時代，
「科學」的涵義已不限於「用」的一面，而上升到「求真理」的境
界了。胡適討論以「科學方法」研究「國故學」便鄭重告訴毛子水，
必須先拋開「功利觀念」，只存一個「為真理而真理」的態度，因

為「學問是平等的，發明一個字的古義，與發現一顆恒星，都是一大功績。」（見《論國故學：答毛子水》，《胡適文存》卷二）這是近代西方科學革命以來的「為知識而知識」（knowledge for its own sake）的新精神。胡適認為清代考證學家也體現了這一精神，不過還沒有達到充分自覺的地步。所以他強調清代考證學中已出現了初步的「科學方法」足以接引西方的科學。「五四」這一新觀點對我個人的影響很大。

「科學」和「民主」是西方近代文化中兩大支柱，「五四」宣導者認識到兩者的核心地位，因而推之為新思潮的主要綱領。這是晚清啟蒙者所無法想像的。

唐：余先生，回顧「五四」百年甚至1840年代以降的近代中國歷史的新陳代謝，民族主義始終是中國歷史變遷的主旋律，而「五四」的啟蒙理想總是在某些歷史時刻被邊緣化，李澤厚先生將之概括為「救亡壓倒啟蒙」。如果仔細爬梳中國式民族主義的基本特徵與內涵，就會發現中國的民族主義其實更多的是在反思批評自身的民族文化傳統：這個民族主義好像是一種自我掏空的民族主義。近代中國民族主義的主流是反傳統的精神趨向。從其他國家的民族主義發展歷史來看，民族主義的思想文化價值資源，尤其是精神資源和價值動力往往是從自身民族傳統發掘出來的。中國的民族主義的主流卻與此相反。比如您有個比喻對我特別有啟發，您在〈文藝復興乎？啟蒙運動乎？──一個史學家對「五四」運動的反思〉曾指出：

如果我們把「啟蒙」的概念當作一個隱喻，而不用之於比附，我們可以說，「五四」在一個最基本意義上與歐洲的啟蒙運動截然不同。啟蒙運動的哲士在抨擊基督教、經院哲學與「黑暗」

中古時，他們是用古希臘和羅馬經典來武裝自己的。換句話說，他們接受了西方內在之光的引導。相形之下，為了見到白晝的光明，「五四」知識分子必須走出黑暗的洞穴——中國，而引導他們的光照則來自外部——西方。或者，借用毛澤東的名言，「19世紀以來」，中國一直「向西方尋找真理」。

余：現在讓我們進一步檢討民族激情（或民族主義）在「五四」運動中所發揮的作用。這裡只能化繁為簡，略及一二。你說現代中國民族主義是以反思和批評自己民族的文化傳統為主要傾向，可以用「反傳統」的概念來形容它。因此你感覺這像是「一種自我掏空的民族主義」。我完全了解你的感受，但問題並不如此簡單。我推測：你之所以有此感受是和你在大陸成長的思想狀態有關。1949年以後的大陸意識形態是全面反傳統的，因為根據史達林的歷史五階段論，中國傳統是「封建」遺毒，必須全部破棄，讓位於「社會主義」新事物。這一反傳統的態度發展到十年文革更是登峰造極。文革時期流行的概念是「破字當頭」、「破舊立新」、「不破不立」、「興無滅資」之類。其中「破舊」指摧毀中國舊傳統，「滅資」則指晚清至五四所引進的西學和新思潮（即所謂「資產階級文化」）。「立新」和「興無」當然是指所謂「無產階級新文化」。依照這一「不破不立」的邏輯，只有在傳統徹底破滅之後，中國才能在世界上重新站起來。中共政權是靠民族主義的力量奪取的（最關鍵的即是西安事變），但執政以後則以毀滅民族文化傳統為它的主要任務之一。這便是你所說的「掏空的民族主義」。這一反傳統的趨向直到最近才開始有所轉變，這是因為馬列主義作為意識形態已完全破產的緣故。

但反觀從「五四」到1949這三十年的歷史，我們決不能說「近

代中國民族主義的主流是反傳統的精神趨向」。1920年代孫中山講
三民主義中的民族主義一講，便特別尊崇中國傳統。1930年代有「全
盤西化」和「本位文化」之激烈爭辯，其中「全盤西化」一詞雖帶
有嚴重語病，然而這一派人只是主張積極吸收西方近代文化中的優
點，以更新中國固有的文化，並不認為必須把中國傳統掃除得乾乾
淨淨，然後進行「西化」。胡適當時對中國固有文化中的許多明顯
的缺點（如八股文、小腳、貞節牌坊……之類）加以猛烈的攻擊，
但這並不表示他全面否定了傳統文化。而且由於他覺悟到「全盤西
化」是一個最容易引起誤解的名詞，於是決定用「充分世界化」（或
「一心一意現代化」）來代替它。下面幾句話可以代表胡適對於西
化和中國傳統的最後定論：

> 讓那個世界文化充分和我們的老文化自由接觸，自由切磋琢
> 磨，借它的朝氣銳氣來打掉一點我們的老文化的惰性和暮氣，
> 將來文化大變動的結晶品，當然是一個中國本位文化，那是毫
> 無可疑的。」（見〈試評所謂「中國本位文化建設」〉，收在
> 《胡適論學近著》中）。

　　體會上面的話，我們可以說胡適希望用西方現代文化來改進中
國「固有文化」；在這一大原則下，他批評了傳統的某些負面成分，
然而他並沒有不分青紅皂白地「反傳統」。1960年他在美國的英文
講演〈中國傳統與未來〉更證實了這一立場。另一方面，本位文化
論者對於西方文化也採取了「取長補短，擇善而從」的態度，而不
是一概排斥。由此可見當時兩派之爭主要在各有偏向而已。1949年
以後台灣也發生過中西文化的熱烈爭論：西化派是以《自由中國》
半月刊為論壇的自由主義者，中國文化派則是以《民主評論》為論

壇的新儒家。今天作事後的評估，我覺得兩派之間的差異大體上仍
延續了三十年代「全盤西化派」和「本位文化派」的爭執。自由主
義者之中也有批斥中國傳統的人，但遠遠沒有達到同時大陸上「反
傳統」的高度。殷海光是其中最敵視傳統文化的論者，這是因為與
民主自由背道而馳的國民黨，竟以上承儒家的「道統」自居。但是
殷海光晚年受到徐復觀、張灝等人的影響，對「道統」儒家（按：
即「體制化儒學」，Institutional Confucianism）和思想史上的儒家
分別看待。因此他也不能算是一個「反傳統」論者。

　　以上的概述可以說明，民族主義確是「五四」背後的主要動力。
「五四」宣導者因為受到民族激情推動，認定西方文化中的科學和
民主是「救亡」的唯一正途。但在追求西化的長遠過程中，他們發
現批評中國傳統文化的缺點是不可避免的一個階段。這種批評表面
上好像傷害了民族尊嚴，事實上卻恰恰相反，這完全合乎中國人的
道德原則，即「責人必先責己」。不過批評一旦展開，便難免出現
過於激進的言論。例如魯迅在1925年關於「青年必讀書」的一句名
言：「我以為要少——或者竟不——看中國書，多看外國書。」而
且更進一步解釋說：「我看中國書時，總覺得就沉靜下去，與人生
離開；讀外國書——但除了印度——時，往往就與人生接觸，想做
點事。」（見《華蓋集》）這一觀點當時便激起十分強烈的爭議。
其實這不是中國獨有的情況，日本在現代化的過程中，面對西方文
化的挑戰，也曾先有「脫亞入歐」的運動，而後又引起宣導「國粹」
的爭議。（中國人的「國粹」一詞便借自日本。）「脫亞入歐」相
當於「全盤西化」；「國粹」則中國可謂「本位文化」。對照著看，
有趣得很。

　　唐：我原來讀到過胡適的一段記憶，他說自己五四新文化運動
的時候在北大教書，那個時候在北大旁聽的學生大多是知識青年、

學術青年和文學青年。而到了1930年代很多就是革命青年了，就是
那種追求革命，比較激進和傾心於學生運動的左翼青年。我記得余
先生也談及過胡適在青年心目中的形象的變遷：

> 抗戰勝利以後，中國知識界最流行的雜誌大概是儲安平所創辦
> 的《觀察》，此外還有比較偏右的《獨立時論》等。但當時五
> 四的潮流已轉入馬克思主義一途了。胡適早已被暗中「鬥垮、
> 鬥臭」，不但不再是五四的象徵，而且是「反動」、「反革命」
> 的代表人物了。他在青年群眾，特別是在北大、清華學生們的
> 心中，早已成為一個「反面教員」了。但是左派的猛烈攻擊並
> 沒有對我的思想發生什麼重要的影響。他的「自由主義」還是
> 比較能博得我的同情的。

　　我想向余先生請教的一個問題就是，為什麼從1920、30年代開
始，絕大多數追求進步的青年會被左翼的、革命的文化帶走呢？為
什麼「青年領袖」胡適對年輕人的影響力隨著時代變遷急劇下降了
呢？

　　余：民族激情是「五四」運動的真實動力，這是毫無可疑的。
由運動而激起的兩大主要流派，無論是傾向西化還是傾向本位文
化，都同樣為民族主義（或「愛國情感」）所驅使，這也是無可爭
議的。如果要問兩派之間的分歧究竟在什麼地方？我只能說，這是
出於心理上的不同：西化派抱著一種「恨鐵不成鋼」的心理，而本
位派則完全為民族自尊的心理所籠罩。但是民族主義在1920年代中
葉所引導出來一些新動態，卻對「五四」新文化的進程發生了嚴重
的影響。

　　這裡首先要討論一下你提出的一個問題：為什麼「五四」後期，

「絕大多數的青年會被左翼的、革命的文化帶走呢？」我認為主要的動力還是民族激情，因為1920年代初青年知識人特別感到帝國主義——尤其是英國和日本——在中國橫行霸道，大有用武力侵占中國土地的可能，因而「救亡」的情緒普遍高漲。另一方面，不但陳獨秀等已在蘇聯支持下成立了中國共產黨（1921），而孫中山也決定和蘇聯合作，依照布爾什維克的方式改組了國民黨（1924），準備發動武力革命。在這一「革命」的大氛圍中，最激進的馬克思主義自然成為最有吸引力的思潮。以郭沫若為例。他在1925年自傳體小說《湖心亭》中說：「要解救中國，要解救中國人，除非一次徹底的兵火！不把一切醜惡的垃圾燒盡，圓了寂的鳳凰不能再生。」於是他選擇了馬克思主義，因為這是唯一能完成這一任務的道路。（見陳闖，〈青年郭沫若的煩悶〉，《讀書》，2018年11月號）再看一個較晚的例子。舒蕪（本名方管，1922-2009）在1995年回憶他接受馬克思主義的動機時說：

> 我接觸並選擇了馬克思主義，是在抗日戰爭初期。（中略）我一接觸馬克思主義，首先覺得它最能說明抗日救亡的種種現實迫切問題；其次覺得它比三民主義；比孔孟的治國平天下，更能科學地說明救國救民平治天下之道；其三，覺得它與民主、科學、自由、個性解放等等完全相合，而且是最徹底的科學、民主、自由、個性解放。於是我一下子就相信了它。（見舒蕪，《與友人的信劄（二通）》），《萬象》，2011年第9期」）

這個例子清楚地告訴我們：「救亡」才是馬克思主義能夠廣泛傳播的原動力。但舒蕪的第三點特別值得重視。它透露出：中共地下黨員在傳布馬克思主義的過程中，最先是將它改裝成一套以「科

學、民主、自由、個性解放」為宗旨的理論系統。抗戰初期（約當
1937或1938國共已第二度「合作」）因而為共產黨及其同路人在學
校中宣傳馬克思、列寧的思想提供了大好的機會。他們不但利用了
年輕學生的「抗日救亡」的激情，而且還大行騙術，把馬克思主義
說成是「五四」新文化的最後歸宿：「最徹底的科學、民主、自由、
個性解放」。毛澤東的《新民主主義論》恰在同一時期寫成，決不
是偶然的。

　　我想以上兩例子可以答覆你關於「五四」以後「為什麼絕大多
數青年會被左翼的、革命的文化帶走」的疑問。

　　到此為止，救亡激情所引出的「革命」要求和「五四」的終極
目標——科學與民主——仍然是並行不悖的。因為根據當時流行的
看法，革命是為了取得民族的獨立與自決，只有先做到了這一步，
中國才能全面展開科學與民主的創建。所以國民黨的改組提出了「軍
政」、「訓政」和「憲政」三大階段，而共產黨也以「新民主」為
號召，並保證革命完成之後的新秩序是一個「最徹底的科學、民主、
自由、個性解放」。但是在革命的實踐過程中，新的情況出現了：
領導革命的國民黨和共產黨，由於同建立在布爾什維克的模式之
上，都在初步取得政權之際，立即採取蘇聯一黨專政的體制。「一
黨專政」不僅要求一切權力集中在執政黨的手上，而且還將一黨的
思想和信仰樹立為「定於一尊」的意識形態，不容許任何其他思想
與之競爭。因此在北伐剛剛完成之後，國民黨元老胡漢民便在1927
年6月公開宣布「黨外無黨，黨內無派」的大綱領，並且進一步強調：
「三民主義之外無主義」。（見胡漢民在同年《民國日報》上刊出
的兩封信，剪報收在《胡適日記》1927年6月11日條。）

　　共產黨是布爾什維克的嫡傳，它的一黨專政當然遠比國民黨為
徹底。抗戰後期，中共事實上已在國民政府之外成立了第二政權，

所控制的地區和人口已相當龐大。因此一股最強烈的「專政」要求便在中共政權內部爆發，這便是1942年延安的「整風」。關於「整風」的殘酷，早由高華（已故）的《紅太陽是怎樣升起的》那部名著揭示了出來，這裡從略。一言以蔽之，「整風」要求從言論到行動都必須徹底地整齊劃一。這就是說，任何與「黨中央」分歧的言行都不允許出現，而持有這類言行的人，無論在黨內或黨外，若不能改正，則立即面臨「被邊緣化」的命運。不用說，所謂「黨中央」便是當時的「最高領袖」。一黨專政發展到如此的高度，它已處於與「五四」綱領完全相反的境地，便再也無法掩飾了。關於這一點，我願意再引舒蕪信中的一段話為證：

> 延安文藝整風的情況，斷斷續續地傳到了國統區，事實上引起了國統區左翼內部的很大震動。（中略）原來以為馬克思主義與民主、科學、自由、個性解放等等完全相合，前者比後者更徹底，現在似乎不是這樣了，似乎民主、科學、自由、個性解放等等，正是需要根本改造掉的東西了。

唐：余先生您有一篇文章講到「五四」對您的影響，提及：

> 現在回想起來，「五四」對我的影響大概以「求知」這一點為最深。但「求知」並不排斥「道德」，因為推動「求知」的仍是一種巨大的道德力量。我很同情「改造中國」的理想，但我始終相信「改造」必須以可靠的「知識」為起點。「求知」的精神在「五四」運動中其實並不占主流的地位，不過對我而言，這是最主要的影響。

　　後來很多知識青年為了抗日救亡和改造中國，就早早離開了學校，比如參加一二九學生運動的那一代人，很多人就沒有在學校繼續學業，投身到抗日救亡愛國運動，所謂華北已經放不下一張安靜的書桌。而且根據事後一些院士和科學家的回憶來看，那一代參加學運的青年並非是成績不好不求上進而去投身學生運動，相反，相當一部分是學業成績很優秀的知識青年。歷史就是如此反諷，也充滿了悲劇性。我記得您以前也曾在一篇論文中提及，現代中國的學術研究和創造總是被意識形態或深或淺地影響。從長遠的歷史變遷來看，真正的知識創造是很重要的，從這個角度來說，是不是從「五四」運動以後，中國就進入了一個意識形態的時代？

　　余：上面的討論大體上環繞著你所提出的另一重要問題：「是不是從五四運動以後，中國就進入了一個意識形態的時代？」我的分析是想提出，意識形態再一次在中國定於一尊，其中有一個歷史過程。「五四」新思潮是從推翻傳統王朝的意識形態開始的，所以陳獨秀承認《新青年》為了擁護德先生和賽先生，不得不反對「孔教、禮法……」等等。（見1919年一月所寫〈新青年罪案之答辯書〉一文。）但後來在「救亡」激情中走上了布爾什維克革命的途徑，他所創建的黨終於在專政的基礎上將馬克思主義送上意識形態的寶座。

　　唐小兵，華東師範大學歷史學系副教授，哈佛燕京訪問學者，著有《現代中國的公共輿論》、《十字街頭的知識人》、《與民國相遇》等，主要研究知識分子史、左翼文化與中國革命等。

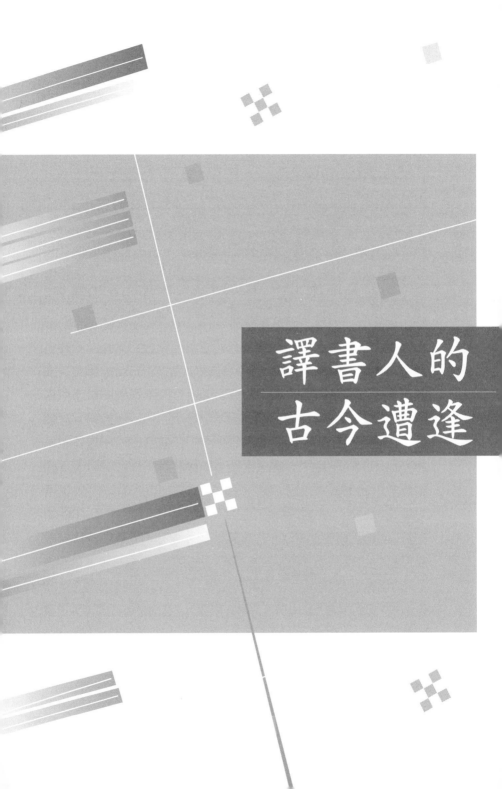

譯書人的
古今遭逢

紀念彭淮棟（1953-2018），本刊譯者，傑出的翻譯人，不庸俗的讀書人，一位好朋友。

賀清泰譯《古新聖經》及其北堂本始末[*]

謹以此文紀念彭淮棟兄

李奭學

　　馬禮遜（Robert Morrison, 1782-1834）與米憐（William Milne, 1785-1822）是基督教《聖經》最早的中譯者，1823年《神天聖書》出版之前，他們最關心的譯經議題是「文體」（style）。他們最後選擇淺顯的文言如《三國演義》的内文者中譯，不過兩人最早所擬卻是純粹的白話文，因為他們發現尤屬王又僕（1681-1769）的《聖諭廣訓衍》（1726）力量甚強，可風化百姓，而王著所用正是「北地方言」，是當時標準的白話文[1]。這種連王又僕都恥與為伍的群眾語言[2]，無疑是譯經與傳教所需。不過話說回來，了解白話文和傳教

---

* 本文為中央研究院深耕計畫成果之一，計畫編號：AS-IA-107-HOI。研究與寫作期間，多承香港思高聖經學會楊炎修士、林熙強、鄭海娟和余雅婷三位博士，以及利雅貞、簡鳳儀與郭哲佑等小姐先生幫忙，謹此致謝。

1　William Milne, *A Retrospect of the First Ten Years of the Protestant Mission to China*（Malacca: Anglo-Chinese Press, 1820）, pp. 89-93. 有關《聖喻廣訓》和新教教士之關係，參見廖振旺，〈「萬歲爺意思說」——試論十九世紀來華新教傳教士對《聖喻廣訓》的出版認識〉，《漢學研究》第26卷第3期（2008年9月），頁225-262。

2　王又樸的自傳隻字不提《聖喻廣訓衍》，這本己作，似不見重，見

關係之密切者，馬禮遜和米憐當非第一人，這個身分，應該遠回明
末三教的某些善書作者[3]，尤其是天主教人士如羅如望（Jean de
Rocha, 1566-1623）和徐光啓（1562-1633）等人，而就《聖經》中
譯言之，則當非乾嘉時人賀清泰（Louis de Poirot, 1735-1814）莫屬[4]。

(續)────────────────

　　　王又樸，《介山自定年譜》，收入《叢書集成續編》（台北：新文
　　　豐出版公司，1991），261：266-281。冒號之前為冊或卷數；之後
　　　為頁碼。下同。「北地方言」一詞，乃嘉慶十三年韓對（1758-1834）
　　　所用，見魚返善雄編，《漢文華語康熙皇帝遺訓》（大阪：屋號書
　　　店，1943），頁101。
　3　舉例言之，明末官方或民間為明太祖的聖諭所撰的《聖諭六言解》，
　　　即以「善書」之名傳揚於世，見陳長卿纂輯，《勸戒全書》（明崇
　　　禎14年（1641）序刊本，日本公文書館內閣文庫藏），3：14a-32a。
　4　羅如望譯有《誦念珠規程》（1620？）；徐光啓撰有《造物主垂象
　　　畧說》（1615）；賀清泰譯有其功未竟的《古新聖經》。《誦念珠
　　　規程》的圖畫部分乃出自納達爾（Jerónimo Nadal, 1507-1580）編寫
　　　的《福音故事圖集》（Evangelicae Historiae Imagines），而其文字
　　　部分則可能出自羅亞德（Gaspar de Loarte, 1498-1578）和布吉亞（St.
　　　Francis Borgia, 1510-1572）兩位耶穌會士的念珠十五端祈禱書。二
　　　氏之作，我得悉自陳慧宏，〈耶穌會士的羅馬聖母聖像：中國初期
　　　的聖母流傳與相關議題〉（撰寫中）。納達爾之作出版於安特衛普
　　　（Antwerp），時為1593年，參見曲藝，〈適應與堅持：由《誦念
　　　珠規程》中的建築物解析17世紀耶穌會傳教策略〉，《史論空間》
　　　第270期（2015年10月），頁85-87。《造物主垂象畧說》為徐光啟
　　　彙集利瑪竇《天主實義》中某些論點，將原文以語體「譯」為白話
　　　之作，可視為某種教義問答。徐氏此書，乃中國有史以來在儒門「直
　　　解」或「廣訓」式的書籍外，最早以官白為工具刊行的少數長篇「議
　　　論文」之一，參見李天綱，《跨文化的詮釋：經學與神學的相遇》
　　　（北京：新星出版社，2007），頁195-208；另見徐光啟，《徐光
　　　啟全集》（上海：上海古籍出版社，2012），9：380-385。有關「教
　　　義問答」的各種形式，參見Bernard L. Marthaler, The Catechism
　　　Yesterday and Today: The Evolution of a Genre（Collegeville: The
　　　Liturgical Press, 1995），pp. 9-162。賀清泰的譯作，參見下文或李奭

　　賀清泰是法國耶穌會士，乾隆35年（1770）來華，供職於清廷如意館。就明清之際西學的傳播者觀之，賀清泰乃耶穌會的末代人物，也是清宮海西派的末代畫家，專擅海青與賁鹿。在語言上，賀清泰可稱天才，除了拉丁文、法文與中文之外，兼通義大利、俄文與滿文等[5]。拉丁文係羅馬天主教會的官方語言，也是所用《通俗拉丁文本聖經》（*The Vulgate Bible*）的用語，賀氏深有體會，而在當時中國，滿文是國語，中文則是廣土眾民的語言，賀清泰任職清宮，家則在離宮不遠蠶池口的北堂，兩種語言他都嫻熟。賀清泰先用滿文譯《通俗拉丁文本聖經》[6]，1790年前後，再將此經迻為中文[7]。

（續）

　　學，〈近代白話文·宗教啟蒙·耶穌會傳統──試窺賀清泰及其所
　　譯《古新聖經》的語言問題〉，《中國文哲研究集刊》（2013 年 3 月），
　　頁51-108；以及李撰〈談天說地論神人：從《古新聖經·化成之經》
　　前二篇看賀清泰的解經學〉，《學術月刊》第48卷（2016年6月），
　　頁173-184。二文另見李著，《明清西學六論》（杭州：浙江大學
　　出版社，2016），頁178-278。

5　Louis Pfister, *Notices biographiques et bibliographiques sur les Jésuites de L'ancienne mission de Chine, 1552-1773*（Shanghai: Imprimerie de la Mission Catholique, 1932-1934），v. 2, pp. 966-967.

6　有關賀譯滿文《聖經》，參見 Erling von Mende, "Problems in Translating the Bible into Manchu: Observations on Louis Poirot's Old Testament," in Stephen Batalden, Kathleen Cann, and John Dean, eds., *Sowing the Word: The Cultural Impact of the British and Foreign Bible Society, 1804-2004*, ed.（Sheffield: Sheffield Phoenix Press, 2004），pp. 149-168。最新的研究見余雅亭，〈古新聖経の研究〉（関西大学東アジア文化研究科博士論文，2017），頁38-68。

7　學界所以認定賀清泰應在1790年開始中譯《古新聖經》，原因是潘廷璋（Joseph Panzi, 1733-1821）有信件道，乾隆五十五年賀清泰譯成滿文本《聖經》，所以繼之為中譯，見 Louis Aloys Pfister, *Notices biographiques et bibliographiques sur les Jésuites de L'ancienne mission de China, 1552-1773*, 2 vols.（Shanghai: Imprimerie de la

天主教《聖經》原文七十三卷，滿文本他譯畢；中文本他則除了《雅歌》及部分先知書外，餘者全譯了，達全書三分之二以上。此譯，人稱《古新聖經》[8]。

　　明代耶穌會士如陽瑪諾（Emmanuel Diaz, Jr., 1574-1659）所譯《聖經直解》（1640）中，已有「古教」（猶太教）與「新教」（天主教）之說，所宗者乃宗徒聖若翰（St. John the Apostle, *c.* 6-100）之說。此前艾儒略的〈萬日略經說〉（1635）也有「造物主聖教，有《古經》，有《新經》」一語[9]。「古經」指《舊約》，而《新經》即《新約》。由是觀之，《古新聖經》有教中出典，其實並非專有名詞，況且清代以《古新聖經》名之的《聖經》也不止賀譯，甚至發展出《古新聖經》「問答」這種「教理問答」（catechism）的體裁來[10]。儘管如此，賀清泰所譯仍然最為著名，而其原因無他：

（續）─────────────

　　Mission Catholique, 1932-1934），2: 969；另見von Mende, "Problems in Translating the Bible into Manchu: Observations on Louis Poirot's Old Testament," p. 151.

8　現代重排版見李奭學、鄭海娟主編，《古新聖經殘稿》，9冊（北京：中華書局，2014）。下引《古新聖經》，概據現代版，簡稱《殘稿》，冊數及頁碼隨文夾注。

9　艾儒略，〈萬日略經說〉，見所譯《天主降生言行紀略》，鐘鳴旦等編，《耶穌會羅馬檔案館明清天主教文獻》，12冊（台北：利氏學社，2002），4：23。

10　例子見佚名，《古新聖經問答》，涂宗點校，同治元年版（天津：天津社會科學院出版社，1992）。這本書亦出以白話，而且是相當漂亮的白話，顯然為中國人所寫，從書中名詞如「地堂」看來，也有可能受到賀清泰的影響。陽瑪諾徵引或自稱「古教」、「新教」的地方甚多，但這些話俱因宗徒聖若翰所謂「每瑟宣傳古教，吾主則自立其真實之教」的牖啟，不過此語應本於聖葆祿所謂「天主昔恆默示先知聖人，以布命于人，厥後乃用其聖子之口，親語吾輩」而發，見陽譯，《聖經直解》，在吳相湘編，《天主教東傳文獻三

所譯乃中國譯經史上首度以白話嘗試者,而若非因賀氏年登耄耋而謝世,所譯還應該是中國最早譯出的足本《聖經》。從早期天主教的角度看,信仰不必然唯《聖經》是問,聖事及聖人言行可能同等重要[11]。是以從羅明堅(Michele Ruggieri, 1543-1607)、利瑪竇(Matteo Ricci, 1552-1610)入華開始,耶穌會士所重都非經文中譯,即使艾儒略(Giulio Aleni, 1582-1649)的《天主降生言行紀略》也是一本福音合輯(harmonia evangelica),是以他「不敢言譯」[12]。然而到了賀清泰,情況已變。一來教中早已經歷過一場回歸《聖經》的運動,二來殷弘緒(Père Francois Xavier d'Entrecolles, 1664-1741)等人也中譯了部分經卷[13],賀清泰沒有不全經如數譯出的「選擇」。他要問的就像前述馬禮遜等人,唯「譯體」的問題而已,而這方面啟發他最大的,莫過於《通俗拉丁文本聖經》及其譯者聖熱羅尼莫(St. Hieronymus, c. 347-420)。《古新聖經》的〈《聖經》之序〉及〈再序〉可為見證。

　　在〈再序〉最後,賀清泰重述天主教譯經史上著名的「聖熱羅尼莫之夢」(The Dream of St. Jerome)道:

(續)————

　　　編》,6冊(台北:臺灣學生書局,1972),4:1560。聖若翰的話
　　　出自〈若望福音〉,1:17;聖葆祿的句子出自〈希伯來書〉,1:
　　　17。另參《天主教東傳文獻三編》,4:1558-1559及1561-1566。

11　據研究,即使到了16世紀,貝拉明(Robert Bellarmine, 1542-1621)
　　的《關於聖言》(Der Verbo Dei, 1586)仍然堅持《聖經》並非信
　　仰惟一的憑藉;見莊心恬,《耶穌會的再適應:〈中華帝國志〉中
　　的儒學形象》(新北:稻香出版社,2014),頁41-42。

12　艾儒略,〈萬日略經說〉,見所譯《天主降生言行紀略》,載鐘鳴
　　旦等編,《耶穌會羅馬檔案館明清天主教文獻》,4:29。

13　殷弘緒,《訓慰神編》(1730),見中國宗教歷史文獻集成編纂委
　　員會編纂,《中國宗教歷史文獻集成·東傳福音》(合肥:黃山書
　　社,2005),3:91-124。

起初，聖教內有一極高的人，名熱羅尼莫，……[他]這樣想：
他幾十年看古時博學人的書，後頭覺得外教的人輕慢《聖經》，
因為話平常，說法太俗，定了主意要光榮《聖經》，挑選西瑟
落作的書，以他為模樣，照他的高文法翻譯《聖經》，已經動
手。不料一夜睡臥夢寐之中，天神執鞭顯現責備他，用鞭渾身
上下亂打；一面打了，一面譏誚說：「你是西瑟落的門弟，我
們特來酬報你。」熱羅尼莫一醒，天神不見了。但聖人渾身覺
得疼，也滿身有鞭痕，纔知道他的工夫不合天主的聖意，就住
了手。聖人寄書一相契友，詳細訴這件事，也說你不用想，我
這是一虛夢的事，雖到如今已經幾天，我還覺得疼，鞭痕未愈。
前轍既覆，後車宜鑒，所以我敢不謹慎，敢不隨天主聖意，致
招天主義怒耶？（《殘稿》，1：四）

這個故事其實不虛，聖熱羅尼莫確實做過此夢，也曾把夢境告
訴摯友沙漠聖女（desert mother）歐絲朵沁（St. Eustochium, c.
368-419?），但此夢乃做在他動手翻譯《通俗拉丁文本聖經》之前
多年，和譯事應無直接的關係[14]。但此非重點，重點在此事對賀清
泰的啟發。從《古新聖經》的〈《聖經》之序〉看來，這個啟發除

---

14 見St. Jerome, "To Eustochium," in *Nicene and Post-Nicene Fathers:*
    Jerome: Letters and Selected Works, ed. Philip Schaff and Henry Wace
    （Peabody: Hendrickson, 1995），p. 35.聖熱落尼莫與歐絲朵沁的友
    誼，見J. N. D. Kelly, *Jerome: His Life, Writings, and Controversies*
    （London: Duckworth, 1975), pp. 99-103。有關「聖熱落尼莫之夢」
    發生的時間，見Neil Adkin, "The Date of the Dream of Saint Jerome,"
    Studi Classici e Orientali 43 （1993）：263-273。在此夢前後，熱氏
    對《舊約》態度丕變，見Neil Adkin, "Jerome's Use of Scripture Before
    and After His Dream," *Illinois Classical Studies* 20 （1995）：183-190。

了《聖經》的翻譯是「神意」要求，故得「信譯」外[15]，最重要的是：他得用白話譯經，而且應該用市井小民的日常語言譯之。市井小民的白話，當然比在他之前寫就的《聖諭廣訓衍》的官白還要白。

市井小民講話，還「不管話俗不俗，說法順不順」（《殘稿》，1：三），亦即不論俚俗和邏輯等問題。《古新聖經》的〈《聖經》之序〉或〈再序〉，都曾從「天主的立場」解說此見。首先，〈《聖經》之序〉指出「聖經者不是人說的平常話，乃是天主之意，天主之語」（《殘稿》，1：一）。「平常話」是人類的語言或道理，「天主之語」是「天意」或「上天之語」。但賀清泰不像班雅明所示，這「上天之語」非謂《聖經》之語乃某「純語言」（pure language/*reine Sprache*）[16]。兩《約》中的話，都是天主的默示，但是仍得經人寫下，而且多出自「先知」。「先知」多數教育程度有限，加以經過「神憑」，所說語彙當非高蹈，不止平常，其語句甚且俗而不順，正像一般市井小民的言談。《梅瑟五書》（*Pentateuch*）以下的《舊

---

15 賀清泰的話是天主會「默行引動各國人心，將本地土語翻譯出來」。見賀清泰，〈再序〉，在《殘稿》，1：一。翻譯《聖經》每因天主之意而起心動念，在天主教內是常見之論，參見李奭學，《經史子集：翻譯、文學與文化評論》（台北：聯合文學出版公司，2005），頁10-12。不過《聖經》翻譯史上，因教爭或解釋不同而更動源文的譯作時常可見，參見Harry Freedman, *The Murderous History of Bible Translations: Power, Conflict, and the Quest for Meaning*（New York and London: Bloomsbury Press, 2016）, pp. 69-153。

16 參見Walter Benjamin, "The Task of the Translator," in Marcus Bullock and Michael W. Jennings, eds., *Walter Benjamin: Selected Writings, Volume 1: 1913-1926*（Cambridge: The Belknap Press of Harvard University Press, 1996）, pp. 253-263; 以及Benjamin, "On Language as Such and on the Language of Man," in Bullock and Jennings, eds., *Walter Benjamin: Selected Writings, Volume 1: 1913-1926*, pp. 62-74。

約》各卷的寫經人，除了達味《聖詠集》與《雅歌》的作者外，多
為先知與上古的「史家」。《梅瑟五書》從簡樸的神話到歷史都有，
寫經人當不止梅瑟本人，史上「史家」與「文豪」最早的「雛形」，
應該也身任其職，下筆可想平常而俚俗。至於《新約》，我們窺諸
其希臘文原典，除保羅書信雄辯滔滔，係上好的言談之術或「知識
分子的語言」外，《四福音書》原來有雅有俗，而其他多數的經卷，
則又是「先知」的邏輯，筆法非常，通常就是市井小民的俚俗之語[17]。
不過最重要的是，《聖經》各卷中這「天主的話」確屬尋常之語，
若用「絕美文法」譯之，天主斷然「不肯」。既然如此，天主不會
「為幾個懂文法的人」而「躭（耽）擱了萬萬愚蒙的人」，因為後
者「不能懂文深的書」，而「他們的靈魂……[因此就]不能得受便
益」。「既然天主的聖意是這樣，翻《聖經》的人敢背他的旨意麼？」
（《殘稿》，1：三）

　　天主之語俚俗，「聖熱羅尼莫之夢」已明示。賀清泰從此夢體
察到的另一個看法和「天主的話」也有關聯，亦即翻譯《聖經》應
以原意為主：所謂「不圖悅人聽，惟圖保存《聖經》的本文本意」
而不應以「文法」的高低為能事，就是此指。這也是〈《聖經》之
序〉用下文反問道：「自古以來，聖賢既然都是這樣行，我亦效法
而行，共總緊要的是道理，貴重的是道理。至於說的體面，文法奇
妙，與人真善處有何裨益？」（《殘稿》，1：一）賀清泰所稱「文
法」，不是今人所指的詞性或時態等等的語法研究，而是元代王構
（1245-1310）《修辭鑒衡》以來，中國人所謂的「修辭」，或是日

17　W. E. Plater and H. J. White, *A Grammar of the Vulgate, Being an
Introduction of the Latinity of the Vulgate Bible* （Oxford: Clarendon
Press, 1926），pp. 1-10.

本明治時代菊池大麓（1855-1917）譯自英文"rhetoric"的「修辭」的
內涵[18]。因此賀氏的〈《聖經》之序〉才會提到「西瑟落」或「西
賽羅」（Marcus Tullius Cicero, 106-143 BC E），因為在拉丁文的歷
史上，他是修辭大家，罕人文筆之雄健與華美，比得上此一羅馬早
期的政治家與演說家。

　　西賽羅的「高文法」辭藻豐富，以之為文為詞，滔滔不絕。聖
奧思定（St. Augustine of Hippo, 354-430）在寫《論天主教義》（*On
Christian Doctrine*）時，定為此名，列入他的「文體三類」之一，
今天通譯「雄偉文體」或「高級文體」（the grand style/the high style）。
其他兩種分別為「中庸文體」或「中級文體」（the temperate style/the
middle style），以及「平直文體」或「低級文體」（the plain style/the
low style）。聖奧思定所定這些體調並無價值上的高低之別，只有
使用上的效果之分。西賽羅華文雄辯，志在「感人」，而使用「平
直文體」志在「教人」，至於「中庸文體」則設為「悅人」之用[19]。
賀清泰既然認為《聖經》是「天主親自說，聖人記載的」，是要令
人「[多]行道理的事」，是以譯經人常「不按各人本國文章的文法」

18　見宗廷虎、袁暉，《漢語修辭學史》（北京：北大出版社，1990），
　　頁201-202。有關菊池大麓的譯詞，見所譯《百科全書‧修辭及華
　　文》（東京：文部省，1879）一書。此書菊池係譯自英人William
　　Chambers （1800-1883） and Robert Chambers （1802-1871） 的
　　Chambers's Encyclopedia （1859-1868）之中的"Rhetoric and Bells
　　Letters"部分。傅汎際（Francois Furtado, 1587-1653與李之藻合譯《明
　　理探》時，早已用「文法」指「修辭」，而今天意義下的「文法」，
　　他們則從拉丁文音譯為「額勒瑪第加」，見傅汎際譯義，李之藻達
　　辭，《明理探》，2冊（台北：臺灣商務印書館，1965），1：7。
19　St. Augustine, *On Christian Doctrine*, trans. D. W. Robertson（New
　　York: Macmillan, 1958），IV. xii. 27.

——這裡「文法」應另兼有「筆法」之意——則行文達旨或用平直文體，可也。但他「為欽敬天主的語言，也為合讀書人的心意」（《殘稿》，1: 三），或許在多明我會士萬濟國（Francisco Varo, 1627-1687）《華語官話語法》（*Arte de la lengua Mandarina*）中所謂「言說三型」（tres modos...de hablar）的影響下，又把聖奧思定這文體三類合以當時文言、白話，以及介於二者間而類似馬禮遜所見《三國演義》裡的「淺文言」的文體觀念。文言文是中國傳統所重，白話文則為士大夫所輕，所以賀清泰問道：用那「也不高，也不低」的「中等的說法翻譯使不得麼」，於信仰又「有何妨礙呢？」（《殘稿》，1：三—四）這一點，可能也因萬濟國的影響而來，蓋萬氏認為此體宜於傳布「天主之道」（la palabra de Dios）[20]。不過賀清泰沒有為中國人指出來的是，聖奧思定並不認為文體三類只能擇一使用，歐洲人撰寫演講詞，或有其主要之體，實則三體混用。中國人的文言發自語體，復因早期書寫工具形成[21]。好的白話，其實也常夾雜文言性質強的四字成語，甚至是文白兼用，交融為一。賀清泰不能免於上述，所譯《古新聖經》直接借鑑利瑪竇《聖經約錄》（1605）、

20　萬濟國認為第二型的說話方式尤其宜於傳布「天主之道」（la palabra de Dios），這一點和「說話三型」等，俱見 W. South Coblin and Joseph A. Levi, trans., *Francisco Varo's Grammar of the Mandarin Language (1703): An English Translation of "Arte de la lengua Mandarina,"* （Amsterdam and Philadelphia: John Benjamins, 2000），pp. 17-19。參見李奭學，〈白話文〉，在王德威、宋明煒合編，《五四＠100》，即將於2019年由聯經出版公司出版。有關《聖經》中譯與修辭、文體的關係，參見鄭海娟，〈聖經漢譯與修辭三體〉，《聖經文學研究》第9輯（2014年8月），頁163-180。

21　Cf. Florian Coulmas, *The Writing Systems of the World* （Oxford: Basil Blackwell, 1989），pp. 91-110.

陽瑪諾《聖經直解》、艾儒略譯《天主降生言行紀略》和白日陞（Jean Basset, c. 1645-1715）譯《四史攸編》的地方不少[22]，故其主「體」雖為「中庸文體」，但在《古經》部分，多數經卷走的卻是聖奧思定的「平直文體」。〈達味聖詠〉與多數《新經》章卷，甚而又棄「中等文法」於不顧，反為三體並用，所以既能「感人」，也可「教人」，時而也有不錯的「悅耳」之效。賀清泰的三種文法乃至萬濟國之說，殆因聖奧思定啟發而來，也是「文體三類」的觀念迻入中國之始，更是他理論化與合理化《古新聖經》所用大部分體調的憑藉，而這大部分體調，簡言之，就是「白話文」，而且因其「翻譯腔」不免，拉丁文法掣肘的「歐化體」明顯，幾乎也在預告近代白話文的興起，而這正是賀清泰所譯《古新聖經》在《聖經》譯史之外，也有其重要無比的比較文學、文化史和語言史上的貢獻之故[23]。

　　只要走入清宮——這裡指此時已遷至圓明園的清宮如意館，或者就是圓明園本身——賀清泰戮力從公。自1790年開始，公餘之暇，他又在北京北堂中譯《聖經》。耶穌會此時早已遭教廷解散，北堂也改由遣使會（Congregation of Priests of the Mission）接管[24]。賀清泰一度還擬加入俄國耶穌會[25]，但仍堅持在北堂譯經。十數年內，規模粗具，又詳予注解，規模益備。目前所知北堂賀譯僅止一種，

22　參見鄭海娟，〈文本之網——《古新聖經》與前後代《聖經》漢譯本之關係〉，《清華中文學報》第11期（2014年6月），頁261-279。

23　參見李奭學，〈白話文〉，王德威、宋明煒合編，《五四@100》，即將於2019年由聯經出版公司出版。有關《聖經》中譯與修辭、文體的關係，參見鄭海娟，〈聖經漢譯與修辭三體〉，《聖經文學研究》第9輯（2014年8月），頁163-180。

24　楊靖筠，《北京天主教史》（北京：宗教文化出版社，2009），頁84。

25　Stephen Batalden, et al., eds., *Sowing the Word*, p. 152, n2.

因為罕見修改，應為抄本。就字跡而言，北堂賀譯和賀清泰畫作上
所題或署名不完全吻合[26]，可能是賀清泰自己重謄者，也有可能是
他人在北堂為賀氏謄寫者，當然另有可能的是：為上呈乾隆皇帝御
覽，畫作上的字──包括署名──字跡得端正工整。對畫家而言，
變換字體應該不難。然而不論上述何者為是，北堂所遺賀譯《古新
聖經》的稿本僅此一種，而上述即為此一所謂「北堂本」《古新聖
經》問世的始末。

　　賀清泰譯了《通俗拉丁文本聖經》約五十卷之後，在1803年擬
先予出版，故此致函梵帝崗，請求准印。然而教廷雖在1615年即同
意中譯《聖經》，1622年成立傳信部（Sacra Congregatio de Propaganda
Fide）後，卻以拉丁文為尊，在1634年令宗教裁判所燒掉已經其他
語言所譯《聖經》，1673年連中文本也不許翻譯，而除某些例外，
1728年則全面禁止《聖經》譯成任何地「方言」。所以賀氏信到，
傳信部隨即函覆，除了嘉許其人外，也質問他何人授權，明文令他
不得刊刻，把他的苦心孤詣完全推翻。賀清泰用滿文譯經，又用中
文再出《古新聖經》，可能是他猶停留在1615年的許可令上，不知
教廷政策已變[27]。所以1803年後的幾年中，賀清泰或曾賡續再譯，

26　賀清泰所繪之海青或貧鹿，台北及北京故宮博物院都見收歲，較方
　　便的圖像，可見以下網址：https://www.google.com.tw/search?q=%E
　　8%3%80%E6%B8%85%E6%B3%B0&tbm=isch&tbo=u&source=un
　　iv&sa=X&ved=2ahUKEwjVqovH4OncAhUpi1QKHQDpAKwQsAR6
　　BAgFEAE&biw=497&bih=237#imgrc=uW7t-bkDM9zfSM:。

27　上述例外是1596年10月30日准用德文和波西米亞文刊印聖經，1598
　　年6月13日准許波蘭文譯本付印，1612年准許用匈牙利語譯經。這
　　些例外，目的都在嚇阻基督教勢力擴大。有關賀譯禁令等傳信部的
　　裁決，見N. Kowalsky, "Die Sacra Congregatio 'de Propaganda Fida'
　　und die Übersetzung der Hl. Schrift," in *Die Heilige Schrift in den*

但不敵病老，終於1813年辭世，「北堂本」《古新聖經》抱撼而終，而且從此塵封北堂，成為清末成立的「北堂圖書館」最珍貴的藏品之一[28]。

　　「北堂本」《古新聖經》雖不見天日，但在中國天主教界卻聲名日響，屢經傳抄，最著名者為上海徐家匯藏書樓所藏的清抄本[29]，中國國家圖書館也有賀序與《舊經》、《新經》經卷數種[30]，抄寫年代應和徐匯本相去不遠，字跡差別不大。不論是中國國家圖書館本或徐匯本，內容和「北堂本」幾無隻字之差。其異體字尤多一致，

(續)——————————————

katholischen Missionen, ed. J. Becknann（Schöneck-Beckenried: Neue Zeitschrift für Missionswissenschaft, 1966），pp 26-30。

28　「圖書館」一詞應為明治以來，由日本傳到中國的名詞，但北堂之有藏書，可能始於雍正3年（1725），1860年左右再合北京東、西、南三堂之藏書而成館，最後又得美國洛克菲勒基金會資助，於1938開始整理、編目，詳見方豪，〈北平北堂圖書館小史〉，《圖書月刊》第3卷第2期（1944），頁83-87；另參雷强，〈北堂善本書目的編撰過程〉，《文匯報‧文匯學人》（2016年7月15日），第13-14版。

29　上海徐家匯藏書樓所藏的清抄本，除注8提到的現代重排版外，亦已收入鐘鳴旦、杜鼎克與王仁芳編，《徐家匯藏書樓明清天主教文獻續編》（台北：台北利氏學社，2013)，第28-34冊。

30　中國國家圖書館的藏本有兩種。賀清泰的〈《聖經》之序〉、〈再序〉，以及《化成之經》收為一冊，題為《聖經》，索書號為138843。另一冊題為《聖保祿諭羅馬教友的書扎》，為一函三冊，收錄的經卷有〈聖若望書札〉和〈聖若望默照經〉等《新經》經卷數種，索書號為138594，有北京圖書館藏書章。這些抄本的筆跡不盡相同，頗似徐匯本的情形，可能為同一時期的抄本，但絕非北堂原稿。《聖保祿諭羅馬教友的書扎》這個封面顯為後來膳寫，因為書內「羅馬」稱「落瑪」，和徐匯本一致，也是早期的說法。此冊所含三卷已有現代景印本，見俞冰主編，《名家書札墨迹》（北京：線裝書局，2007），第16、17冊。

雖然仍有少數不同，中國字形學者可以覆案[31]。此外，俄國科學院
東方研究所另有滿漢合璧版《如達國眾王經尾增的總綱》一種，但
仍非足本，僅存第13至29章，可能是俄國東正教傳教人員所抄。乾
嘉之際，北堂書籍嘗歸南堂代管，1828年春夏之交，南堂的書曾寄
存於北平東正教會。到了1838年，供職欽天監而住在南堂的葡籍會
士畢學源（D. Caetano Pires Pereira, 1763-1838），又一把賣光所藏
珍籍，北堂舊籍再轉俄國教堂庋藏[32]，我們且不提賀清泰和俄國耶
穌會關係密切無比。今日天主教的標準本中文《聖經》是所謂「思
高本」，乃方濟會士雷永明（Gabriel Maria Allegra, 1907-1976）領
軍完成，時為1968年[33]。雷永明在1931年來華，駐鐸衡陽。1935年4
月1日，他發願全譯《聖經》，十年後還在時稱北平的北京創立了「思
高聖經學會」，綜理譯經事務。發願當年，他在羅馬教宗在華總代
表蔡寧（Mario Zanin, 1890-1958）面前期許道：他要「參照著古譯
本，從原文翻譯」[34]。所謂「古譯本」（antiche versioni），雷永

---

31 例如「虛」在北堂本作「虗」，在徐匯本作「虗」，又如「寶」在
　　北堂本作「寶」，在徐匯本作「寶」等等。
32 H. Verhaeren, "Historical Sketch of the Peit'ang Library," in his ed.,
　　Catalogue of the Pei-t'ang Library（Peking: Lazarist Mission Press,
　　1949）, pp. xxii-xxvi.另見柳若梅，〈19世紀葡萄牙天主教在華遺留
　　財產與俄羅斯東正教駐北京使館〉，《行政》第25卷總第95期（2012
　　年），頁109-121；以及蕭玉秋，《俄國傳教團與清代中俄文化交
　　流》（天津：天津人民出版社，2009），頁183。
33 雷永明創譯思高本《聖經》的大略經過，見Arnulf Camps, "Father
　　Gabriele M. Allegra, O.F.M.（1907-1976）and the Stadium Biblicaum
　　Franciscanum: The First Complete Chinese Catholic Translation of the
　　Bible," in Eber, et al., eds., *Bible in Modern China: The Literary and
　　Intellectual Impact*, pp. 55-76.
34 Serafino M. Gozzo, ed., *"Memorie"Autobiografiche del P. Gabriele M.
　　Allegra O.F.M*: *Missionario in Cina*（Roma : Np., 1986）, p. 108. 此

明用的是複數形，雖包含《四史攸編》在內，大致卻指「北堂本」《古新聖經》而言。此時的北堂並不在賀清泰原先所居的蠶池口，因為義和拳之亂，清末已遷往後人所稱的西什庫，正式名稱為「救世主教堂」，一般稱「西什庫天主堂」。

　　上面有關雷永明的引文，譯自《雷永明神父回憶錄》（ *"Memorie"Autobiografiche del P. Gabriele M. Allegra O.F.M: Missionario in Cina* ）。此書雷永明原用義大利文寫成，時間約為1984年，不久再請人「將意文手抄原稿送……[到]台灣」，由會中同修韓承良（1928-2004）焚膏繼晷，「用了二十天的時間」，在1985年初中譯成書，再經李士漁（1917-2004）重新譯過，於1987年春由第三者彙整成書（《回憶錄》，頁1-3）。雷氏的原文，反而出版得比韓承良1984年的原譯遲，要到1986年才編輯完成，在羅馬付諸剞劂[35]。

　　雷永明來華後，因為學習中文故，得悉賀清泰嘗譯《古新聖經》，遂致函《教育叢刊》主編苗德秀（Theodore Mittler, 1887-1956）求證。苗氏出身聖言會（SVD），旋回函道：賀清泰的手稿「確實是在北堂」（《回憶錄》，頁90/*Memorie,* p. 92）。雷永明不久即離開

（續）

　　　　書下文簡稱*Memorie*。原文面世隔年，韓承良承命譯之，這裡為其所譯，見雷永明著，韓承良譯，《雷永明神父回憶錄》（香港：思高聖經學會出版，2001），頁112。韓譯以下簡稱《回憶錄》，引文頁碼隨文夾注。《雷永明神父回憶錄》的義文原本，另有較具學術性且附有中文專有名詞的現代版，見Stéphane Oppes, ed., *Le memorie di fra' Gabriele M. Allegra of il "san Girolamo" della Cina* （Vatican: Libreria editrice Vatican, 2005）。不過本文所用，仍為Gozzo在1986年所編。

35　Serafino M. Gozzo, ed., *"Memorie"Autobiografiche del P. Gabriele M. Allegra O.F.M : Missionario in Cina* （Roma : Np., 1986）.

衡陽，前往北平。費賴之（Louis Pfister, 1833-1891）與徐宗澤
（1886-1947）對《古新聖經》都有相當高的評價，雷永明其實清楚。
到了北平之後，雷永明隨即晉見蔡寧，並在輔仁大學住下。蔡寧請
他再訪苗德秀，並到北堂「看看賀清泰神父的聖經譯本」，而苗氏
表示手稿仍存，「而且也很完整」，值得全稿拍攝，輔仁大學的各
會會士會來幫忙。雷永明在蔡寧助手高彌肅（G. Comisso，生卒年
不知）的陪伴下，不久在北堂即「看見了耶穌會賀清泰神父那份著
名的寶貴手稿」（《回憶錄》，頁91-92/*Memorie*, p. 92）。

　　雷永明為了拍攝賀清泰《古新聖經》全稿，在苗德秀居中介紹
下，由輔仁大學其時校務長穆爾菲（Joseph Murphy, 1895-1935）指
定呂耳（Theo Ruehl，生卒年不知）幫忙[36]。呂耳可能也是聖言會士，
乃攝影高手。他們用紙條標上卷目與自訂的頁碼[37]，從1935年夏初
開始，每天從九點到下午一時，在北堂總共工作了月餘，才把《古
新聖經》全稿攝畢。拍完之後，雷永明將底片送洗，一共花了六百
美金，才如數洗畢。輔大開學之前，雷氏又將洗出的照片攜回衡陽
黃沙灣，請人用「布製的封套，裝成堅固的小冊」。當地時稱「埃
及方濟傳教修女會」（le Suore Francescane Missionarie d'Egitto）的
修女，則「自願負責黏貼照片」，最後所成達三十冊，雷永明存放
在自己房內（《回憶錄》，頁92-93／*Memorie*, p. 93）。這三十冊的

36　穆爾菲和輔仁大學的關係見柯博識，〈聖言會於一九三三年接辦北
　　京輔仁大學之紀實〉，在輔仁大學，「學風與傳統學術研討會會議
　　手冊」（2005年12月7日），頁69。另見《回憶錄》，頁91-92/*Memorie*,
　　pp. 92-93。

37　從最完整的〈眾王經・卷二〉殘稿來看，北堂本的頁碼編號方式和
　　徐匯本一樣，都依刻本的現代編碼方式，亦即在數字之外，正反兩
　　頁均以頁a、頁b的方式編之。

照片，是北堂本《古新聖經》的翻拍版，首次外流，意義重大。

　　雷永明回到衡陽不久，中國對日抗戰爆發，但北堂本《古新聖經》的三十冊相簿與其他書籍，卻已開始成為他的「聖經圖書室」的部分，可以在其中譯經，而《古新聖經》確也成為他重要的依據[38]。可惜隨著戰爭日益惡化，圖書室在炮火下慘遭破壞。據雷永明自述，三十冊北堂《古新聖經》的照片，最後僅有兩冊逃過彌天烽火（《回憶錄》，頁93／Memorie, p. 93）。1939年，雷永明因病西返義大利，二年後才由美國繞道日本，再返中國，回到其時已在日軍控制下的北平，開始籌備「思高聖經學會」。北平的日軍待雷永明不錯，1944年歲末之前，他接續衡陽時期的譯業，完成《舊約》中譯。1945年夏，思高聖經學會正式成立，會址為輔仁大學附屬西煤廠宿舍，不久遷李廣橋，再遷小石橋（《回憶錄》，頁122-124／Memorie, p. 116-118）。日本才戰敗後，中國旋即煙硝再起。這次是國共內戰，雷永明人在北平，眼看時局已不可為，遂和學會兄弟商議，開始南遷。他請得教宗庇護十二世（Pius XII, 1876-1958）的資助，遷至香港堅尼地道，後轉軒德蓀道今址，而兵燹連天下僅存的二冊《古新聖經》相簿和英千里（1900-1969）自倫敦抄送的《四史攸編》[39]，

38　不論卷目或其內容，思高本《聖經》近似《古新聖經》之處甚多。不過，思高本實為不斷修正逐得，亦非雷永明一人手稿，參見陳培佳、霍桂泉，〈修訂思高聖經譯文的經歷〉，《神思》第89期（2011年5月），頁51-60。另見Raissa de Gruttola, "The First Catholic in Chinese: Gabriele Allegra and His Translation," *International Journal of Area Studies* 10:1（2015）: 5-23。不過Gruttola之文，在思高本《聖經》和北堂本《古新聖經》的淵源上幾無著墨，這點參閱鄭海娟，〈文本之網──《古新聖經》與前後代《聖經》漢譯本之關係〉，頁279-286。

39　英千里抄自英國的《四史攸編》，目前仍妥善保存於香港思高聖經

也因同修由衡陽攜帶至滬（《回憶錄》，頁123／*Memorie, p. 117*），
最後經勃萊那（Bryner）運輸公司運往香港，入藏學會的圖書室（《回
憶錄》，頁92及頁127-145／*Memorie, p. 92 and pp. 120-137*）。

　　上述兩冊《古新聖經》乃〈眾王經〉上下卷，但仍為部分，並
非全璧。不過研究者或受《雷永明神父回憶錄》誤導，或因調查有
失使然，每以為思高聖經學會所藏僅此二冊[40]。其實在兩卷〈眾王
經〉之外，學會寄到香港的1935年所攝北堂本《古新聖經》仍有其
他。這些都是單張照片，應為當年衡陽的修女所遺，亦即她們認為
是「複本」，從而沒有貼在像冊之中。若扣除重複者，香港思高聖
經學會所藏攝自北平北堂的照片共計309枚，包括〈數目經〉（Numeri）
51枚、〈第二次傳法度經〉（Deuterono）69枚、〈救出之經〉（Exodus）
1枚、〈眾王經‧卷一〉（Regum I）71枚、〈眾王經‧卷二〉（Regum
II）117枚[41]。道光年間，北京教友為避教禁，曾把北堂庋藏的珍貴
書籍裝箱，埋在地底六年。其後開箱，多數已經不住地氣，化為爛

（續）
　　學會的圖書室。此一抄本背面貼有說明條，除用英文載明「佚編」
　　的內容外，另指出白日陞譯於1700年左右。正面則有雷永明的拉丁
　　文字跡，指出英千里（Ignatius Ying）抄於1938年。英千里當時負
　　笈倫敦大學，《回憶錄》頁92（Memorie, p. 92）也明載「斯羅安抄
　　本」（Sloan Manuscript）係他再抄。
40　Toshikazu S. Foley, "Four-character Set Phrases: A Study of Their Use
　　in the Catholic and Eastern-Orthodox Version of the Chinese New
　　Testament," *Hong Kong Journal of Catholic Studies* 2, p.79, n45. 另見
　　蔡錦圖，〈天主教中文《聖經》翻譯的歷史和版本〉，《天主教研
　　究學報》第2期，頁43。
41　〈第二次傳法度經〉有北堂原稿封面一枚，計入，但相簿中有兩種
　　頁48，而第一種與頁47完全相同。換句話說有其中一頁，是內容相
　　同，但卻有兩個頁碼。因此若以內容為計算基準，實際上係69枚。

泥。同治年間，部分珍籍又遭祝融肆虐，付諸一炬[42]。除非北堂本《古新聖經》曾逃過兵災火劫，否則應該同朽。雷永明乃在1935年攝得北堂本，故而香港思高聖經學會所藏的這309枚北堂本照片，絕非由後世抄本再抄而得，極有可能就是《雷永明神父回憶錄》中所稱「賀清泰神父著名而寶貴的手稿」的一部分。譯文中所稱「耶穌會賀清泰神父那份著名的寶貴手稿」，雷永明原作"il famoso e prezioso manoscritto del P. De Poirot SJ"（*Memorie*, p. 92）。易言之，北堂本拍攝當年，不論輔仁大學或北堂人士，確實就視這本《古新聖經》為賀氏原稿，而上述309枚北堂本照片非特劫後餘生，抑且價值更顯。

　　1949年，中華人民共和國建立，北堂圖書館藏書因「獻堂獻廟」運動與「文化大革命」等事件，均移交北京圖書館與中共北京市委圖書館，又分流至寧夏圖書館與首都圖書館等地，且不論還有各種因故而外流者[43]。但不論如今改稱中國國家圖書館的北京圖書館或他館，除上述中國國圖古籍部的抄本外，北堂手稿早已不復可見，或許在中日戰爭之際業經摧毀，或許在文化大革命時已慘遭蹂躪。當年雷永明書齋中的三十冊北堂本照片設非戰火糟蹋，我們本可藉以一窺北堂本全跡，可惜歷史難料，發展出人意表！雷永明和呂耳在1935年共攝得幾枚北堂本照片，我們如今甚而也已難徵考。不過碩果僅存的這309枚照片縱然難用「滄海一粟」形容，亦庶幾近乎，

42　方豪，〈明清間譯著底本的發現和研究〉，見所著《方豪六十自訂稿》，2冊（台北：作者自印，1969），1：58。另見方著，〈北堂圖書館藏書志〉，載所著《方豪六十自訂稿》，2：1833。
43　參見趙大瑩，〈北堂圖書館藏書的分流（1958年以後）〉，《國際漢學研究通訊》第12期（2016年6月），頁203-225。

彌足珍貴，學界非但可因之而得識北堂稿本真跡，也有助於《聖經》
中譯史與賀清泰研究這雙重的學術課題。

　　李奭學，中央研究院中國文哲研究所研究員，研究明清之際歐洲
文學的中譯史、宗教與文學的跨學科研究等，著有《中外文學關係
論稿》、《中國晚明與歐洲文學》、《譯述：明末耶穌會翻譯文學
論》與《明清西學六論》等，譯有《閱讀理論》等書。

三城記：
冷戰時期滬港台的譯本與譯者大遷徙

賴慈芸

> 中國的大病一字即足以道盡：「假」。
> ——卞之琳，《阿道爾夫》譯者序（1944）

一、一本茵夢湖，三個源頭

1982年，台北的輔新書局出版了一本《茵夢湖》（*Immensee*），署名「謝金德」譯。裡面收錄多篇德語作家史篤姆（Theodor Storm，1817-1888）作品，除了〈茵夢湖〉之外，還有〈三色紫羅蘭〉、〈遲開的薔薇〉、〈鐘聲殘夢〉、〈杏革莉笳〉等短篇小說。書前有〈編譯者序〉：

> 我有欣賞文學的傾向，但是從來沒有設想到，讓自己和這件事發生任何關係。翻譯文學名著更是我所不敢妄為的。缺乏這種修養功夫和缺乏從事練習寫作的時間，當然是主要的原因。（頁1）

但所謂「謝金德」的這段話其實是張丕介在1955年說的：

我有欣賞文學的傾向，但是從來沒有設想到，讓自己和這件事
發生任何關係。翻譯文學名著更是我所不敢妄為的。缺乏這種
修養功夫和缺乏從事練習寫作的時間，當然是主要的原因[1]。

　　張丕介（1905-1970），山東人，留德的經濟學博士。1949年赴
香港，與錢穆、唐君毅創新亞書院，為經濟系主任。後來香港中文
大學成立，他也一直留在中大任教。他的其他著譯作都是《中國之
土地問題》、《國民經濟學原理》之類的，因此他謙稱自己不敢妄
作翻譯，只是1954年的夏天，天氣十分炎熱，偶然從舊書舖買來德
文的史陶穆全集，因此回憶起二十多年前在德國留學的時光，遂試
譯以消暑。張丕介這篇序署於新亞書院，把翻譯過程交代的十分清
楚，顯現一個大學者的謙謙風範。但「謝金德」不知是誰，竟也抄
了這段序文，只能說是不倫不類。除了序文之外，內文也一字不差：

> 一個衣履整齊的老人，在一個深秋的下午，緩緩的沿街而來。
> 看他那雙過了時的滿布著灰塵的皮鞋。他好像散罷了步，走回
> 家去。他脅下挾著一條長的金頭手杖；整個的青春還保留在那
> 雙深灰色的眸子上，而和那一頭白髮顯出一種奇異的對照。（謝
> 金德，1982，頁1）
> 一個衣履整齊的老人，在一個深秋的下午，緩緩的沿街而來。
> 看他那雙過了時的滿布著灰塵的皮鞋，他好像散罷了步，走回
> 家去。他脅下挾著一條長的金頭手杖；整個的青春還保留在那
> 雙深灰色的眸子上，而和那一頭白髮顯出一種奇異的對照。（張
> 丕介，1955，頁1）

1　張丕介，《茵夢湖・三色紫羅蘭》（香港：人生，1955）。

　　因此我們判定「謝金德」是一個假名,抄襲張丕介的《茵夢湖‧三色紫羅蘭》(香港:人生,1955)。問題是,張丕介只譯了〈茵夢湖〉和〈三色紫羅蘭〉兩篇,其他的三篇是哪來的呢?經過比對,原來〈遲開的薔薇〉和〈鐘聲殘夢〉[2]兩篇是巴金(李堯棠,1904-2005)翻譯的,〈杏革莉笳〉是毛秋白(1903-?)翻譯的。以下為這三本源頭的初版資料:

一、毛秋白《德意志短篇小說集》(1935年,上海:商務)[3]
二、巴金《遲開的薔薇》(1943年,上海:文化生活)
三、張丕介《茵夢湖/三色紫羅蘭》(1955年,香港:人生)

而台灣從1956年開始,至1993年為止,至少有十一種《茵夢湖》的盜印版,源頭除了上述的三種譯作之外,還有一本李紹繆的華英對照《茵夢湖》(上海:三民書局,1947)。台灣的各盜印本採取了各種不同的組合:

表1　台灣盜版《茵夢湖》來源表

	毛秋白譯本	巴金譯本	李紹繆譯本	張丕介譯本
1.呂津惠(文光,1956)			∨	
2.亮華(重光,1957)			∨	∨
3.張治文(現代家庭,1959)			∨	∨
4.呂津惠(大眾,1966)[4]			∨	

2　巴金原譯名為〈馬爾德和她的鐘〉。
3　臺灣商務在1969年曾重印毛秋白此譯本。

5.鄔翠文（文馨，1976）				V
6.（未署名）（文言，1981）			V	
7.謝金德（輔新，1982）	V	V		V
8.（未署名）（大夏，1987）		V		V
9.俞辰（久大，1988）			V	V
10.（未署名）（漢風，1990）	V	V		
11.俞辰（桂冠，1993）			V	V

資料來源：作者自行整理

　　而這四本源頭書，至少三本跟香港有關：張丕介是流亡到香港後所譯的，也在香港出版；李紹繆譯本在1952年曾由香港三民書店再版，巴金的譯本也在1966年由香港的南華書店再版，但把書名由《遲開的薔薇》改為《蜂湖》。因此或許台灣的抄襲本並不是直接抄上海版本，而是抄香港版本。

　　《茵夢湖》因為是中短篇小說合集，來源比較複雜。但這並非孤例，1987年台北金楓出版社署名「俞辰」翻譯的《野性的呼喚》，收錄美國作家傑克・倫敦（1876-1916）三篇小說，其中〈野性的呼喚〉是根據1935年谷風（張光人，1902-1985）、歐陽山（楊鳳岐，1908-2004）合譯的《野性底呼聲》（上海：商務）；而另外兩篇短篇小說〈生火〉和〈異教徒〉，則抄襲1967年吳玉音的《傑克・倫敦短篇小說選》（香港：今日世界），同樣也是結合滬港來源的台灣盜印本。

（續）

4　1956年文光版是英漢對照本，1966年大眾版只有中文，因內容過於單薄，還多加印了歌德的〈少年維特的煩惱〉，係抄襲1931年羅牧的譯本（上海：北新）。

　　為什麼台灣的盜印本這麼多？來自滬港兩地的源頭譯本有多少？真正譯者是誰？香港在這波譯本及譯者大遷徙中扮演什麼樣的角色？本文希望從結構性的角度，全面來描述1949年至1990年四十年間，來自中國和香港的譯本，並描述1949前後流亡至港台的譯者。

二、假名的始作俑者：香港美新處

　　台灣盜印譯本充斥，有語言、政治、商業利益等複雜的因素[5]。語言方面，台灣從清末至1945年為日本殖民地，歷經日本明治、大正、昭和三朝，習用日語已久；而且台灣居民多為閩粵之後，不在北方官話區域之內，不諳中華民國依據北平方言而定的國語，當然也對「我手寫我口」的現代白話文相當陌生，因此現代中文書寫勢必依賴大陸出版品與大陸作家、譯者。

　　而政治方面，台灣戰後四年隨即長期戒嚴，不但大陸出版品不得進口，已在台灣的大陸出版品也不得出現大陸譯者的名字[6]，出版社只得「依法」塗改譯者姓名或不具名出版[7]，筆者稱這些不在場的

5　請參考筆者論文〈台灣文學翻譯作品中的偽譯問題初探〉，《圖書館學與資訊科學》，38（2），2012。以及〈埋名異鄉五十載：大陸譯作在台灣〉，《東方翻譯》21期，2013。

6　依據1951年1月5日通過的「台灣省保安司令部檢查取締禁書報雜誌影劇歌曲實施辦法」第六條；查禁書刊歌曲目錄由本部會同有關機關核定後頒發，在目錄未頒發前，暫依下列原則辦理。（一）共匪及已附匪作家著作及翻譯一律查禁。（蔡盛綺，〈1950年代查禁圖書之研究〉，《國史館館刊》26，2010，頁85）

7　1959年內政部的查禁辦法：「附匪及陷匪份子三十七年以前出版之作品與翻譯，經過審審查內容無問題且有參考價值者，可將作者姓名略去或重行改裝出版。」（林載爵，〈出版與閱讀：圖書出版與文化發展〉，收於《中華民國發展史：教育與文化（下）》，政大

譯者為「幽靈譯者」。到戰後二十年（1965）年為止，台灣譯者生態仍以幽靈譯者為大宗，占六成多；流亡譯者大約占三成，台籍譯者不到5%[8]。已知為盜印本的台灣譯本數量超過1500種，來源譯本超過600種，被塗改姓名的譯者超過400人。盜印譯本規模之大，在翻譯史上相當罕見。在這波譯本盜印風潮中，也有部分來源譯本是在香港初版的，如張丕介的《茵夢湖／三色紫羅蘭》就是。而台灣次於幽靈譯者的第二大譯者族群就是流亡譯者，這部分也與香港相似，即流亡譯者也在香港翻譯史上占有重要的地位，張丕介就是1949年流亡到香港的中國學者。

　　最早匿名和更改譯者姓名的，也是香港的出版社。1952年，香港的人人出版社出版了一套「世界文學精華選」，裡面出現了好幾本譯者不明的美國文學作品：

表2　人人出版社匿名譯作來源

人人出版社書名	原譯書名	原譯者	原出版社及出版年
頑童流浪記	頑童流浪記	鐸聲，國振[9]	上海：光明，1942
愛倫坡故事集	愛倫坡故事集	焦菊隱	上海：晨光，1946

（續）—————————————

　　人文中心，2011），頁487。

8　參見筆者文章：賴慈芸，〈幽靈譯者與流亡文人──戰後台灣譯者生態初探〉，《翻譯學研究集刊》17，2014，頁23-55。

9　即章鐸聲和周國振。

| 安德森選集 | 溫士堡・俄亥俄 | 吳岩 | 上海：晨光，1949 |
| 湖濱散記 | 華爾騰 | 徐遲 | 上海：晨光，1949 |

資料來源：研究者整理

人人出版社這四本書，每一本在港台都有多次被盜印的紀錄。

一、鐸聲，國振的《頑童流浪記》：

1952，世界文學精華選編輯委員會，《頑童流浪記》。香港：人人。

1957，胡鳴天，《頑童流浪記》。台北：大中國。

1987，未署名，《頑童流浪記》。台北：文國。

1990，唐玉美，《頑童流浪記》。台南：文國。

二、焦菊隱的《愛倫坡故事集》：

1952，世界文學精華選編輯委員會，《愛倫坡故事集》。香港：人人。

1971，儲海，《愛倫坡故事集》。台北：正文。

1971，未署名，《愛倫坡故事集》。台北：大林。

1978，朱天華，《愛倫坡故事集》。台北：天華。

三、 吳岩的《溫士堡・俄亥俄》：

1952，世界文學精華選編輯委員會，《安德森選集》，香港：人人。

1958，方懷瑾，《安德森選集》，台北：新陸。

1965，吳明實，《小城故事》，香港：今日世界。

1968，陳文德，《安德森選集》，台南：北一。

1975，吳明實，《小城故事》，台北：台英。

1982，蔡青陵，《小城故事》，台南：文言。

四、 徐遲的《華爾騰》：

1952，世界文學精華選編輯委員會，《湖濱散記》，香港：人人

1964，吳明實，《湖濱散記》，香港：今日世界

1965，未署名，《華爾騰》，台北：文星

1965，黃建平，《湖濱散記》，台北：正文

1970，未署名，《湖濱散記》，台南：新世紀

1971，李蘭芝，《湖濱散記》，台北：正文

1973，楊人康，《湖濱散記》，台南：綜合

1975，聖誠，《湖濱散記》，台中：普天

1978，朱天華，《湖濱散記》，台北：天華

1985，未署名，《湖濱散記》，嘉鴻（無出版地）

1987，吳明實，《湖濱散記》，台北：台英

1990，吳麗玟，《湖濱散記》，台北：遠志

1990，康樂意，《湖濱散記》，台北：金楓

這四本書在台灣的流傳，可說都是由香港人人出版社開始的。率先隱匿姓名的是人人出版社，率先給譯者吳岩和徐遲取假名「吳明實」的，則是今日世界出版社。這兩家出版社都不是一般以盜印謀利的小出版社，而是香港美國新聞處出資成立的[10]。為什麼他們要隱匿譯者身分？其實可能是為了保護身陷大陸的譯者。因為這兩本書都是1949年上海晨光出版的「世界文學叢書」，而這套書有美國官方的介入。根據主編趙家璧的〈出版者言〉，這套書是由「中華全國

10　陳建忠，〈「美新處」（USIS）與台灣文學史重寫──以美援文藝體制下的台港雜誌出版為考察中心〉，《國文學報》52期，2012，頁219。

文藝協會上海分會和北平分會與美國國務院及美國新聞處合作」，
並且明確提及美方的協助者：

> 自一九四六年開始到一九四八年底才告完成。期間曾得美國方
> 面費正清（John Fairbank），康納司（Bradley Connors），福斯
> 脫（John Foster）諸先生和耿美麗（Marion R. Gunn）女士很大
> 的協助。[11]

誰知1949年3月出書時，局勢丕變，中美交惡。這些書出也不是，不
出也不是。書都是美國文學名著，譯者都是一時之選，美新處出人
出錢，但出了怕傷害譯者，不出又不甘心，所以就只好先匿名，後
用假名「吳明實」（諧音無名氏）。只是匿名也沒能保護譯者。根
據趙家璧的回憶，的確後來在十年浩劫中，沾過這套書的可說是人
人倒楣，都被指控為「美國文化特務」，整套選譯俱佳的好書成了
「大毒草」[12]。焦菊隱死於文革，徐遲、吳岩（孫家晉）、趙家璧
都下放五七幹校養豬。一直到文革結束，才又出了新版。

　　吳岩和徐遲後來都在1980 年代出了新版，而且也都提到香港
「盜版」的事。1982年，上海譯文重出了吳岩的《溫士堡·俄亥俄》，
書名改為《小城畸人》。吳岩在〈譯者後記〉中說：

> 這部安德森的傑作，原是我三十多年前的舊譯，曾列入「美國

---

11 趙家璧這篇〈出版者言〉，每一本「晨光世界文學叢書」初版都有
　　收錄。此處抄自馬彥祥譯《沒有女人的男人》（晨光，1949），頁
　　2。

12 趙家璧，〈出版「美國文學叢書」的前前後後——回憶一套標誌中
　　美文化交流的叢書〉，《讀書》，1980年十月號，頁90。

文學叢書」，由晨光出版公司在解放前夕的上海出版的。當時
我直覺地認為書名如譯作《俄亥俄州溫士堡城》，也許會被認
為是一本地理書，於是便硬譯為《溫士堡‧俄亥俄》，其實是
不合適的；但因為初版後一直沒有重版，也就無法改正了。這
書在香港倒是再三印過的，叫做《小城故事》……譯者署名雖
不是我，但那十四篇的譯文卻基本上是我年輕時的舊譯；有些
錯、漏的地方，也跟著我錯、漏了，這使我感到不安；也有幾
處替我改正了錯誤，我在這裡表示感謝。[13]

上海譯文也在1982年重出了徐遲的《華爾騰》，書名改為《瓦爾登
湖》。徐遲在譯序中說：

> 這個中譯本的第一版是1949年在上海出版的。那時正好舉國上
> 下，熱氣騰騰。解放全中國的偉大戰爭取得了輝煌勝利，因此
> 注意這本書的人很少。但到了五十年代，在香港卻有過一本稍
> 稍修訂了它的譯文的，署名吳明實（無名氏）的盜印本，還一
> 再再版，再版達六版之多。[14]

這兩件「盜版」案，涉及了複雜的中美台關係。1949年晨光這套美
國文學叢書，雖然是美國新聞處參與規劃的，但譯者全留在中國，

---

13 台灣遠流出版公司在2006年出版上海譯文版，將「譯者後記」改為
「譯序」，並在編按中說明：「本文係吳岩先生為上海譯文版所撰
之「譯者後記」，經吳先生首肯，收入本書以為譯者參考。」（頁
26）

14 徐遲，〈譯者序〉，《瓦爾登湖》。上海譯文，1983。擷取自http://tieba.
baidu.com/p/52197550。擷取日期：2015/8/28

在戒嚴時期的台灣都得算禁書。如果沒有人人出版社和今日世界出版社率先「自盜」，在台灣不會流傳這麼廣。而香港並無禁書政策，人人出版社和今日世界之所以匿名，或許是出於保護譯者的一片苦心。只是兩位譯者為了這套書在文革中吃盡苦頭，三十年後才發現香港盜印多次（他們還不知道台灣盜印次數更多），誠然是譯者之不幸，卻也是港台讀者之幸。

今日世界出版社作為美國宣揚文化的重鎮，除了「自盜」這兩本書之外，也還有兩本是改中國譯本出版的：1969年署名「葉晉庸」譯的《白鯨記》和[15]1964年署名「蔡洛生」譯的《湯姆歷險記》。前者是根據1957年曹庸（胡漢亮，1917-1988）的《白鯨》（上海：新文藝）縮節的；後者是根據1952年洛生的《頑童奇遇記》（新加坡：南洋商報）修改；而洛生的版本則是根據1932年月祺（胡伯懇，1900-1968）的《湯姆沙耶》（上海：開明）修改。因此「洛生」和「蔡洛生」均為編輯而非原譯者。「洛生」查無線索，「蔡洛生」即思果（蔡濯堂，1918-2004），可能因非他獨立翻譯，所以特意用「蔡洛生」這個僅用一次的筆名。

三、香港作爲中介者

冷戰期間，兩岸對立，香港居於其間，又是英國殖民地，左右派兼容，因此扮演了重要的中介角色。黃開禮在《書街舊事——從府前街、本町通到重慶南路》一書中，提及1950年代初期，他在重慶南路當學徒時，每天早上都要去台北郵局領兩百多包香港來的郵

---

15 文本比對請參考翻譯偵探事務所 https://www.facebook.com/FanYi
ZhenTanShiWuSuo/posts/874197626003802（擷取日期：2018/4/2）

包，數量驚人：

> 台灣光復後，日本書店收攤，台灣的書籍全由上海供應。……
> 但上海淪陷之後，輪船無法直航，海路阻斷了，大陸的書籍只
> 得先輸往香港，再以郵包寄到台北。……每件包裹大概裝一、
> 二十本書，所以每天要領取的包裹有兩百多包，……（頁30-31）

而為數眾多的香港僑生，可能也扮演了信使的角色，如曾在台灣讀
大學的鄭樹森就自承，寰宇出版社「萬年青書廊」的中國譯本，有
些就是他從香港帶到台灣翻印的，如馮亦代譯的《蝴蝶與坦克》和
卞之琳譯的《紫羅蘭姑娘》等[16]。在譯本大抄襲浪潮中，香港有中
國1949年前譯本，包括匿名或改名出版的，也有如實署名的；也有
1949年後的中國譯本，一樣有些署名，有些匿名。以下是這幾類譯
本的例子：

表3 港台皆匿名的中國1949前舊譯舉隅

中國譯本	香港（匿名）譯本	台灣（匿名）譯本
徐炳昶、喬曾劬《你往何處去》（上海：商務，1921）	京華《暴君焚城記》[17]（香港：時代，無出版年）	孫天行《暴君焚城記》（台北：文光，1953）

---

16 鄭樹森，《結緣兩地：台港文壇瑣憶》（洪範，2013），頁24。
17 這個譯本與徐炳昶、喬曾劬的譯本書名和人物名字不同，但其他差
    異甚小。沒有出版年，但譯者序言說這部名著「要趕緊付梓」，推
    測是因為1951年好萊塢電影「暴君焚城錄」在港上映的關係，所以
    要趕著出版。台灣署名「孫天行」的版本與港版一字不差，應該是
    抄襲香港版本，所以推估是1951到1953年間出版。

梁思成等《世界史綱》（上海：商務，1928）	金鑠《世界史綱》（香港：人文，1958）	編輯部《世界史綱》（大林，1972）
曹孚《勵志哲學》（上海：開明，1932）	曹明《勵志哲學》（香港：授古，1953）	林語堂《勵志文集》（台北：海燕，1961）
許達年《埃及童話集》（上海：中華，1934）	張雲華《新編埃及童話》（香港：匯通，無年代）	未署名《埃及童話》（台中：義士，1967）
許達年《丹麥童話集》（上海：中華，1934）	林語堂《丹麥童話集》（香港：百樂，1954）	呂津惠《世界童話集》（台北：新陸，1957）
李青崖《莫泊桑短篇小說集》（上海：商務，1935）	未署名《莫泊桑選集》（香港：文學，無日期）	未署名《莫泊桑傑作集》（台南：光田，1968）
饒述一《查泰萊夫人的情人》（上海：北新，1936）	岡田櫻子《查泰萊夫人的情人》（香港：泛亞堂，1952）	李耳《查理夫人》（台北：紐司周刊社，1953）
林疑今《戰地春夢》（上海：西風社，1940）	葉天華《戰地春夢》（香港：英語，1969）	楊明《戰地春夢》（台北：北星，1957）
林華，姚定安《亞森羅賓案全集》（上海：啟明，1942）	未署名《亞森羅賓案全集》（香港：啟明，無日期）	啟明編譯所《亞森羅賓案全集》（台北：台灣啟明，1959）
鍾憲民《天才夢》（上海：教育書店，1947）	魏智育《天才夢》（香港：維華，1959）	未署名《天才夢》（台北：正文，1973）
畢修勺《給妮儂的故事》（上海：世界，1948）	野牧《左拉小說選》（香港：新月，1968）	蘇雪茵《給妮儂的故事》（台南：東海，1969）

楚圖南（1948）《惠特曼抒情詩選》（上海：光華，1948）	未署名《惠特曼詩選》（香港：上海書局，1960）	周石琦《惠特曼抒情詩選》（台北：五洲，1968）

資料來源：研究者整理

　　人人出版社那四本署名「世界文學精華編輯委員會」的盜印譯本也屬於此類。香港雖無禁書政策，但如前所述，人人出版社可能是為了保護仍在大陸的譯者而不具名，也有其他小出版社可能是為了牟利而匿名出版。台灣因為有戒嚴法，匿名出版的情形比香港普遍，但陳秋帆（1909-1984）翻譯的《無家兒》（上海：商務，1936）是比較特殊的例子：香港在1960年出現署假名「吳大俞」的《孤兒奮鬥記》（文化出版社），台灣商務卻在1972年如實署名出版。陳秋帆戒嚴期間仍在世，按理說台灣不能出版署名她的譯作[18]，因此是比較罕見的例子。

表4　香港保留譯者署名，但台灣譯本改名的版本舉隅

中國譯本	香港譯本	台灣（匿名）譯本
夏康農《茶花女》（上海：知行，1929）	夏康農《茶花女》（香港：匯通，1963）	胡鳴天《茶花女》（台北：大中國，1957）
黃石，胡簪雲《十日談》（上海：開明，1930）	黃石，胡簪雲《十日談》（香港：商務，1960）	綠影《十日談》（台北：長歌，1975）

18　這本《無家兒》是從日文轉譯的，也許台灣商務誤以為這是在台灣的陳秋帆所譯。台灣也有一位譯者陳秋帆（1913-？）。兩位陳秋帆都是上海人，都從日文翻譯。大陸的陳秋帆是女性，是鍾敬文的妻子，北京師大的教授。台灣的陳秋帆是男性，曾在省新聞處工作，為東方出版社出版過許多少年文學叢書。

王慎之《茶花女》（上海：啟明，1936）	黃慎之[19]《茶花女》（上海：啟明，1966）	啟明編譯所《茶花女》（台北：啟明，1957）
曾孟浦《俠隱記》（上海：啟明，1936）	曾孟浦《俠隱記》（香港：啟明，1956）	啟明編譯所《俠隱記》（台北：啟明，1957）
張健《格列佛遊記》（上海：正風，1948）	張健《格列佛遊記》（香港：文淵，無年代）	葉娟雯《格列佛遊記》（台南：東海，1977）
羅塞《魂歸離恨天》（上海：聯益，1949）	羅塞《魂歸離恨天》（香港：崇文，1960）	江濤《魂歸離恨天》（台北：新興，1957）
劉重德《愛瑪》（上海：正風，1949）	劉重德《髣髴》（香港：文淵，1953）	楊乃銘《伊瑪》（台北：北星，1958）

資料來源：研究者整理

這類的書，有些是滬港皆有分局的出版社所出，如啟明就在上海、香港、台灣皆有，台北的台灣啟明重出上海啟明的書，多半只署「啟明編譯所」；香港啟明則較無顧慮，多半具名。台灣版本未必晚於港版，以夏康農（1903-1970）的《茶花女》為例，由於出版已久，可能不少落腳台灣的流亡者也有此種子書，因此盜印時間早於港版。啟明書局因為香港和台北皆有分局，上海啟明的書很可能兩地皆有，即使台版晚出，也不能確定台版的來源是港版。

19　王慎之與黃慎之都是啟明編輯施瑛的筆名，許慎之、施洛英、何君蓮也都是他的筆名。根據其子女2012年11月6日發表在《德清新聞網》的文章〈懷念父親施瑛〉。擷取自 http://dqnews.zjol.com.cn/dqnews/system/2012/11/06/015690840.shtml

表5 中國1949以後新譯的港台版本舉隅

中國譯本	香港譯本	台灣匿名譯本
李俍民《敏豪生奇遊記》（上海：小主人，1950）	未署名《敏豪生奇遊記》（香港：藝美，1979）	未署名《敏豪生奇遊記》（屏東：現代教育，1980）
蕭珊《別爾金故事集》（上海：平明，1954）	葉靈鳳編《普希金》（香港：上海，1961）	林欣白《普希金：生平及其代表作》（台北：五洲，1969）
卞之琳《莎士比亞十四行詩》《譯文》（北京：1954年第四期）	葉靈鳳編《莎士比亞》（香港：上海，1961）	林致平《莎士比亞：生平及其代表作》（台北：五洲，1964）
查良錚《普希金抒情詩選》（上海：平明，1955）	查良錚《普希金詩選》（香港：上海，1960）	華業政《普希金抒情詩選》（台北：五洲，1968）
方平《亨利第五》（上海：平明，1955）	方平《亨利第五》（香港：大光，1962）	朱生豪《亨利五世》（台北：河洛，1981）
馮至《海涅詩選》（北京：人民文學，1956）	馮至《海涅抒情詩選》（香港：萬里，1960）	孫主民《海涅抒情詩選》（台北：五洲，1968）
王科一《傲慢與偏見》（上海：新文藝，1956）	王科一《傲慢與偏見》（香港：建文，1958）	錢漢民《傲慢與偏見》（台北：文友，1972）
納訓《一千零一夜》（北京：人民文學，1957）	納訓《一千零一夜》（香港：建文，1958）	成偉志《新譯一千〇一夜》（台北：世界，1959）
葉君健《夜鶯》（上海：新文藝，1957）	未署名《青春》（香港：上海，1960）	許良《安徒生童話選》（高雄：大眾，1960）

鮑文蔚《雨果夫人見證錄》（上海：新文藝，1958）	葉靈鳳編《雨果》（香港：上海，1961）	林致平《雨果：生平及其代表作》（台北：五洲，1964）

資料來源：研究者整理

　　1949年以前的中國譯本，有可能由流亡者攜帶到台灣或香港；台灣在1945至1949年間，圖書館或私人書局也大量向上海購書，未必非透過香港不可。只是香港也有出版的話，譯本流通的可能性自然會增加。但1949年以後，由於兩岸交通已斷，台灣進入戒嚴時期，禁止中國書籍進口，因此若要出版1949年以後的新譯本，就非透過香港不可。因此台版年代均晚於港版。

　　從上表也可發現，1950年代，香港和中國互動相當密切，許多作品在中國出版之後，很快就出現港版。例如納訓的《一千零一夜》，1957年在北京出版，隔年即有香港建文的版本，1959年台北世界書局即署假名「成偉志」出版。這個譯本成為台灣戒嚴時期的主流譯本，盜版不絕[20]。王科一的《傲慢與偏見》1956年在上海出版，1958年即有香港版本，後來在台灣至少有四次盜版紀錄。

　　另一種引進大陸新譯的管道是透過香港編輯的書。1964年，台北的五洲出版社推出了一整套的「名作家與名作品文庫」，署名林致平和林欣白編譯。其實這整套書都是抄襲香港上海書局1960年開始陸續出版的「作家與作品叢書」，五洲的前言也是抄襲該叢書的〈編輯緣起〉，只是把原來文章中提及的「鄭振鐸」改為「胡適之」，因為鄭振鐸在戒嚴時期的台灣是犯禁的，而胡適卻是自己人[21]：

20　參見筆者論文〈還我名字！尋找譯者的真名〉，《譯者養成面面觀》，書林，2013。

21　這種以安全名單替換原譯者的方法，也可在河洛出版社的《亨利五世》見到。河洛版其實是方平1955年譯的《亨利第五》，但方平當

在二十多年前，鄭振鐸先生曾計畫過有系統地介紹和整理世界
文學名著，編輯一套規模宏大的「世界文庫」。……可惜受世
局的影響，這套「世界文庫」的第一集計畫還沒有完成，便中
輟了。（上海書局〈編輯源起〉）

在抗戰勝利後，胡適之先生曾計畫過有系統地介紹和整理世界
文學名著，編輯一套規模宏大的「世界文庫」。……可惜受匪
禍的影響，這套「世界文庫」的第一集計畫還沒有完成，便中
輟了。（五洲出版社〈前言〉）

鄭振鐸的世界文庫是1935年出版的，因此香港版本在1960年稱其為
「二十多年以前」沒有問題；台版卻把年代改為「抗戰勝利以後」，
而且胡適在台灣當中研院院長，也從沒提過什麼「世界文庫」計畫。
原主編葉靈鳳的〈世界文藝名作的欣賞（代序）〉一文一字未改，
只是把「葉靈鳳」和文末「一九六〇年五月，香港」改署為「林致
平脫稿於台北寓所」。這套「作家與作品叢書」收錄了不少大陸1950
年代的譯作，如蕭珊翻譯的《別爾金故事集》和《初戀》、金福的
《鐘樂》和萬新的《婦人學堂》等。不少中國新譯就是透過五洲出

(續)────────────
　　時是在世的中國譯者，依照戒嚴法不得出版，河洛便用了「朱生豪」
　　的名字出版，因為朱生豪在1944年過世，列於安全名單。其實朱生
　　豪沒有譯完《亨利五世》就過世了。其他例子如汪炳坤翻譯的《罪
　　與罰》，遠景（1986）在台灣掛「耿濟之」之名出版；陸蠡翻譯的
　　《煙》，台南東海（1973）也署名「耿濟之」譯；曹孚翻譯的《勵
　　志哲學》，海燕(1961)掛名「林語堂」譯；毛秋白譯的《俏皮姑娘》，
　　台灣啟明（1956）掛名「伍光建」譯，都是類似的例子，因為「朱
　　生豪」、「耿濟之」、「林語堂」、「伍光建」這幾位譯者都是未
　　附匪的安全名單。

版社這整套超過來的叢書，在1960年代即已進入台灣[22]。

除了這套書之外，五洲在1968年推出一整套抒情詩系列，也全抄襲中國1949年後譯本，有部分是上海書局的版本，也有部分是萬里書局的版本。查良錚（1918-1977）一人就有拜倫、濟慈、雪萊、普希金四本詩集遭到五洲抄襲，譯者改署「孫主民」、「華業正」、「李念慈」三個假名。五洲這套書的封面為一隻羽毛，封面設計也抄自香港上海書局。

四、香港製造的譯本

香港雖然人口少於台灣，但在冷戰期間卻是重要的中文出版中心。尤其是香港美新處，大力資助美國文學的翻譯出版，出版質量都相當可觀。冷戰期間，台灣和香港同在美國羽翼之下，台灣又跟美國一樣持反共立場，並沒有查禁香港圖書的理由，今日世界出版品不但有新台幣標價，也有台灣的代理商。但除了合法版本之外，今日世界出版社至少有18本譯作[23]在台灣被盜印，只能以商業利益解釋。也許以美國的利益來看，要推廣美國文學的文化霸權，這些認真抄襲的小出版社也有些貢獻吧，畢竟抄的都是名家手筆。其中有幾本並非由今日世界初版，如張愛玲（1920-1995）的《鹿苑長春》在1953年即以《小鹿》之名由天風出版社出版，因此署名「王珍」的抄襲本究竟是抄天風版或是今日世界版就不得而知。湯新楣（湯象，1923-1999）的《原野長霄》也在1955年即以《我的安東妮亞》

22　台北的河洛出版社在1978年也重印了這一套二十本的叢書，改名為「文豪叢書」，沒有署編者，也沒有「編輯的話」或「前言」。

23　包括原來由其他出版社初版，後來由今日世界重出的譯本。

之名由天風發行，所以也不知正文出版社抄的是天風版或今日世界版。張愛玲的《老人與海》更是在今日世界1972年版之前就已經被抄過不知多少次了。但收在今日世界系列中，還是在流通上面更占優勢，更容易取得。

除了美國文學之外，受電影影響的譯本也不少，如《蝴蝶夢》、《歷盡滄桑一美人》、《春風化雨》、《齊伐哥醫生》等，都是因電影而成為暢銷名著，盜印者眾。以下為已知有台灣盜印版的香港譯本：

表6　台灣有盜印本的香港譯本舉隅[24]

香港譯本	台灣盜印本
東流（1951）《傲慢與偏見》（時代）	東毓（1957）《傲慢與偏見》（新陸）
張愛玲（1953）《小鹿》[25]（天風）	王珍（1969）《小鹿》（華明）
葉天生，林萱（1953）《歷盡滄桑一美人》[26]（新學）	未署名（1968）《歷盡滄桑一美人》（海燕）
湯新楣（1955）《我的安東妮亞》[27]（天風）	蘇雪茵（1968）《我的安東妮亞》（東海）

24　更多例子請見筆者〈不在場的譯者：論冷戰期間英美文學翻譯的匿名出版及盜印問題〉，《英美文學研究》25期，2015。

25　1962年今日世界重出時書名改為《鹿苑長春》。

26　此書港版無出版年，係根據葉天生的譯序推估。譯序中說「英文本於去年四月在美出版」，此書原為法文，英文版（The Affairs of Caroline Cherie）於1952年出版，因此暫時推估中文版為1953年初版。香港中文大學藏書章為1959年。

27　1964年今日世界重出時書名改為《原野長宵》。

張愛玲（1955）《愛默森選集》[28]（天風）	楊繼曾（1957）《愛默森選集》（新陸）
張丕介（1955）《茵夢湖·三色紫羅蘭》（人生）	亮華（1957）《三色紫羅蘭》（重光）
鍾期榮（1957）《小東西》（友聯）	簡逸芬（1976）《少年詩人》（正氣）
黃其禮（1957）《二十七年以後》（大公）	邱素惠（1974）《一九八四》（桂冠）
程雪門（1957）《春風化雨》（天一）	未署名（1958）《春風化雨》（新陸）
朱麟（1957）《所羅門王之寶窟》（中華）	陳雙鈞（1972）《所羅門王寶窟》（王家）
柳煙橋（1957）《無比敵》（世界）	陳學洲（1961）《白鯨·無比敵》（五洲）
懷冰（1957）《安娜卡列尼娜》（世界）	尼娜（1957）《安娜卡列尼娜》（台灣東方）
柳煙橋（1957）《八十日環遊世界》（世界）	未署名（1957）《環遊世界八十日》（台灣東方）
湯新楣（1958）《馬克吐溫小傳》（高原）	未署名（1978）《馬克吐溫傳》（偉文）
齊桓、許冠三（1959）《齊伐哥醫生》（自由）	洪兆芳（1965）《齊瓦哥醫生》（五洲）

28　1962年今日世界重出時書名改為《愛默森文選》。

尹讓轍（1960）《培根論文集》（萬國）	薛百成（1967）《培根論文集》（經緯）
黎裕漢（1963）《頑童流浪記》（今日世界）	周天德（1983）《頑童流浪記》）久大）
蔡洛生（1964）《湯姆歷險記》（今日世界）	世界少年名著編譯委員會（1981）《湯姆歷險記》（書佑）
吳玉音（1967）《傑克・倫敦短篇小說選》（今日世界）	俞辰（1987）《野性的呼喚》（金楓）
湯新楣（1977）《人鼠之間》	諾貝爾文學獎全集編譯委員會（1986）〈人鼠之間〉，《斯坦貝克》（書華）

資料來源：研究者整理

　　這些譯本以1950年代的最多，1960年代以後清一色都是今日世界所出版，最晚是湯新楣的《人鼠之間》。湯新楣一共有六本譯作被抄襲，是被抄襲最多本的香港譯者。但張愛玲的《小鹿》、《老人與海》和《愛默森選集》都被盜印多次，可說是被抄襲次數最多的一位香港譯者。東流的《傲慢與偏見》被盜印超過二十次，也相當驚人。

五、南來的譯者們

　　大批譯作由中國而香港而台灣，譯者和出版者也有類似的軌跡。黃開禮在回憶錄中多次提及上海幫的勢力：「上海幫掌

控台灣文化出版事業」[29]、「這條書街一直為上海幫把持」[30]、「重慶南路一段的三十多家書店老闆，清一色是隨政府撤退來台的上海人」[31]，連他一個台籍學徒，也被迫在兩年內學會了上海話。除了重慶南路之外，金山街的新興書局老闆也是上海人；中山北路的開明書店，老闆是前上海開明的員工索非[32]；高雄大業書店老闆陳暉[33]則是上海文化生活的員工。出版如此，媒體也是如此，戒嚴時期的三大報社老闆，包括聯合報的王惕吾、中國時報的余紀忠、中央日報的曹聖芬，都是外省人。各類文藝雜誌，包括《拾穗》、《暢流》、《野風》、《文藝》、《皇冠》等總編也都是外省人。《拾穗》是中油高雄煉油廠的刊物，《暢流》是台鐵的刊物，《野風》是台糖的刊物，這些都是流亡青年聚集的國營（黨營）事業。而大學和高中的英文和國文教師，也以流亡的外省人占了多數，而大學教授和高中教師是重要的台灣譯者來源[34]。因此可說從生產（譯者）到發表管道（媒體）和出版（書局、出版社），流亡外省人的勢力極大。

　　1950年代港台兩地文人交往頻繁，也有不少台灣譯者有譯作在香港出版。從這批港台譯者的出生地可知他們大部分都是由北地南下：

29　黃開禮，《書街舊事：從府前街、本町通到重慶南路》（台北：時報出版，2017），頁49。

30　同上，頁151。

31　同上，頁154。不過這是黃開禮個人的印象，其實東方出版社的創辦者游彌堅並不是上海人，而是台北人。

32　索非，本名周祺安（1899-1988），安徽人，為上海開明員工。

33　陳暉，四川人，1922年生，上海文化生活員工。

34　請參閱筆者論文〈幽靈譯者與流亡文人──戰後台灣譯者生態初探〉，《翻譯學研究集刊》17，2014，頁23-55。

表7 港台譯者出生地

出生地	有譯作在台灣出版的香港譯者	有譯作在香港出版的台灣譯者
山東	張丕介	張芳杰
山西	張蘊錦	
河北		陳祖文、崔文瑜、張秀亞、吳炳鍾[35]
安徽	姚克	
湖北		聶華苓
湖南	鍾期榮	顏元叔
江蘇（含上海）	葉靈鳳、高克毅、思果、劉以鬯、方馨、張愛玲、湯新楣、王敬羲、金聖華	邢光祖、夏濟安、尹讓轍、王鎮國、於梨華、吳魯芹
浙江	林以亮、秦羽	蘇雪林、糜文開、陳紹鵬、金溟若
四川	桑簡流	
陝西		田維新
江西	余也魯	

35 吳炳鍾祖籍廣東，但出生成長皆在北京。由於我關切的是語言背景，因此出生地比祖籍重要。

廣東（含廣州、香港）	齊桓、伍希雅（王無邪）、李素[36]、馬朗[37]、葉維廉、劉紹銘、戴天、陸離、溫健騮、張曼儀	王伍惠亞
福建	潘正英、許碧端、鄭樹森	余光中
台灣		丁貞婉、葉珊（楊牧）
未知	許冠三、李如桐[38]、韓迪厚[39]	

資料來源：作者整理

這批南來香港譯者之中，長期留港的有張丕介、林以亮（宋淇）、
方馨（鄺文美）、湯新楣、思果（蔡濯堂）、齊桓（孫述憲）、鍾
期榮等人；短期居留香港，最後落腳台灣的有蘇雪林、夏濟安、糜
文開、吳炳鍾等人；短暫停留香港隨即赴美的有姚克、張愛玲、高
克毅等，赴英國的有桑簡流（水建彤）等，頗為類似短暫停留在台
灣即赴美的吳魯芹、方思等人。美新處仍然扮演了重要的角色：林

---

36 李素本名李素英（1910-1986），原籍廣東，但畢業於燕京大學，
   1950年赴港，譯有《驕傲與偏見》。

37 馬朗（馬博良）原籍廣東，但他是上海聖約翰大學畢業的，1950年
   才赴港。

38 李如桐是北京大學畢業的，但不知出生地。根據董橋的說法，李如
   桐是「魁梧寬厚的北方人，國語帶著鄉音」。擷取自網路（董橋，
   2016年12月31日香港蘋果日報「記得李先生」）https://hk.lifestyle.
   appledaily.com/lifestyle/columnist/daily/article/20061231/6669977

39 韓迪厚是燕京大學校友，可能也是北方人。

以亮、方馨、李如桐、余也魯、韓迪厚等皆任職於香港美新處，許
多譯者都是他們的朋友，如張愛玲、高克毅；吳魯芹任職於台北美
新處，在1950和1960年代，兩地美新處有公務往來，夏濟安則是吳
魯芹的台大同事。這批流亡譯者多半在大陸完成大學教育，尤其以
燕京大學和上海聖約翰大學畢業的最多。

　　1960年代以後，流亡學生也加入譯者行列，許多譯者畢業於香
港和台灣兩地的大學。如王敬羲、張蘊錦、劉紹銘、葉維廉、溫健
騮、董橋、鄭樹森等譯者，都曾以僑生身分在台灣接受大學教育；
而台灣的流亡學生如余光中、顏元叔、崔文瑜、於梨華、田維新等，
也都曾為今日世界出版社譯書；伍希雅、潘正英、金聖華等則畢業
於香港的大學，但金聖華的中學教育卻是在台灣完成的。也就是說，
1950年代在香港出版的譯者，大多是在大陸接受大學教育後，1949
年前後流亡到香港或台灣的；1960年代，則加入了在港台接受教育
的年輕一輩。他們有些是幼年隨家庭流亡到港台的，如金聖華；也
有原籍大陸但出生在香港的，如劉紹銘和張曼儀。

　　而許多同樣流亡自中國的譯者，雖然最終落腳台灣，但也有譯
作在港出版。許多譯者也和香港譯者一樣，與美國有相當深厚的關
係，如夏濟安、聶華苓、於梨華等，崔文瑜、余光中、田維新等人
都與美新處有合作關係，余光中和楊牧也都到聶華苓主持的愛荷華
寫作班進修過。

　　由於香港出版譯作最多的是今日世界出版社，因此上述譯者最
大的贊助人就是美新處；人人、友聯出版社也都與美新處有關。港
台譯者間的人脈關係，單德興已多有闡述[40]。但筆者在此要指出的

───────────────

40　單德興，〈冷戰時代的美國文學中譯──今日世界出版社的文學翻
　　譯與文化政治〉，《翻譯與脈絡》（台北：書林，2009），頁117-158。

是，1950年代奠立港台翻譯的譯者，幾乎全都是從大陸流亡南來的；他們或在港台的學院教書、或任職美新處與台灣公家單位，掌握了出版資源，許多後來的譯者都是他們的學生輩。這些1950年代的流亡譯者因此扮演了承先啟後的角色：他們在大陸受教育，再流亡到港台兩地，成為兩地的種子，教育了下一代的譯者；1960、1970年代才有較多成長於港台的譯者。

這些第一代流亡譯者，語言上也以譯者自己熟悉的語言為標準，往往不是粵語。如姚克就在《推銷員之死》的譯序中說：

> 密勒生長在紐約的布魯克林區，他在劇本中用的就是紐約中層社會的日常口語，俚俗而多美國的土話。翻譯這種台詞，非得用北京話或另一地方的鄉談才易於傳神，將原文的語氣和生動活潑的口語傳達出來。我用北京話翻譯劇中的對話，就為這個原故。……又如汽車的輪子滑轍，英文稱為skid，中國語彙中還沒有這個字，我想了半天才想起溜冰時在冰上打滑，北京話叫「打冰出溜兒」，這才決定把skid譯成「打出溜兒」。[41]

又如另一位流亡譯者桑簡流，也在《惠特曼詩選》的譯序中提到語言問題：

> 初稿完成，我是用北平音的國語口語譯出來的，原詩用俚語的地方也用俚語，用各種粗魯語氣的地方也盡量模仿說話人的口吻，我很自以為得，自己為實現了我多年以來醉心方言文學的

---

41 姚克，〈譯序〉，《推銷員之死》（今日世界，1971），頁3-4。

夢想。[42]

而喬志高在《長夜漫漫路迢迢》（1973）的〈譯後語〉中，說自己在翻譯《大亨小傳》時有意以上海話來翻譯的策略，並寫信給林以亮：

> 上次翻譯美國小說「大亨小傳」*The Great Gatsby*，我原想把一兩個配角的話完全用上海人的聲口翻出來，以求接近文學手法中所謂「逼真」verisimilitude的效果；可是這種想法被編輯人否決了。後來我的譯文中仍帶一些源自吳語的詞句，這其中因素很多（當然本人是上海長大的不無影響）……[43]

出身山東的張丕介也在介紹《茵夢湖》作者時說：

> 我們知道，水滸傳當中，有些方言與服裝，根本非外國人所能領略的。那些翻譯文字，也只好避而不談，結果原文精神全非。這種情形是每種地方性文學都有的。史陶穆後期著作正是如此。假使你只懂得德文而不懂北德方言，你對他的了解，大概不會高於一個只懂廣東話而不懂山東話的人去讀水滸傳[44]。

從這些說法中，也可看出流亡譯者所用的語言，與香港讀者習用的

---

42 桑簡流，〈譯者序〉，《惠特曼詩集》（人人，1953），頁7。

43 喬治高（高克毅），〈譯後語〉，《長夜漫漫路迢迢》（今日世界，1973），頁231。

44 張丕介，〈史陶慕的生平與創作〉，《茵夢湖‧三色紫羅蘭》（人生，1955），頁10。

廣東話並無關聯。這些譯作之所以在香港出版，只是時勢使然。若
非政治迫使這些譯者流亡香港，這些譯作很可能還是會在上海或北
京出版。就像糜文開的《奈都夫人詩全集》，1948年8月譯完，書稿
寄到上海商務準備出版；但1949年上海商務以時局混亂為由拒絕出
版；1950年四月印度與新成立的中華人民共和國建交，糜文開身為
中華民國駐印度的外交官，不可能續留印度，遂在老師錢穆創辦的
香港新亞書院教書，書也就近在香港出版，他則在1953年才到台灣
繼續任職外交官。蘇雪林的《一朵小白花》，也是類似的情形：她
1949年從中國逃到香港，因為是天主教徒的關係，就在香港真理學
會暫時任職，次年又赴法國，1952年才到台灣。吳炳鍾也於1949年
在香港出了一本天主教書籍《誰的計畫》（新生出版社），也是逃
難暫居香港時所出版的譯作。

六、結論

　　中國自五四運動後就使用白話文作為教育語言，而台灣到1945
年才開始學習國語，比中國晚了二十多年；台灣居民母語又非北方
官話，在此歷史、政治、語言、市場規模等眾多因素之下，台灣在
戰後初期幾乎無人可做翻譯，因此翻譯依賴中國甚多。只是1949年
戒嚴之後，不得具名出版中國譯者作品，因此匿名、改名現象不絕。
而在這波大抄襲風潮中，香港扮演了相當重要的角色。兩岸交通斷
絕之後，香港成為大陸譯本進入台灣的主要管道。無論是1949年以
前的舊譯，或是1949年以後的新譯，透過香港版本進入台灣市場的
現象都很普遍。比較特別的是香港左右兼容，因此左傾的香港上海
書局繼續出版1950年代的譯作，也透過五洲出版社的盜印版流入台
灣。一直到1980年代，兩岸逐漸恢復往來，也才又出現直接盜印中

國文革後新譯本的情況，如志文出版社就抄襲了多種中國文革後譯
本[45]。

　　除了作為中國譯本的中介站之外，香港也供應了許多新譯本，
多半跟反共、美國、以及電影有關。台灣在1950年代，能夠出版新
譯本的幾乎全為流亡譯者：流亡譯者不但語言能力具有優勢，在人
脈、出版資源、社會地位上也都占有優勢。香港也有類似的現象，
1950年代譯者幾乎全是南來文人。而流亡港台兩地的譯者之間，也
有相當緊密的人脈關聯，尤其是透過香港美新處、台北美新處、台
大外文系、台師大英語系這幾個機構。台灣與香港在冷戰時期同處
於美國羽翼之下，美新處在兩地都是重要的翻譯贊助人，不但直接
資助出版，也投資於作者的養成，協助許多譯者、作家留美。在這
樣強力的介入之下，戰後港台的新譯，美國文學獨大毋寧是非常自
然的現象。

　　1978年台美斷交，1980年今日世界雜誌停刊，港台三十年的密
切關係開始改變。最晚一本被盜印的香港譯本是1977年湯新楣的《人
鼠之間》，此後台灣書商盜印的對象多半是中國1978年以後新出版
的譯作，香港不再是盜印本的來源。今日世界停刊之後，台灣雖然
仍可見到香港譯者的書，如劉紹銘的《一九八四》就由台灣三民書
局出版，金聖華的《海隅逐客》由聯經出版；但對香港譯本的依賴
越來越低。台灣自1960年代後期開始，戰後入學的一代已從大學畢
業，無論是外省籍或台籍，皆接受至少十多年的國語教育，因此譯
者數量大增，出版盛行。而香港在流亡第一代譯者凋零、最大贊助
者今日世界停刊之後，盛極一時的翻譯事業似乎逐漸沈寂，轉而進

---

45 請參閱筆者論文〈台灣文學翻譯作品中的偽譯問題初探〉，《圖書
　　館學與資訊科學》，38（2），2012，頁4-23。

口台灣和中國的翻譯作品。

其實香港的人口規模不大，若非有冷戰時期美國官方的介入，本不易有今日世界叢書如此蓬勃的翻譯事業；因此在冷戰結束之後，自然恢復外來譯本多於本地譯本的情況。台灣則因戒嚴近四十年，雖然初期也都是依賴外來譯本和流亡譯者，但國語教育成功，語言習慣在兩岸隔絕的情況下逐漸發展出具有台灣特色的中文和翻譯規範，市場規模也比香港大，新譯者源源不絕。雖然經典文學、少數語種文學和學術書仍必須依賴中國譯本，但當代文學、流行文學、商業企管等則與中國有分庭抗禮之勢，各有市場。

綜觀1949年以後的中港台三地，翻譯的發展都與政治有密不可分的關係。若非中國內戰，不會有那麼多的流亡譯者在港台發展。若非冷戰，香港不會在美國資助下譯出那麼多美國文學翻譯作品。而若非兩岸隔絕，台灣戒嚴，台灣不會假譯者充斥，盜印頻仍。港台發展有類似的地方，如1950年代都是流亡譯者領軍、美國介入明顯、兩地文學翻譯也以美國文學最多、許多流亡譯者在美國終老等等；但在1980年代以後，香港出版譯作漸少，逐漸從出口地轉為進口地，轉由台灣和中國進口翻譯作品；而台灣雖也進口中國譯作，但本地市場規模較大，加上語言風格和翻譯喜好和中國仍有差異，暫時還能維持自主局面。戒嚴造成的盜印產業和習慣，尤其是假譯者名字充斥，固然對台灣的翻譯發展有很大的傷害，但也因為戒嚴的隔離作用，讓同為國語／普通話使用地區的兩岸在數十年間保持適當的距離，否則以台灣的人口規模，也很難出現如今尚稱興盛的翻譯局面，恐怕會比較像紐西蘭、澳洲等地，由英美主導出版市場。

　　賴慈芸，台灣師範大學翻譯研究所教授。譯有《嘯風山莊》、《愛麗絲鏡中奇遇》、《遜咖日記》等。研究論文〈還我名字！——尋找譯者的真名〉獲2014年宋淇翻譯研究論文獎評判提名獎；著作《翻譯偵探事務所》獲2018年金鼎獎非文學圖書獎；譯注《當古典遇到經典：文言格林童話選》；即將出版《「譯」難忘：百年翻譯傑作選》。有部落格「翻譯偵探事務所」及同名臉書粉專頁。

彭淮棟與所譯《浮士德博士》

彭錦堂

　　彭淮棟一生譯作豐富，尤與托瑪斯・曼的作品有特殊緣分。他翻譯的第一本書是曼的《魔山》，時間約在1977年。將近四十年後他又翻譯了曼的《浮士德博士》，於2015年出版。托馬斯・曼認為《浮士德博士》一書對其畢生創作有總結性的意義。淮棟翻譯此書時，同時做了近八百個註解，並且寫了一篇七十頁精湛的導論，與小說同步出版。書出來以後，淮棟告訴親朋他已不想再做翻譯了。

　　淮棟的《魔山》是從英文版翻譯過來的，1977年時他德文一字不識，當時戒嚴管制，書中指涉諸如盧卡奇等人物與作品，他應該也還不熟悉。近四十年後他翻譯了德文版的《浮士德博士》，並且詳加箋注，然而，他沒有上過一堂德文語言課，至親好友沒有人知道他是如何學得德文的。

　　這當然沒有什麼神秘的，他的德文是他一個字一個字自修來的。1992年春淮棟與我一起小住美國安娜堡密西根大學附近，他送了我一本書，並在扉頁上題了歌德《浮士德》裡的一段文字。此時他引題的文字已是德文，該書則是盧卡奇的傳記。今天看來，他應邀翻譯《浮士德博士》，心理上有如重譯《魔山》，是真心向學者的自我交代。曼的小說哲思與文化指涉豐富可畏，青年淮棟不甚了了（翻譯《魔山》時二十四歲），如今翻譯精美，導論寫來如數家

珍,一如曼本人之例,《浮士德博士》之譯對淮棟的翻譯事業而言,
也是有總結意味的。

可是,他當年如何就開始自修德文的呢?必不是預知他日有翻
譯《浮士德博士》的機緣啊!答案可能仍在《魔山》一書,翻譯那
本書激起了他探源的知識好奇,從此修習不輟;數十年功夫卻毫無
實用目標,青春熱情如此純粹一貫,我每思及此,情為之滌。果然
如此而終有《浮士德博士》之譯,說來不只是讀者之幸,也是淮棟
之幸了。

《浮士德博士》寫一個作曲家與魔鬼交易獲得藝術突破的能力
卻終而崩潰,喻指納粹興起前的德國心靈狀態,文裡文外,作者明
言此主題不遺餘力。托瑪斯‧曼深愛德國而反納粹,二戰期間他明
白堅定地將立場訴諸言行,然對他而言,那矛盾複雜的思想與情感
只能訴諸文學。五六百頁的鉅作不啻一部處處充滿象徵意味的音樂
哲學史,但曼充分發揮文學筆法,讓思想帶有感受,感受亦能化為
思想;要得此書的全意,尤其不能忽略整個故事之所從出,亦即作
者所化身的敘事者的敘事語氣與文字風格。本書斷不是反法西斯的
宣傳品,而是諾貝爾文學獎得主有如懺悔錄般的靈魂告白。在此書
裡,風格即人品(style is the man)的舊說仍然站得住腳,要了解書
中對德國精神傳統的愛恨情仇,如何告白與告白了些什麼同樣重要。

我讀《浮士德博士》時,處處可以感受到淮棟對此的用心,幾
乎可以說,他的翻譯在掌握敘述風格這個面向上最能見其獨到之
處。以下,我將以《浮士德博士》第四十六章最後一段文字為例,
具體討論其見識之深與譯筆之妙,從而略窺其翻譯理念。我愧不懂
德文,不懂原文而討論翻譯有如隔靴搔癢,只好拿H. T. Lowe-Porter
的英譯與淮棟的譯文並觀,憑著自己做過一點中英對譯的經驗推想。

《浮士德博士》第四十六章主要寫的是主角作曲家雷維庫恩譜

寫的交響清唱劇《浮士德博士悲歌》。整部小說結束於第四十七章
的擬聖殤場景,雷維庫恩肉身崩潰成近乎植物人於婦人之懷,但他
的音樂生命,亦即小說主旨所在的音樂靈魂冒險,實結穴於第四十
六章敘事者對此悲歌的詮釋。在此章裡,雷維庫恩的傳記時間進展
到悲歌完成之際,敘事者所處的現實時間正是1945年4月,盟軍攻入
德國。如此,精神淪亡與國之淪亡並,如何寫悲歌與如何看待國運
成了一回事。 曼在寫作時一再修改終而底定,內心辯證之烈,字詞
吟哦之苦差可想見。可以說,魔鬼與救贖均藏在細節裡,而且兩不
相讓。對於有識的翻譯者而言,風格最精微處的掌握成了牽一髮而
動全身的行當。

　　此所以淮棟在〈導論〉裡詳細說明曼在寫此章最後七頁(實則
是最後一段)與阿多諾折衝的經過。眾所周知,本書虛構的音樂故
事是與現實中自貝多芬至荀白克的歷史發展對話而成的。曼的此一
史觀,以及寫雷維庫恩,從與魔鬼對話,到室內管弦樂創作,到〈啟
示錄變相〉到最後的〈浮士德博士悲歌〉,無一不巧取豪奪自阿多
諾(淮棟語)。讀者只需看看十餘年後阿多諾在〈抒情詩與社會〉
一文對歌德以及施德梵‧基奧格(Stephan George)的詮釋方式,便
知曼敷衍樂境的思路甚至行文用語在在脫胎於阿多諾。阿多諾秉其
內在批判之識,認為不論就悲歌章法或全書結構,結尾皆略無救贖
之望。但一路聽隨阿多諾點撥的曼於此卻毫不含糊地定奪超越
(transcendent)之可能,給了本書一個光明的尾巴。文本之外還有
作者;故事中的敘事者與主角相對有如尼采的日神與酒神,作者化
身為敘事者說話,但文裡文外皆承認他的性情更近於主角。如此複
雜的身分幾何學若有一解,寧非作者說了算?寫作的人明明覺得還
有希望,那難道不是真相?這可是連否定辯證法也無法抹去的。

　　淮棟在翻譯這帶有正面意味的最後一段時是深知曼的用心的。

另一方面,他翻譯全書一路跟隨曼的複調演繹,亦同樣深知虛無主義無法揮之則去,故在導論的結語裡,對曼的樂觀語帶保留。在多方引證闡明曼對尼采的檢討與對德國的期許之後,淮棟是這樣結論的:「托瑪斯‧曼痛思『德國災難』後,可以說終於有所抉擇,重估他精神導師的價值,而與其虛無主義等傾向保持距離。但這距離能有多遠,基於雷維庫恩、宅特布隆姆、尼采與托瑪斯‧曼你中有我,我中有你,頗堪玩味。」這話從作者的思想以及其夫子自道回歸到作品的文學曖昧潛力,說得何其穩妥老到!於此,我們看到譯者彭淮棟同時也是文評家的一面。

對於小說中的光明結尾,亦即大提琴高音g的音樂意象之詮釋性鋪陳,文評家彭淮棟又是怎麼說的呢?在他寫的導論裡,我挑出兩小段話,很能幫助我們了解他的想法:

> 這g音的詮釋是曼的辯證一躍:那高音g在漸行漸遠之際化為希聲的大音,化為天荒地暗中的一盞燈,一絲光,天可憐見,那是曼信奉的資產階級人文主義得救之望。
> 但《浮士德博士悲歌》詮釋十二音列系統全依阿多諾,卻曲終奏雅,穿透矛盾,寄望天地有情,由此化出超越之境,寧願讓敘事者宅特布隆姆聽出那漸行漸遠的g音似乎傳出希望之光,象徵曼祈願他的祖國可救。

這兩段話夾有以下幾個成語:「辯證的一躍」,「大音希聲」,「天可憐見」,「曲終奏雅」。它們串起來所構成的論述如此精巧而引人深思,我們幾乎要說這兩段話是為了如何讓這幾個成語激盪表義而編寫的。

「辯證的一躍」化用英文的"leap of faith"一詞,信仰改成辯證,

因為在小說裡的悲歌是依對宗教的否定以見宗教的。但那特殊的宗教意味，包括其中的悲憫，仍為淮棟所保留於「天可憐見」以及「天地有情」這兩句。

「大音希聲」來自老子第四十二章。老子思想與意志哲學隔若參商，虧淮棟想得出這比喻！然仔細思索何止恰當！大音希聲不僅實指大提琴高音g逐漸變小，終於無聲，且正因無聲而寓有深義，更重要的，兩者都指向超越之境。起托馬斯‧曼於地下，似乎不太有幽默感的他若讀了淮棟的文字，縱不莞爾，亦當於驚訝中生發另一番思索。

「曲終奏雅」的通俗意指的是文章結尾的優美，其源起係班固引揚雄之語，戲說漢朝大賦的章法沒來由地帶著道德奉勸的小尾巴。此處淮棟用來喻指托瑪斯‧曼一廂情願地將悲歌之無望續以希望，緊扣音樂主題，卻不帶調侃意思。事實上，這句成語還見於淮棟為上引兩段文字所立的，有若章回小說的小節標題：「托馬斯‧曼曲終歸雅，與阿多諾終須一別」。細查淮棟對托瑪斯‧曼的了解，我們有理由相信他一再用「雅」這個字來形容曼關鍵的樂觀書寫是有其深意的。

在古典中國文化裡，詩與樂並列為經，且皆區分雅俗。這雅俗的內涵與標準與時俱變，一代有一代的雅的境界，最優秀的文化心靈無不以呵護與開創此傳統為己任；感歎「大雅久不作」的李白如是，作「願作五陵輕薄兒」酸語的王安石亦如是，甚至魏晉反禮教之士，也多是知「雅意」者。那是一種緊扣文化根基卻平和中正且仁厚的保守主義，因其靈活寬大容得個人才具而變化延續。

淮棟是用這層理解來譬喻曼的苦心的。淮棟喜愛德國文藝音樂傳統，尤鍾情於歌德，也深知托瑪斯‧曼以現代歌德自我期許。他寫的導論反覆致意的，便是曼的保守精神，正面意義的保守，仰承

集浪漫與古典於一身的歌德，批判追索德國傳統至馬丁路德之前，並以《浮士德博士》一書檢視現代德國心靈的魔性與理性：大雅全然崩壞，有心人兀自擎希望之燈於靈台，宅心仁厚所以而有第四十六章的結尾之雅。當年歌德之作終於上帝對浮士德忘我與努力的肯定，現代歌德怎能以虛無作結？

　　了解文評家彭淮棟有如上述，我們接著就來看看作為翻譯家的他。

　　好的翻譯文字無異於藝術品，整體必須是和諧的，翻譯的和諧尤重文氣的連貫。分析其譯文之前，我們就以前引導論的一個句子來看看他的連貫術：

> 這g音的詮釋是曼的辯證一躍：那高音g在漸行漸遠之際化為希聲的大音，化為天荒地暗中的一盞燈，一絲光，天可憐見，那是曼信奉的資產階級人文主義得救之望。

　　首先，這裡的「天荒地暗」一詞本身是不文的。我們說天荒地老或天地荒寒，但不說天荒地暗。改用暗字，是因為配合燈的意象。但為何不說諸如「化為暗夜裡的一盞燈」而要化用帶有天地二字的成語呢？答案是宇宙感。我們接著注意到其後的「天可憐見」，以及另一段引文中的「天地有情」亦帶有天或天地二字。這符徵的重複，便構成了連貫；符旨則因物理天與宗教天之曖昧亦能相關。此外，句中尚有「化為……的」的重複句型，甚至「漸行漸遠」一詞也含有重複。在更細緻的層面，「希聲的大音」與「天荒地暗中的一盞燈」則因相對而構成連貫。兩個片語長度雖不一，語式同位的兩者都改造了成語而有陌生化之效；既然大音希聲可以改為希聲的大音，天荒地老改成天荒地暗也就不必太見怪了。「一盞燈」與「一

絲光」兩者寓變化於重複，其中的一字復回應句首「辯證一躍」。音與燈因為語義上同指感官而對仗，燈與光亦復相連。整個句子則靠「這……那……那……」的標示語紮在一塊。

這樣的連貫，同時也部分地解釋了文字的節奏與語調，讀者自己唸唸，就知道最後的「那是曼信奉的資產階級人文主義得救之望」只能如此堆疊，「人文主義」後面的「的」字是加不進去的，而「望」字也不能寫成希望。

這便是淮棟的文筆，寫議論文尚且如此，遑論其它。這裡要說的，還不是文言如何裨益白話的問題，而是詩歌原理之運用。以上對文氣連貫的分析所揭示的，不外重複與對仗兩項，正是中國古典韻文（詩詞駢賦）最基本的原則。高中或初入大學時的淮棟，即因喜愛而背誦庾信的〈小園賦〉，近年譯完《浮士德博士》後得空，他亦曾先後以小楷抄寫部分的《杜詩鏡銓》與《東坡全集》。淮棟的中國古典造詣可以說，古典詩詞豐富的表現手法正是其文字風格的來源，譯筆亦不例外。

以下是四十六章的那段結尾，不長，且抄錄於下以便討論：

然而另外一個，也是最後，真正最後的意義反轉必須思考，而且深心體會，是這部無盡悲歌之作末了那個反轉，輕輕地，超越理性，以音樂獨具的那種言而未言觸緒動心。我指的是清唱劇中合唱消失，改由管弦樂奏出的結尾樂章，聽來如同上帝悲歎祂的世界失落，如同創世主哀傷的一句「這非我所願」。這裡，我發覺，尾聲造達哀音的極致，極致的絕望得吐其聲——然而我不想如此言詮，因為你如果說，此作到最後一個音符為止，在其表現本身、在其發聲之外還提供了其他任何安慰——也就是說，受造物的傷痛總算獲得吐露，這麼詮釋，將會傷害

此作拒絕任何妥協讓步、其痛苦無望得救之意。沒有,這部黑
暗的音詩至終不容許任何慰藉、和解、變容。但是,如果說藝
術上的矛盾,亦即那表現——悲哀的表現——是從徹底嚴格的
結構裡生出來的,如果說這矛盾呼應著宗教性的矛盾,亦即最
深的無救裡仍然萌生希望,雖然只像以至輕細語發出的探問?
那將是超越無望的希望,對絕望的超越——不是對這部作品的
背叛,而是奇蹟,超越信念的奇蹟。聽那結尾,請和我一同諦
聽:一組樂器、一組樂器相繼退場,作品聲音漸渺漸去之際,
獨留一把大提琴的高音g,最後的一語,裊裊的餘響,以
pianissimo-Fermate徐徐冥然而逝。接著了無一物。寂靜與暗夜。
但那縷在寂靜中迴盪,已經不在而靈魂猶自存想諦聽的聲音、
沉哀之聲,已不再是哀音,深意已變,化成暗夜裡一盞燈。

　　在曼的筆下,《浮士德博士悲歌》是現代音樂史之最,也是貝
多芬第九交響樂《歡樂頌》的否定。第四十六章極力鋪陳《悲歌》
在形式與意境上的反轉,這最後一段寫的是最後的一個反轉。悲歌
全面爆發之後,整個反轉過程開始收攏:先是清唱劇,在那兒,聖
經馬可福音與「資產階級式的虔誠」被否定,然後才是本段的管弦
樂結尾,以哀音的極致延續並且完成全面的宗教否定,卻在最末尾
保留希望,構成反轉的反轉,阿多諾無法認同的否定的否定。
　　基於這末段承前段而來,我們不妨推回到前一段觀其如何結
束。那兒,反轉高點的建構仍是文繁理富的,但宗教的否定在曖昧
中已有清楚的旨意:清唱劇裡浮士德回絕救贖的試探,並「以全副
靈魂鄙視他得救就會進入的那個世界的正面境界。」那立場的明確
與強烈,清楚地表現於段末的最後一句:「一點也錯不了,這一幕
指涉撒旦試探耶穌,就像一點也錯不了,對虛妄無力的資產階級式

虔誠說的那句『不要！』裡，含著高傲絕望的『走開』。」

　　這一句的翻譯如何呢？它要表達的意思再清楚不過了，它卻也是讓許多人（中文純粹主義者）皺眉的中譯，其中的「就像一點也錯不了」分明是來自外語的口語，整個句子也不是一般中文的寫法。然而，這樣的句法正是典型彭式譯文精準平衡的表現，它運用詩歌對仗原理，重複「一點也錯不了」，且讓「不要」與「走開」對立，整句因而變得平衡可讀。他且精準地保留了原文的戲劇性與敘述者斬釘截鐵的堅硬口氣。這戲劇性與硬調性建立在段落之末，從而以對照的方式引出最後一段那越來越柔軟的抒情結尾。這個從戲劇到抒情的轉變不只是修辭與風格問題，它從對話演出轉向獨白而終於無言，表達的是敘述者也是作者從意識形態走出來而歸於不忍人之情的轉折。

　　我們終於可以聚焦以上所引的最後一段文字了。在這最後一段，敘述者彷彿只剩下靈魂的存在，諦聽著全然無望的哀音；一路雄辯滔滔言辭激切的他，此刻卻幽幽復喃喃，先是極言悲哀無望之絕對，接著以疑問緩轉，終於語帶祈使，恍如出自幻覺般，要我們相信那最後消失的尾音傳達的是光明的訊息。這全然靈魂吐語的一段深邃而渾整，抒情語言出入語義邊緣以連結音樂與宗教的境界，其發聲有如文中所說的「表現」，帶著高度的感染性。

　　我拿英譯本與淮棟的譯文並觀，發現它們有高度的一致性，於此略可推想兩者對德文原作的忠誠度。英譯與中譯皆氣脈連貫各有勝場，然英德語系相近，英譯變造原文之時，較能追隨原文語法，中文卻需自出機杼。細讀淮棟中譯，只見其將中國古典韻文重複對仗原理發揮得淋漓盡致，一句之內，兩句之間，淮棟一再運用各種形式的對仗，或隱或顯，讓曲折複雜的情思融入帶有節奏與旋律的文字，渾整流暢迹近一首散文詩。

在句與句的連接方面，較明顯的重複如：「如此言筌……這麼
詮釋」，「你如果說……也就是說」，與「如果說……如果說」。
正是這些話頭的重複，讓西式語法中的子句堆疊化成連貫可讀的中
文。一旦這些有如建築結構的粗胚連句成段，一句之內的重複對仗
也就有所依託。我們不斷在句內讀到「如同上帝悲歎……如同創世
主哀傷」，「在其表現本身……在其發聲之外」，以及更精密的「尾
聲造達哀音的極致，極致的絕望得吐其聲」（頂真九言）或較不著
痕跡的「最後的一語，裊裊的餘響」（五言）這樣的重複或對仗。
它們嫁接著文言與白話，或書面語與口頭語，卻避開押韻而維持散
文的基本調性。運用連珠頂真那句裡的致與聲兩字一仄一平因而華
美；「最後的一語，裊裊的餘響」夾在白話的上下文裡微微拉高風
格，因其幾乎騙過我們的注意力而更見譯筆的本色。

　　對仗固然重要，但淮棟的語感當然不盡於此，要了解其風格，
我們還得在聲音與意義兩個層面之更深細處才能見識其譯筆的巧思
與創造性。我們且回到本段的第一句：

　　然而另外一個，也是最後，真正最後的意義反轉必須思考，而
　　且深心體會，是這部無盡悲歌之作末了那個反轉，輕輕地，超
　　越理性，以音樂獨具的那種言而未言觸緒動心。

　　「言而未言」因含有悖論而讓人想起「不言之言」。「不言之
言」意指以不說話來表達的那種表達，「言而未言」則較為曖昧不
明。細查托瑪斯‧曼在其後的辯證，講的是：那音樂分明表現了天
人之至悲，但至悲得以吐露終有安慰之意，但那音樂的真實裡，卻
又絕不含有救贖與安慰。曼因而有如德西達論解構，話說出再加以
打叉，把真實的兩重性裡否定性之不可妥協那一端牢牢保留住。淮

棟自鑄的「言而未言」涵容此一辯證，看似含混，但因其後的演繹飽滿清晰，讀了再回顧此語，只覺其大方有味，且因其比「不言之言」更不像成語而更見匠心卻舉重若輕。

「觸緒動心」平常話會說「觸動心緒」，所以變造原因有二。一是語音的。整個句子有七個逗號全都收仄聲字，此處以鼻音平聲結束句子，完成整句所要的輕柔旋律。二是語義的。心緒兩字因分開而彰顯，心字接續前面的深心一詞，緒字則遙遙呼應段末的縷字。緒與縷一寫心靈一寫音樂，強調的都是其質地的細緻性。像這樣綿裡針的功夫亦見於「這部無盡悲歌之作末了那個反轉」那樣的片語。之作兩字怎麼看都是多餘，卻是為後來複雜議論裡兩次出現的「此作」預先明定其指涉而於此夾帶，方便說話。說「末了」，讓了字呼應段末的「了無一物」。整個段落因而有如素雅布面帶著明暗花紋。

至於「反轉」一詞，在句裡也是重複出現的。在英譯裡，這裡其實是兩個句子（猜想德文原文也是），被淮棟合併成一句。重複「反轉」一詞，兩句因而得以聯結；語言學家會注意到這長句已經稍稍挑戰到通用語法了，但語意如此明晰，我們樂於接受淮棟的新文法。何況，淮棟如此變造真正的目的是語言的音樂性。淮棟深知古典詩歌句中之頓的妙用，他讓長短不一的片語與子句交錯上陣，讀者不難發現整個句子可分為三個音組，呈現的是「短短長／短長／短短長」的語音結構，這仍然是重複原理的運用，我們也因而讀到節奏與旋律。但這音樂性不僅是文字之美也構成意義；那輕柔，似斷實續的來回起伏表達的是敘述者的情懷，它也是接下來反復申述超越理性的言而未言之思時的心靈波動之序曲。

言而未言指的是藝術的矛盾，接著導向宗教的矛盾，然後轉折成最終的化解。我們前面曾指出「如果說」的語法重複，這個重複

在英譯裡是沒的。同樣的,中譯裡「奇蹟」兩字的重複也不見於英譯。簡單地說,對悲歌裡絕對黑暗無望的一再強調,到兩個「如果說」的遲疑與試探,到拈出奇蹟此一概念,這一再轉折的過程隱藏著托瑪斯·曼對阿多諾的回應。可以說,那半修辭性的問號也是朝阿多諾探問的,用奇蹟來交待希望猶存亦然。淮棟在導論裡提到曼的原稿因阿多諾的異議而刪掉四分之三,這裡,曼的小心翼翼與堅定是可以想見的。淮棟的中文譯文重複了假設語氣與奇蹟一詞,讀來不覺有強調之意,卻能讓閱讀印象駐留而不至於忽略了那在英文與德文版裡不可能被忽略的。果如是,這可真是信達雅中達字的深層實踐。

然後是結尾的結尾,中譯的最後三句。這裡,敘述者宅特布隆姆終於擺脫主角雷維庫恩,作者托瑪斯·曼也擺脫了樞密顧問阿多諾;作者/敘述者依奇蹟之名建立主體性於超越之境,邀我們跟他一起聆聽見證哀樂裡的希望。拿中譯與英譯並看,都可以察覺語言發揮其詩意的面向以表達音樂與宗教境界的融合。最後的一句,英譯是:It changes its meaning; it abides as a light in the night. 中譯則是:深意已變,化成暗夜裡一盞燈。中英譯文的差異在燈與光的意象不同,也在於後者以night(暗夜)一詞結束句子,中文卻是燈字。英譯的意象——暗夜裡駐存的一道光,是吻合基督教的(如創世紀),燈的意象卻是佛教的(如五燈會元)。由此,我們注意到淮棟的譯筆很一致地運用佛教的詞彙。「徐徐冥然」裡冥字背後的聯想可以是迹冥圓,「了無一物」背後是「本來無一物」,「了」亦不妨是《紅樓夢》「好了歌」的「了」,甚至「諦聽」一詞,在佛經裡原來也指的是善聽之獸。當然,不管在中譯或英譯,我們讀到的都是樂境的描寫,宗教的涵義只是中國人說的弦外之音。淮棟功夫之老到正在於穩穩地掌握文字的弦外之音,他讓讀者領略到音樂的宗教

意味，卻完全可以不必是佛教。

　　中譯以「燈」字而非「暗夜」結束更是意味雋永的，但它那如拈花微笑般的作用卻來自上下文的輔助。我們且再看看「了無一物」一詞。它的指涉義可以從英譯的：then nothing more揣想而知。從閱讀現象學看，這四個字的排列順序──了／無／一／物也正符合文中樂境也是心境的發展的──從絕望到寂靜然後萌生希望如一燈熒熒。在最後的這三句裡，我們無法不聽到在抒情且簡約內省的聲文裡，「一」這個字一再重複（七次），從一組樂器，一組樂器，一把大提琴，最後的一語，了無一物，到暗夜裡的一盞燈都帶有「一」這個字。這重複效果不是語音的，而是藉著重複一路呼應，加強且豐富了作為整個靈魂告白結語的燈的意象的分量與意義。那希望的從無到有理由多麼微昧，於作者卻也是不容置疑的，子然獨立卻不容置疑，且帶有生機，正如一字在中文歷史中所累積的暗示。人文一也，文章裡那光明的尾巴不至流於媚俗，這種文字功夫所創造的風格功不可沒。

　　詩人與小說家對世界與真實有感知然後訴諸語言，有時感知與語言幾乎同步，二而為一，翻譯家卻是透過別人的語言揣想真實的。即此而言，翻譯家多了一個必須忠實以對的主子，翻譯乃將一語言加以變形成另一語言以創造真實。這情形有點像小孩玩的變形金剛，在一番扭轉掰弄後，同一物卻又成了另一物，因而另有其模樣與威力。淮棟曾翻譯過一本關於貝多芬晚期風格的書，在那之後的他，對於翻譯所得乃另一物是更覺得從容自在的。淮棟的《浮士德博士》譯於《論晚期風格：反常合道的音樂與文學》之後，全書一本其追求精準之亦步亦趨，卻也更敢於揮灑創意，反常合道，甚至容忍譯文中不得不爾的噪音。淮棟秉其跨國感性，在巴別塔裡來回於來源語與目標語之間，協商復錘煉；他蓄意創造之時，遊走語義

語法邊緣，譯文有時令人詫異，其實寓有他對中文白話文之將來的期待。AI時代翻譯漸漸為機器所替代，只有譯者獨一無二的風格才能呵護文字裡的人性與文字本身的尊嚴，這是我在他的作品實踐裡體會到的，相信這也是淮棟煮字一生的理念。只是，爐火漸青之際，他卻走了。

　　淮棟熱愛音樂，尤善唱客家山歌，有時酒後半酣之際，他會站上板凳開唱。他的歌聲深具個人特色，他的譯文亦如其歌，讀其作品，其人仿佛，一個名字寫在歌聲裡的人。

　　彭錦堂，曾任教東海大學中文系，現已退休。譯有阿多諾〈抒情詩與社會〉一文，收於東華大學華文文學系主編：《國際漢學研究趨勢：鄭清茂教授八秩華誕祝壽論文集》（2013）。

彭淮棟翻譯作品中的文言文

魏淑珠

先寫點題外話，談談彭淮棟這個人，紀念他，也懷念他。

我們有將近半個世紀的交情，過往密切；我不可能客觀的談他，只能談一些我們生命中交錯的點滴。阿棟（我們都是這樣叫他，我的兒子叫他阿棟叔叔）上過我一學期的課，所以我們算是師生，其實更是朋友、家人。

初識阿棟是在翻譯課上。1973年我從美國念完碩士回到東海大學外文系當講師，因為是系上唯一的本土教師，所以系主任指派我教大三大四的英翻中時，我也只好硬著頭皮上任。學生只比我小三到五歲，說「教」他們實在談不上，跟他們一起「討論」比較接近事實。我很花了一些工夫找各種英文句型以及配合句型的短文，讓他們做為練習之用。他們對我這個學長非常包容，不但從來沒有給我難題，還處處幫我。討論習作的時候，常常踴躍的上黑板去寫下他們認為最好的翻譯。阿棟的翻譯在大三的時候就已經出類拔萃，經常可以找到絕妙好詞來對應不好翻譯的英文，讓同學心悅誠服。

後來外文系主任決定要我用中文開一門中國現代短篇小說的課，給一年級的學生做為選修，介紹當時盛行的西方「新批評」，譬如反諷、象徵、情節結構等文學批評的概念跟方式，讓學生們二年級上英美文學課的時候，對這些新知識已經有些了解，不至於手

忙腳亂。這是1974到1975年間的事，中文系不開現代文學的課，
坊間也沒有現成的教科書。我到處收集教材，從五四時期到台灣當
代，包括《純文學》出版的一批五四時期所謂左派作家的作品，像
魯迅、老舍、沈從文等人的短篇小說，心想，既然是台灣公開發行
的東西，警備總部應該不會找我的麻煩。（後來我到美國麻州大學
念書，鄭清茂老師告訴我，《純文學》那批作品是他在日本幫林海
音女士收集的，出版之後警備總部就找上她了。）台灣當代的部分，
上過我的翻譯課的學生朋友紛紛提供意見，阿棟更搬來一大疊的
書，王禎和、黃春明、王文興、七等生、林懷民、白先勇等等，跟
我說，「都是好書啦！」我正驚訝於他閱讀與藏書之豐富廣泛，過
幾天他又掏出兩本短篇小說集，說，「這是禁書，寫得很好，看你
要不要教。」是陳映真的《第一件差事》和《將軍族》，我都沒看
過。過沒多久，陳映真從牢裡放出來了，於是我大膽的選了幾篇他
的作品。這門課開了兩年，到我離開東海為止，可能是台灣的大學
裡第一個中國跟台灣現代小說的課，連中文系的文藝青年也來選
修。阿棟是這門課的幕後英雄。

　　阿棟在男生宿舍結識了彭錦堂，錦堂當完兵，教了兩年多高中，
到東海上中文碩士班。兩人個性相近，趣味相投，都說客家話，成
了死黨。我跟錦堂開始約會之後，經常找阿棟一起聊天出遊，到台
中市區去吃飯，慢慢得知阿棟的家庭背景。他的父親過世的早，遺
言要孩子們念書，寡母在竹東鄉下種點田跟地，拉拔四五個孩子。
有的親戚不但不幫忙，還欺負孤兒寡婦。阿棟常說，「自己人比外
人可怕。」鄉里親戚也嘲笑他們，飯都吃不飽，念什麼書？可是一
家人都堅持下去。後來他們兄弟學有所成，往家裡送錢，嘲笑的人
反過來羨慕他們了。兩三年前，阿棟的母親以九十多歲的高齡去世，
阿棟坐在我台中家客廳痛哭，恨自己太懦弱，太不孝，「當年惡親

戚欺負我們的時候，我怎麼就不敢衝上去拼個你死我活呢！」他忘了，當年他還是個孩子，連保護自己的能力都沒有，哪有可能替母親出頭？他這樣莫須有的自責，呈現的是童年深沉的創傷與委屈。

我不知道阿棟上大學的時候家裡給他多少生活費，只見他經常有一餐沒一餐的。有時候他就買一個饅頭，早餐吃半個，留半個中午吃，就著開水，應付肚子不餓就算了。我猜他虐待肚子，把有限的吃飯錢拿去買書了。我沒見過他穿鞋子，天寒地凍的時候，他也是一雙拖鞋校園裡趴趴走。我押著他去買了一雙皮鞋，他捨不得穿，依舊拖鞋走天下。我跟錦堂結婚的時候，他抱著皮鞋來參加婚禮，問錦堂要不要穿上？錦堂竟然說，不必，就是你平常的樣子。我後來得知這回事，真不知道要說什麼才好。

我妹妹問過我，阿棟的英文那麼好，怎麼不去找個家教？也不至於如此受窮呀！事實上，有同學幫他找了一個家教，他去了，一句話也說不出來！只好告退，再也不敢想家教的工作。阿棟是鄉下的老實孩子，相當靦腆，嘴巴又笨，在生人面前往往啞口無言。他們班演英文話劇，他演一個小角色，在臺上稀哩呼嚕「呢喃」了幾句臺詞，我半句也沒聽懂，看他只會演自己，忍不住發笑。他晚近受邀演講談翻譯，在眾人面前侃侃而談，這個轉變不是簡單的過程。

阿棟東海畢業之後考上台大外文所，錦堂跟我也前往美國麻州大學進修，我們常有書信往來。將近一年左右，阿棟說研究所不念了，要準備去當兵。我不知道真正的原因，是沒有錢，不想再花家裡的錢，還是因為有一位教授懷疑他的學期報告不是自己寫的？教授的懷疑讓他很受挫折，他又不知道如何為自己辯解。阿棟雖然沒有口才，可是文筆很精彩，英文寫作的能力遠遠超越同學，大學時期有一位老師給他98分的學期成績。難怪不了解他的台大教授會起疑心。對這件事，我的看法是：報告好到讓教授懷疑，其實是對他

的能力高度的肯定。

　　大概就是在等當兵的這段時間，他埋首翻譯他心愛的《魔山》，德國作家湯瑪斯‧曼的小說。阿棟工作起來不舍晝夜，厚厚一本巨著，他在當兵之前譯完了，從出版社領到一筆對他來說巨額的稿費。這可是他生平第一次賺到的錢！不知如何謀生的書呆子終於發現一條可以自食其力的途徑，不必跟陌生人打交道，不必開口說話，不必屈膝哈腰，只要一支筆（一台電腦）跟他的腦袋瓜。或許這是他畢生從事翻譯工作的原動力。阿棟離開學院，走上翻譯之路，可能是最適合他的湊巧或選擇。有一次他說很羨慕在大學教書的我們，我告訴他，他數十本的名作翻譯嘉惠了眾多讀者，影響力超越在大學教書。我更敬佩他後來自學德文，直接從德文譯出幾本深具分量的著作。這個貢獻足可彌補他年輕時候從英文轉譯《魔山》的缺憾。

　　阿棟當完兵開始工作，很快就進入報社專任新聞編譯。有一天寄來一張跟女朋友的合照，女朋友看起來清純可愛，我們很替他高興。過不久寄來結婚照。我見到玉玲的時候，問她，阿棟跟她約會的時候，請她吃什麼？她說，陽春麵。我說，這樣的人你也敢嫁？！也許真的是傻人有傻福，老天爺賜給阿棟這個窮書生兼生活白痴一個節儉能幹的老婆，幫他撐起一個甜蜜的家，養大一對兒女。阿棟病重的時候，一直說他對不起玉玲。我知道他在說什麼。幾十年來，他花在書桌上的時間遠遠超過陪伴妻子兒女的時間。玉玲的寬容與扶持成就了阿棟的翻譯人生。

　　這就是我所認識的彭淮棟。

　　言歸正題吧。

*　　*　　*

　　淮棟喜歡美好的文章，一方面鑽研外文，一方面流連於中國文學的世界，看到好文章，忍不住就吟詠再三，浸淫其中。他愛書成痴，閱讀勤快又廣泛，加上記憶力出奇的好，很多古文名家的作品在不知不覺中記誦下來，提筆寫作的時候，文言文很自然的就流瀉而出。他的翻譯用了大量的文言文，那是他的文筆風格。

　　我個人有個偏見，覺得現代人寫白話文章用太多的文言文並不討好。文白夾雜，讀起來往往拗口。可是淮棟習慣如此寫作，已經自成一格。我讀他的文章，常常同時用欣賞跟批判的眼光，偶爾可以挑出一兩根小骨頭，但是更常被他的妙筆折服。用他的筆法翻譯西方作品是一大挑戰。就淮棟所翻譯的英文跟德文來說，常會出現很長的句子，起碼攬上兩三個子句或連接句，而且幾乎可以無限延伸。坊間有一些翻譯被這種洋句子牽著鼻子走，譯出來的中文冗長雜遝，讀起來讓人眼花撩亂，不知所云。淮棟就是有辦法對付這樣的洋文，把它們轉換成流暢傳神而又簡潔的中文。他這種本事，在翻譯討論中國古典文學的文章時，特別顯著。底下且舉幾個例子，看他翻轉乾坤的武藝。

　　我舉的例子出自林順夫教授的一篇文章 "The Nature of the Quatrain"〈論絕句的本質〉，收在 *The Vitality of the Lyric Voice* 一書，中文翻譯收在林教授的論文集《透過夢之窗口》，台灣清華大學出版。我選這篇文章沒有特別的理由，只是因為最近讀了此文。論文集裡面十篇英文原稿有九篇是林教授特地商請淮棟譯的。林順夫是安娜堡密西根大學的中文教授，1991到1992年我到密大去當訪問學者，老公兒子也去，我們力邀淮棟第二學期去跟我們住。淮棟在密大，除了泡圖書館也去聽點課，包括林教授的課。林教授要出論文集，就找淮棟，可見慧眼識英雄。林教授是東海的傑出校友，學弟翻譯學長的文章，誠然是美事一樁。

下面就來看淮棟的翻譯。

例一

I hope that it will become clear in the course of my discussion that *chüeh-chü*, perfected in the hands of the T'ang masters, is one of the lyrical forms that best characterize the Chinese poetic genius and spirit.（p. 297）

筆者希望本文能彰明，在唐人手中達於極致的絕句，是最得中國詩歌神髓的抒情形式之一。（頁194）

這個英文句子有兩個名詞子句，一個形容詞子句，和一個類似形容詞子句的分詞片語，可是難不倒譯者。「在唐人手中達於極致」跟「最得中國詩歌神髓」兩句，大概找不到更簡潔傳神的翻譯了，尤其是以「神髓」對譯中國詩歌的 "genius and spirit"，虧他想得到。

例二

It is important, therefore, to put the T'ang quatrain which represents the perfection of this verse form in its place, to trace its "intrinsic genre" back to its antecedents, albeit in a somewhat cursory manner.（p. 297-298）

唐絕句既代表絕句之極致，則歸究其本源，追溯其「內在文類」之來歷，頗有必要，雖然此處只能簡扼為之。（頁194）

譯者把這個複雜的句子拆解重組，用「既……則……頗有……」的文言句法處理得妥妥貼貼，而文義清楚。

例三

　　底下要討論的例子在原文中是一個長段，分析三首漢末留存下來的五言四句詩，大概是現存最早的五言絕句形式。先把這三首詩列在下面，附上林教授的英譯，再將淮棟的譯文分六小段說明。

枯魚過河泣	The withering fish passes the river, weeping;
何時悔復及	When will there ever be time for regret?
作書與魴鱮	He writes a letter to the breams and carps,
相教慎出入	Advising them to be careful when going out.

高田種小麥	Wheat is planted on the plateau;
終久不成穗	In the end it produces no ears of grain.
男兒在他鄉	A young man is in a strange land…
焉得不憔悴	How can he not be haggard?

菟絲從長風	The dodder drifts in the strong wind,
根莖無斷絕	But its root and stem are not severed.
無情尚不離	If even the insentient cling together---
有情安可別	How could the sentient ever be separated?

1.

Rather, the structural integrity of the quatrain depends upon the dynamic complementation of two juxtaposed couplets. The rhetorical question serves as the dynamic link between the two halves in each of the three quatrains. （p. 304）

其結構上的完整，當在兩聯相輔相成。修辭問句，即是各詩上下兩半之間生意盎然的銜接環節。（頁198）

　　原文第一句中，"…depends upon the dynamic complementation of two juxtaposed couplets" 很難翻譯，因為幾個重要的詞都沒有恰當的、對應的中文可用。譯者用 「相輔相成」 來譯 "dynamic complementation"，成就了絕妙好譯；看起來好像撿了現成的便宜似的，其實，要把腦筋轉到這個成語上頭並沒那麼容易。原文的 "two juxtaposed couplets" 只用「兩聯」 翻譯，中間那個字省略了，因為中文讀者看絕句的兩聯當然是並列的，無需多說。
　　淮棟翻譯雖然用了很多文言，力求簡潔，但是該仔細的部分，他也不怕冗長的白話。第二句的 "dynamic link" 他譯成 「生意盎然的銜接環節」，比原文長多了，但是完成了達意的要求。這一小段裡邊 "dynamic" 一字出現兩次，中譯卻完全不同，表面看來好像不忠於原作，深層看就知道，此字所修飾的名詞不同，用不同的修飾語譯成中文，正是恰當的處置。

2.

In the first example, the "withering fish" writes a letter to his friends because he hopes that they may learn from his fatal mistake. The implied comparison between the withering fish and someone who has carelessly fallen into trouble is indeed ingenious.

第一首，「枯魚」致函友人，希望他們以他的致命錯誤為鑒。以含蓄之筆，將枯魚比擬不慎及禍之人，堪稱匠心獨運。

　　第一句的翻譯把 "because" 省略了，然而無損於原文的含義，又有簡潔流暢的效果。用「以 …… 為鑒」對譯 "may learn from" 比白話文說「從 … 中學到教訓」要乾脆俐落。以「不慎及禍之人」翻譯 "someone who has carelessly fallen into trouble" 也顯示譯者運用文言文的勝場。至於最後的 "is indeed ingenious" 譯成「堪稱匠心獨運」就真的是匠心獨運了。

3.

In the second poem, the metaphorical relation between the wheat and the young man is not made clear until the last line. Both the wheat and the young man are displaced living things who are left to wither away in a strange land. While the displaced wheat cannot produce any grain, the displaced young man cannot retain his youth and health and perhaps thereby accomplish something in life. The integration of the two couplets, therefore, depends on this implied comparison.

　　第二首，小麥與男兒之間的比喻關係，末句始明。麥與人俱失其所而憔悴於非地。失所之麥難成穗，失所之人則青春不復且此身先衰，卒至一事無成。兩聯之統一，寓於這含蓄的比較。

　　第一句中，"… is not made clear until the last line" 用「末句始明」四個字就解決了。第三句的 "while" 沒有在句首翻譯，出現在後面用「則」字完成兩部分的連接，是明快的手法。此句後半有兩個連接詞 "and"，第一個用「且」翻譯，第二個沒有譯，用「卒至」帶到底，表意清楚而不至於拖泥帶水。最後一句的 "depends on" 根據

文章內容譯成「寓於」，是高手之筆。

4.

The last quatrain is even more interesting. In the third line there is a general observation derived from the nature imagery of the first couplet. Although the dodder is an insentient object, it does not allow its root and stem to be severed when being tossed by the strong wind. But the reader is not aware of the whole human dimension until he comes to the rhetorical question which follows logically the statement made in the third line.

第三首尤具意趣。首聯為自然意象，第三行由這組意象匯出概括心得。菟絲雖為無情之物，任強風摧颺，根莖猶不肯斷絕。但讀者睹此二句，初不覺此中有人，須至修辭問句從第三句理路轉出，意始顯豁。

第一句中，"even more interesting" 如果譯成「更有趣」就完了；譯成「更有意思」還可以接受，但遠不如「意趣」所傳達的深意，尤其是在討論詩歌的時候。第二句的分詞片語 "derived from …" 很難用中文處理，淮棟把此句拆解成兩句，然後重複「意象」一詞，把此句的意思清楚的翻譯過來。最後一句更難，不但有 "not … until" 的句法，還加上後半句的形容詞子句跟分詞片語。淮棟的翻譯有「快刀斬亂麻」的架式，簡潔的呈現原文中每個片語的歸屬。

5.

The force of this last line goes beyond the implied answer that the sentient must remain together. The fact that the question is asked clearly suggests that the speaker is separated from his or her beloved.

末句含蓄自答有情人當相守不離，餘韻不盡。見此一問，不言而喻詩中人與所愛各在一方。

"The force … goes beyond …" 譯成「餘韻不盡」，很精彩。用「不言而喻」對譯 "clearly suggests," 是妙筆。「所愛」已經足夠涵蓋 "his or her beloved"。

6.

In the end the dodder becomes both a symbol of and a contrast to the state the speaker is in. Like the dodder, the speaker is drifting in the strong wind, but, unlike the dodder, he or she is going through the suffering alone. A seemingly simple poem is thus given a dimension of depth and poignancy.

總究全詩，菟絲既是說話者處境之象徵，也是說話者處境之反徵：說話者如菟絲飄揚風中，但他或她有別於菟絲，乃是孤身受苦。一首乍看單純之作，由此入深而雋永。

第一句很難翻譯。"In the end" 不是單指結尾或結局，而是從頭看到尾之後的結果，所以「總究全詩」是非常貼切的翻譯。接下來 "… both a symbol of and a contrast to …" 的英文句法陳述兩層意思，中文如果要用相似的句法會很難把意思說清楚；譯者選擇用重複的

方式顯然是達意比較重要。淮棟用「反徵」而不用平常的「對照」
來翻譯 "contrast"，不知用意何在？我沒看過「反徵」這個詞，也沒
查到，不知道是什麼意思，或許是淮棟的發明，他喜歡發明新詞以
對譯不常見的外文詞彙。不過，此處的原文是個很普通的字，似乎
沒有必要另創新詞。如果說「反徵」是指「反面的」或「對照的」
「象徵」，則需要讀者腦筋轉幾個彎來猜測，也沒有必要。這是極
少數我不贊同淮棟之處（挑到一根小骨頭！）。

最後一句的後半譯成「由此入深而雋永」，絕佳，不但簡潔而
且餘韻不止。用「入深」翻譯 "... is thus given a dimension of
depth..."，不必直接碰觸 "dimension" 這個很難用中文表達的字而意
思已經傳達了。"poignancy" 可以意謂尖銳、犀利、濃鬱的味道，等
等，都不能直接套入譯文；用「雋永」一詞，高明之至。

以上引用淮棟翻譯的幾個段落，欣賞他在兩個語言之間折衝的
功力。我們看到他慣用的文言文在很多地方發揮極大的功效，把落
落長的英文化成簡潔達意的中文。遇到特別難纏的英文句法和詞
語，他總是能從他腦子裡那個豐富的資料庫中拈出貼切的文辭來對
應，讓人激賞叫絕。林順夫教授說淮棟的譯筆「精確流暢……尤其
典雅」（自序，vii），是很中肯的評論。

魏淑珠，麻州大學比較文學博士，自美國惠特曼大學退休之後
回東海任客座教授數年。研究興趣主要是中西戲劇比較、中國古典
戲曲以及兒童文學。學術論文之外，譯有《元雜劇的戲場藝術》
（2001，譯自 J. I. Crump, *Chinese Theater in the Days of Kublai Khan*）.

金庸武俠世界的內外

金庸武俠世界的大象

馬國明

　　中國大陸「大國崛起」，對象牙製品的需求急升，導致非洲的大象大量被獵殺。大象是陸地上體形最龐大的動物，英文有"the elephant in the room"的說法，比喻一些不可能注意不到的事物。金庸武俠世界裡亦有一隻大象，但金庸去世後，所有稱讚的言詞幾乎用盡，似乎仍沒有人注意到金庸武俠世界裡的大象。眾所周知，金庸的武俠小說首先在《新晚報》連載，後來轉到金庸自己創辦的《明報》。那個年代的中國大陸視武俠小說為怪異之說，被全面封殺；至於台灣則實施戒嚴令，不可能自由創辦報章。金庸的武俠小說得以面世，首先得力於香港的言論自由和出版自由；這一點實在十分顯淺，沒有人注意亦不值得挖出來討論。這裡煞有介事地提出來討論是因為香港根本就是金庸武俠世界的創作泉源，嚴格來說《書劍恩仇錄》不配武俠小說的稱號，跟金庸其他小說比較，武功在《書劍恩仇錄》裡根本可有可無。這部不配武俠小說稱號的小說其實是一部政治狂想曲，小說的主角陳家洛雖然武功高強，但他最厲害的武器是作為「紅花會」之首，手握乾隆皇帝身世秘密的證據。紅花會的計劃卻不是要推翻乾隆，取而代之。紅花會只是要威逼乾隆更改國號，以漢人的名義繼續做其皇帝！

　　乾隆身世的秘密或許來自民間傳說，但紅花會的政治則未免過

於天真。即使乾隆真的由漢人父母所生，而他自己對此亦深信不疑，但更改國號，以漢人名義統治便必須鏟除整個滿清皇朝的統治階層，即使有紅花會襄助也十分困難；更何況紅花會不是要求乾隆「反清復明」，在一家一姓統治天下的歷史格局下，乾隆改以漢人身分統治後，怎樣應付「反清復明」的力量？《書劍恩仇錄》這部政治狂想曲未免太過脫離中國的歷史現實吧！但這部狂想曲寫於香港，在那個年代讀者也僅限於香港。中國大陸的歷史悠久，但香港由開埠到金庸寫《書劍恩仇錄》時不過一百年多一點，沒有什麼歷史現實可言。以金庸的識見當然知道在中國大陸根本不能寫武俠小說，在台灣則不可能創辦報章，唯有香港這塊由不是一般中國歷史裡的異族統治但華人佔了人口百分之九十九的土地，才可以享有言論自由和出版自由！假如統治香港的異族像乾隆一樣，身世是個秘密，可以威逼改以漢人身分統治，豈非完美！換言之《書劍恩仇錄》這部脫離中國歷史現實的政治狂想曲，在香港的歷史境況裡則有另一番滋味！

　　假如《書劍恩仇錄》過於脫離中國歷史的政治實況，緊接《書劍恩仇錄》的《碧血劍》則完全切合中國歷史的格局。主角袁承志是明朝一代大將袁崇煥的兒子，袁崇煥被多疑的崇禎處死後，他的下屬除了極力保獲袁承志這位忠良之後，還安排他學得一身好武功。但在小說裡，袁承志空有一身好武功，卻無所作為。他曾單獨面對崇禎皇帝這位殺父仇人，竟然不知所措。在忠君才算愛國的歷史格局下，金庸的描述完全切合中國歷史的實況。面對殺父仇人，袁承志不知所措，那麼對自己父親致力擊敗的敵人又如何？在小說裡，袁承志試圖刺殺當時極力進逼明朝的滿人領袖皇太極。他輕易找到皇太極的居所並成功隱藏在居所的屋頂上，他亦因而發現皇太極是一位勤政愛民的領袖，最後他打消了刺殺皇太極的念頭。當李

自成起兵討伐崇禎皇帝時，袁一度寄望這位草莽之夫，能開創新的局面，他的希望當然落空。小說的結局說袁承志最後選擇遠走他方，而他的目的地是南海的一個小島。小說的結局容易令人猜想金庸筆下的南海小島是指香港，但即使香港是自古以來中國不可分割的一部分，但在崇禎年代，遠在北京的袁承志不會知道香港的存在，不應過分解讀。

　　由於《書劍恩仇錄》和《碧血劍》的主角空有一身好本領，卻無從發揮，因此這兩部金庸早期的武俠小說讀起來頗為沉悶。不過在《碧血劍》有一段小插曲，在《碧血劍》這部小說裡這段小插曲對小說而言可有可無；但這段小插曲卻是整個金庸武俠世界，像山泉一樣突然湧出的泉眼。這段小插曲寫袁承志遇上原本是對付清兵，但被崇禎調動來對付李自成的洋人火槍隊。小說寫袁承志和同行三數知己在客棧用膳，適逢鄰座坐著一名西婦和兩位軍官，另外還有一名狐假虎威的翻譯。袁承志的同行不滿該名翻譯，對他略施小戒。洋人卻不好惹，隨即還以顏色。這一段敘述值得翻看原文：

> 年長的軍官向袁承志這一桌人望了幾眼，心想多半是這批人作怪，拿起桌上兩隻酒杯，忽然向空中擲去，雙手各一枝短槍，把兩隻酒杯打得粉碎。袁承志等聽到巨響，都嚇了一跳，心想這火器果然厲害，然他放槍的準頭也自不凡。（《碧血劍》頁458）[1]

　　這一段文字說單是隆然的槍聲已把一眾英雄嚇得一跳，小說接著說袁承志力勸眾人少生事端，因為以火槍的威力，必會造成傷亡。

1　本文所引之金庸作品全據1975-1981年間，明河版之金庸作品集。

小說一方面帶出西洋槍砲的威力，另一方面則避開槍砲和中國武功
的正面交鋒，而且由袁承志親自指出當年袁崇煥戰勝努爾哈赤，實
有賴洋人的大砲。西洋槍砲的厲害，即使是頑固保守的晚清士大夫
也不得不承認。但金庸寫的是武俠小說，既然在《碧血劍》這部小
說裡，他恪守明朝崇禎年代的歷史格局，沒有牽強地寫中國武功高
手無懼西洋槍砲，但會否有點長他人志氣，滅自己威風？這段小插
曲對小說的情節可有可無，為什麼要寫？假如金庸還健在，他自然
會有他自己的解說。不過一部作品面世後便有自己的獨立生命，帶
出的意義必定比作者本人的想法更豐富。假如金庸的武俠世界跟同
期的武俠小說作者如梁羽生、古龍等相比，屬另一層次，那是因為
他寫武俠小說的同時，意識到另一世界。在這個世界裡武功不但無
用武之地，而且武功建基的種種理念和價值觀都已消失殆盡。如果
金庸的武俠世界令人讚嘆不已，那是因為金庸深明空有一身好武功
也未必能有所作為之餘，更令人心寒的是武功賴以存在的歷史條件
正逐一消失，他竭力建立武俠世界，就是為了重新確立武功賴以生
存和大放異彩的歷史條件。

　　上文把《碧血劍》裡武功高手與西洋槍砲相遇的情節比作金庸
武俠世界像山泉突然湧出來的泉眼，因為在《書劍恩仇錄》和《碧
血劍》之後寫成的三部曲《射鵰英雄傳》、《神鵰俠侶》和《倚天
屠龍記》，金庸的武俠世界有如從天而降。這三部曲雖有明確的歷
史背景，但既不像《書劍恩仇錄》過於脫離歷史實況，又不似《碧
血劍》那樣緊守當時的歷史格局。其實《碧血劍》跟《書劍恩仇錄》
可謂一對患難兄弟；兩位主角空有一身好本領，卻一事無成。至於
陳家洛和袁承志如何練得一身好本領更完全沒有著墨。假如金庸的
作品停留在《書劍恩仇錄》和《碧血劍》的層次，人們是否仍然稱
讚不絕？在這兩部早期作品裡，武功根本無用武之地，但二者之後

的三部曲《射鵰英雄傳》、《神鵰俠侶》和《倚天屠龍記》，郭靖、
楊過和張無忌如何學得或練得絕世武成了小說的重要情節。在後三
部小說裡，金庸的武俠世界假如確是從天而降，那便無跡可尋。但
如果這三部曲展現的武俠世界是金庸在創作歷程中，靈感有如山泉
般突然湧現，那湧現的泉眼便必須深究。為什麼《碧血劍》裡武功
高手與西洋槍砲相遇的情節就是金庸武俠世界像山泉突然湧出來的
泉眼？《碧血劍》的一段小插曲說那位年長的軍官「放槍的準頭也
自不凡」，使用槍械最好有人指導，起碼保證不會錯手傷人，至於
「放槍的準頭」，勤於練習便可以了，毋須名師教導。即是說人人
都能使用槍械，事實上在實施民主體制歷史最悠久的美國，攜帶槍
械是憲法保障的權利。相反要練得好武功，必須名師指點，更何況
「一日為師，終生為父」。學習射擊可以純粹為了興趣，習武則須
同時接受背後的整套價值觀。《碧血劍》裡武功高手與西洋槍砲相
遇的情節代表兩套絕然不同的社會組織和價值觀念的相遇，西洋槍
砲不僅表示西洋科技比中國先進，更說明社會組織的差別。使用槍
械的技術十分簡單，幾乎人人可以使用。美國槍械泛濫的一個原因
在於人們相信自由攜帶槍械反而對弱者有利。中國文化卻素來強調
權威主義，即使是武功這種流傳於民間的技藝，亦浸淫著濃烈的權
威主義成分。槍械人人可以用，武功卻不是人人可以學。即使學，
但由於資質的分別，或師承的分別，差異極大。武功高強者，隨時
可以以一敵十；甚至像《神鵰俠侶》中的郭靖、楊過，一人力敵千
軍萬馬，但任你槍法如神，亦難以一敵十。

　　由於《碧血劍》完全沒有描述袁承志怎樣練得一身好武功，兩
套絕然不同的社會組織和價值觀念相遇的情節只是一段可有可無的
小插曲，但觀乎之後的三部曲，主角學武的情節不但是小說的重要
情節，而且學武的過程更是迂迴曲折，除了牽涉江湖恩怨，更牽涉

兒女私情。不要低估兒女私情在金庸武俠世界的重要作用,這裡說的不限於《神鵰俠侶》那句「問世間,情為何物,直教生死相許」。中國武功絕對是父權主義的產物,各種武功均為個別門派專有;各門派的掌門人擁有絕對權威和權力,門派裡的人必須服從。即使武俠小說裡的個別門派全屬女性,但「一日為師,終生為父」這句話卻完全抹殺女性也可以為人之師。假如跟同時期的武俠小說相比,金庸所呈現的武俠世界額外奇特,那是因為在《射鵰英雄傳》、《神鵰俠侶》和《倚天屠龍記》這三部曲裡,郭靖、楊過和張無忌能練得一身好武功,女姓的作用甚為關鍵。《神鵰俠侶》固然說得明白,但若非黃蓉的刻意安排,郭靖怎會學得「降龍十八掌」?雖然張無忌為了治病,鑽研醫書,無意中學得「九陽神功」;但後者只能令張無忌立於不敗之地。多得懂波斯文的小昭,張無忌在秘道裡學得明教的「乾坤大挪移」,因而能以少林派的武功招式打敗少林派的「龍爪手」。

　　不少人認為《神鵰俠侶》寫情令人盪氣迴腸,回味無窮。箇中因由卻無非因為楊過和小龍女之間,既是師徒關係,也是親暱的情侶,但兩種關係不能兼容。當二人聯手,以古墓派的「玉女素心劍」打敗金輪法王後,黃蓉把小龍女拉到一旁,曉以大義。黃蓉告訴小龍女,楊過跟她聯手打敗金輪法王,前程無可限量。但假如楊過真的娶小龍女為妻,便必定被天下人恥笑,大好前途亦會盡失。《神鵰俠侶》寫一向不問世事、不知人情世故的小龍女竟然聽從黃蓉的勸告,斷然不辭而別,離開自己朝夕相對,兩情相悅的楊過。假如《神鵰俠侶》沒有寫這段與小說人物性格不相符的情節,楊過和小龍女便不會變成相愛卻不能相見相聚的苦命鴛鴦了!以二人的性格,大可不理會世人的目光,返回不見天日的古墓,長相廝守。小龍女在古墓長大,不懂人情世故,黃蓉對她曉以大義,按理小龍女

應感到莫名其妙。事實上，小龍女不辭而別並非因為希望楊過能建
功立業；她只是覺得外面的花花世界會較適合楊過。小龍女深愛楊
過，事事為對方設想，這不是什麼情，而是愛！

　　至於向小龍女曉以大義的黃蓉自己是個離家出走的少女，遇到
郭靖之後，完全不避男女有別，跟郭靖一起上路。她年紀長大後，
性格變了？變得十分世故？離家出走，不避嫌跟郭靖上路的黃蓉是
《射鵰英雄傳》的黃蓉；勸小龍女離開楊過的黃蓉是《神鵰俠侶》
的黃蓉。雖然同一人物，但在兩部小說裡須要扮演的角色卻是判若
兩人。《射鵰英雄傳》裡的黃蓉是金庸武俠世界中絕無僅有的女性
角色，這裡的黃蓉幾乎完美無瑕。她十分聰明，而且詭計多端。但
遇到郭靖後，她的心思完全放在怎樣促使生性魯鈍的郭靖能成大
器。她知道洪七公十分饞嘴，於是費盡心思烹調洪七公喜愛的菜式。
當後者被打動後，她要求的便是教郭靖「降龍十八掌」。她離家出
走，因為父親黃藥師，外號「東邪」，是個難於相處的人；更何況
黃藥師的野心直接令黃蓉年紀輕輕便喪母。黃蓉出走的根本就是個
破碎的家庭。從父權主義的角度而言《射鵰英雄傳》裡的黃蓉接近
完美，起碼她沒有像梅超風那樣，背叛黃藥師。在金庸的武俠世界
裡，就只有《射鵰英雄傳》裡的黃蓉，既聰明、有主見，而且詭計
多端，但卻完全臣服在父權主義之下。金庸寫了這麼多武俠小說，
為什麼只有一個女性人物符合父權主義的準則？那是因為在金庸的
武俠世界，在《射鵰英雄傳》這部三部之首已像神創造宇宙萬物一
樣，一口氣便完成了。在《射鵰英雄傳》創造的武俠世界裡，跟武
功共生存的父權主義，除了得到重新肯定，還找到一條新的出路。
《射鵰英雄傳》有一段旁枝，這段旁枝跟小說的主線關係不大，但
卻是金庸武俠世界的基石；這段旁枝詳盡交代武功如何達到最高的
境界。

　　在金庸的武俠世界裡，《九陰真經》的武功是武學的最高境界。這部武學「聖典」的出處卻頗堪玩味。一方面《九陰真經》的武功並非出自任何門派，另一方面它所記載的不但揉合了各個門派，而且更汲取了蘊藏在中國文化諸多經史典籍裡的武功。換言之，它是集合傳統士大夫文化和民間市井文化的大成。《九陰真經》的故事見諸《射鵰英雄傳》裡郭靖初遇周伯通一節，由周伯通轉述。故事說徽宗政和年間有名黃裳者因奉命印行天下之道家典籍，將為數共五千四百八十一卷之道家經書全部讀遍，因而悟得武功，成了高手。這裡雖然只是說黃裳讀遍道家經文，但眾所週知，自漢朝以來，科舉考的是儒家典籍。黃裳既為宋朝官員，又被委以重任，熟讀經史子集是不言而喻的。因此讓黃裳透過閱讀而得武功的典籍絕不限於道家，起碼還有儒家的典籍。黃裳閱讀而悟得的武功也就至少集合了儒家和道家的精華，這種儒道合流的象徵意義呼之欲出；這裡更值得探討的是閱讀悟出武功的意義。早在《書劍恩仇錄》裡，便有陳家洛從《莊子》庖丁解牛一文悟出武功的情節。閱讀是知識分子的專長，閱讀而悟出武功似乎意味著武功知識化。但是什麼知識？西方的知識分子和中國俠士有何異同？

　　武俠小說是中國特有，武俠小說不可缺少俠士。俠士的形像有點像西方的知識分子，二者都是打抱不平，主持公道。但像伏爾泰這樣的西方知識分子主要是為著一些抽象的理想，為著一些在他們心目中是放諸四海皆準的真理而奮鬥。更重要的是對他們來說，這些理想或真理是人人都可以理解的。他們的目標亦是要令到所有人理解和認同這些理想或真理，換言之他們的工作是普及化。中國的俠士則是介入具體的事件裡，他們替人解決問題，但卻不可能教人自己去解決問題，因為他們的角色無可取代。俠士用的武器是刀劍，他們只是以暴易暴。西方知識分子用的是知識，他們試圖以理來易

暴。西方知識分子的傑作是啓蒙運動，而啓蒙運動的重要標誌就是狄德羅為首所編彙的百科全書。

　　《九陰真經》在很大程度上是武學的百科全書。黃裳悟得武功之後並沒有立刻寫成《九陰真經》，他的生活亦沒有因為懂得武功而起了轉變。他依舊做官，直到後來奉旨帶兵剿平明教。過程中黃裳跟武林中人結怨，被人圍攻，負傷潛匿於山洞中。為了破解仇家的招式，他居然獨自在山洞裡潛修四十餘年。在這段期間，他的仇家差不多死光了，他的仇亦報無可報。感慨萬千之餘，黃裳埋首把其畢生所學寫成《九陰真經》這部武學奇書。《射鵰英雄傳》這部小說雖然沒有解釋為什麼《九陰真經》是武學的最高境界，但其中的道理是不言而喻的。黃裳從一介書生變成武功高手是因為他讀遍儒、道兩大傳統的典籍，他的武功也就是儒、道兩大傳統的融匯。《九陰真經》所以是天下最高的武功，為的就是集合中國文化兩大傳統的高手黃裳，花了四十多年的時間苦思破解武林中人的招數後寫成的。這部武學奇書堪稱是百科全書，它既融匯了中國主流文化的精粹，亦吸納了民間的智慧。整個民族，無論是上層或下層都參與其中。《九陰真經》的武功也就是民族融匯和整個社會動員起來的成果。

　　這點卻否定了《九陰真經》是武學百科全書的說法。百科全書只是把各種學問、各家各派的說法一條一條的羅列。任何百科全書都一定是百家爭鳴，不會嘗試把各家的說法融匯一起。狄德羅的百科全書旗幟鮮明地反獨裁、反權威。編彙百科全書旨在提高民智，是體現民主精神的重要一環。黃裳匿藏四十餘年的目的卻是要破解人家的功夫，《九陰真經》不是羅列各家各派的武功，而是統攝了各家各派，一如秦始皇滅六國，漢武帝罷黜百家一樣。事實上，在《射鵰英雄傳》裡，《九陰真經》不但沒有造福武林，還挑起一場

浩劫，人人都想據爲己有，以便獨霸武林。這點亦是不少坊間流行
的武俠小說的共同題材，《笑傲江湖》更以此爲故事的主線。換言
之，中國武功是不可能知識化，武功知識化比儒家思想現代化恐怕
更要困難艱巨。知識是人人可以掌握的，學武功不但要視乎學武者
的資質，還決定於洪七公這類武功高手是否願意傳授等偶然因素。
金庸的武俠小說號稱新派，但在學武的情節上卻擺脫不了舊有的框
框，武功始終是一小撮人的專利。武俠小說是中國特有，而武功作
爲強調精英主義，事事訴諸權威（如革命的舵手，改革總工程師等）
的中國文化的象徵是最貼切不過了。讀聖賢書而悟得武功一方面是
儒弱書生的狂想，但另一方面卻入木三分地刻劃了儒生以天下爲己
任的背後是一個自視極高，無所不能的自我。

　　《九陰真經》的故事滲透著精英主義，雖然這部秘笈是黃裳以
一人之力寫成的，但亦清楚地帶出了這樣的訊息：上下團結一致的
社會自然可以發揮前所未有的力量。這種理解無疑是把武功政治
化，但這正是金庸武俠世界裡，武功作爲隱喻的關鍵。金庸的武俠
世界在《書劍恩仇錄》和《碧血劍》這兩部武功無用武之地的小說
後，在《射鵰英雄傳》騰空而出，關鍵在於重新肯定父權主義之餘，
還找到一條新的出路。一開始，金庸的武俠世界就是爲了解決武功
無用武之地的社會形態。金庸的武俠小說和政治的關係不限於《笑
傲江湖》對政治的全面否定。金庸的頭兩部小說嚴格來說是政治武
俠小說，政治是主，武俠是陪襯。《書劍恩仇錄》寫的雖是一個反
清組織，但它的政治主張卻與中國歷史裡眾多反清復明的組織絕然
不同。紅花會雖然反清，卻沒有主張復明。讀者只需拿《鹿鼎記》
裡的各個反清組織和紅花會比較就可以看出，後者的政治主張不只
脫離一家一姓的狹隘思想，更直指十九世紀歐洲，以語言、文化、
宗教等因素來塑造民族認同的民族主義。假如紅花會的政治錯在過

早提出，《九陰真經》作為隱喻提出的政治卻是及時雨。西洋槍砲不但令中國武功無用武之地，更嚴重威脅與中國武功共存、共生的父權主義。《九陰真經》作為隱喻，指出透過整個社會總動員，武功可以達到最高的境界。最微妙的是整個社會總動員的過程完全掌握在中國傳統精英的手上，可謂魚與熊掌兼得。

有關《九陰真經》的敘事出現在《射鵰英雄傳》裡絕非偶然，相關的敘事看似旁枝，但《射鵰英雄傳》的故事緣自江南七俠和丘處機之間的約定，雙方各自教導郭靖和楊康這兩位忠良之後，待二人長大後，安排二人比試，看誰教的徒弟出色。江南七俠和丘處機之間的約定雖然出於一番好意，但卻絕對是父權主義的作風，這個約定完全沒有考慮郭靖和楊康二人的意願。郭靖在大漠長大，得到成吉思汗的厚待，除了跟成吉思汗的兒子拖雷結拜為兄弟，還跟成吉思汗的獨生女訂了婚約。江南七俠千里迢迢，專誠到大漠尋找郭靖，並帶他返回中原的情節，一方面顯示父權主義有其溫情的一面，但另一方面《射鵰英雄傳》沒有交代郭靖本人是否願意離開，尤其他的母親李萍並不打算跟隨兒子一起離開。楊康的情況更生動，在《射鵰英雄傳》裡，楊康是個認賊作父的壞傢伙，但他出生於金人的王府，在王府長大，享盡榮華富貴。他的母親包惜弱誤信自己的丈夫已死，下嫁傾慕她的金人太子完顏洪烈，也就不會跟楊康提及他的真正身世。當楊康重遇生父楊鐵生時，他像任何人一樣，接受不了。《射鵰英雄傳》對楊康沒有寄予絲毫同情。對父權主義而言，認賊作父的人罪大惡極，沒有絲毫寬大對待的餘地。若非父權主義介入，郭靖肯定長居大漠，而楊康則做其金人王子。若非父權主義介入，根本不會有《射鵰英雄傳》。在這部小說裡，父權主義不但重拾自信，而且找到新的出路；西洋槍砲對父權主義的威脅更一掃而空！《射鵰英雄傳》裡有段情節清晰無誤地說明這一點。

　　這段情節見諸郭靖跟隨成吉思汗遠征，並一度全情投入蒙古攻打金國的計劃裡。後來郭靖與成吉思汗決裂，隻身逃返中原，《射鵰英雄傳》描寫郭靖返回中原後，馬上陷入一次嚴重的身分危機裡。表面上，這個危機是因為郭靖有感於學武只會造成更多殺傷，「恨不得將所學武功盡數忘卻。」（《射鵰英雄傳》頁1506）內裡的原因其實更複雜，身分認同的問題便是其中一個主要因素。郭靖問自己：「拖雷安答和我情投意合，但若他領軍南攻，我是否要在戰場上與他兵戎相見？殺個你死我活？」（《射鵰英雄傳》頁1504）郭靖雖為漢人，但長於蒙古。拖雷是他的結拜兄弟，成吉思汗更把獨生女許配與他。因此，郭靖最終成為漢人的民族英雄其實有點戲劇化。其中的關鍵在於危急關頭時，他終被洪七公的行徑所點化。這段情節的寓意昭然若揭。故事說正當郭靖迷惘之際，遇見丘處機。後者告知「二次華山論劍」一事，並結伴前往。上到山後發生了一件事，即時解開了郭靖心中的死結。事緣鐵掌幫幫主裘千仞早年殺了周伯通和瑛姑所生的兒子，瑛姑趁著「華山論劍」群雄赴會的時機，找裘千仞算帳。郭靖、黃蓉、周伯通等恰巧在場，裘千仞自然不敵。在無路可走之下，裘千仞說了這樣的話：

> 若論動武，你們恃眾欺寡，我把個兒不是對手，可是說到是非善惡，嘿嘿，裘千仞孤身在此，那一位生平沒殺過人，沒犯過惡行的，就請上來動手。在下引頸就死。皺一皺眉頭的也不算好漢子。（《射鵰英雄傳》頁1526-1527）

裘千仞的說話取自約望福音第八章1-11節，金庸武俠世界裡的人物懂得從新約聖經取材為自己脫身，再次說明金庸創造他的武俠世界時，同時意識到另一世界，一個不以父權主義先行的世界。這段約

望福音說法利賽人把犯姦淫的婦人帶到耶穌面前，要耶穌定罪。耶穌答說，誰沒犯過過錯，就先扔第一塊石頭。結果人人走開，耶穌亦寬恕了婦人，但叮囑她不要再犯罪。從父權主義的角度，犯姦淫的婦女是罪無可恕的，但耶穌卻寬恕這樣的婦人，豈不是挑戰父權主義？在《射鵰英雄傳》裡，裘千仞說畢，眾人面有難色，遲疑不決。眼看裘千仞得機脫身之際，洪七公突然出現；並聲稱自己一生殺了二百三十一人，個個都死有餘辜的，他可以理直氣壯地鏟除裘千仞這等江湖敗類。

　　吳靄儀女士多年前在她的報章專欄裡已指出，洪七公這種自命包青天的做法非常可怕。（見吳靄儀《金庸小說的男子》1995第七版頁123。）從現代的法律觀點而言，是否罪有應得是要經過具體的法律程序審裁，不能由一個人單方面決定。金庸求學時，學的正是法律；這點顯淺的道理豈有不知？正如吳靄儀女士的專欄文章指出，洪七公這個角色雖然是大義凜然，但卻不是板起面孔，不近人情的長者。小說十分人性化地寫他極之饞嘴，又寫他被黃蓉哄得心花怒放；總之是一個既慈愛可親，但又是個恪守原則的長者。其實不只是長者，《射鵰英雄傳》借丘處機之口，指出即使在二次華山論劍裡，洪七公的武功不是天下第一，天下豪傑之士，仍會奉他為天下第一，原因是在當今高手裡「只有洪七公幫主行俠仗義，扶危濟困。」（《射鵰英雄傳》頁1507）洪七公正是人們景仰的俠士，武功又高，心地又好，又溫情，又公道，正是父權主義推崇備至的人物。《射鵰英雄傳》說連洪七公這樣一個溫柔敦厚的人亦加以斥責，難怪作惡多端的裘千仞，頃刻間感到無地自容，羞愧之餘便想縱身一跳，跳下萬丈懸崖。

　　從劇情發展的角度而言，裘千仞的一百八十度轉變未免太突兀，但耶穌對父權主義的挑戰則消失於無形。不過，裘千仞的態度

怎樣完全不重要,重要的是郭靖「這些日來苦惱他折磨他的重重疑困,由此片言而解,豁然有悟。」(《射鵰英雄傳》頁1530)這裡所說的片言自然是洪七公對裘千仞的責斥。因著洪七公的言行,郭靖領悟到「武功本身並無善惡,端在人之爲用。行善則武功愈強愈善,肆惡則愈強愈惡。」(《射鵰英雄傳》頁1537)郭靖悟到的道理其實極之粗疏,細心分析時是站不住腳的。武功高強殺傷力就越強,郭靖自己就有錯手傷人的經歷。武功不可能是中性的,就如核子彈不是中性一樣。我們更知道在《笑傲江湖》裡,《葵花寶典》的武功被嚴厲批評,因爲它是害人的武功。《天龍八部》的吸星大法同被批爲邪門不要得的功夫。在武功的問題上,金庸是前言不對後語的,但問題不在於金庸言不由衷,而是在金庸武俠世界裡,武功作爲隱喻必然會出現的問題。班雅明在《德國悲劇的起源》中指出隱喻有別於象徵,後者的意義清晰自明,象徵和它所代表的事物之間的關係是完美和諧,而且更是永恒不變的。隱喻卻只是隱喻的作者自己替事物加上意義,中間的關係並不清晰,亦不穩定。但這不是由於作者有意把意義隱去,如《紅樓夢》提到的「甄士隱」;而是因爲作者既然可以自行替事物加上意義時,任何事物都可以賦予某種特定的意義,事物本身的意義亦告含糊了[2]。其實金錢就是一種隱喻,因爲人們可以把各種不同意義賦予金錢身上。事實上,一張一千元面額的鈔票作爲紙張的意義和一張二十元面額的鈔票的分別是微乎其微的,雖然二者被賦予的差距是五十倍。在金庸的武俠世界裡武功只是隱喻,不同的小說對武功賦予的意義亦因而有所不同。在《書劍恩仇錄》和《碧血劍》武功是裝飾品,在《射鵰英雄

2　見Walter Benjamin, *Origin of German Tragic Drama*, London, Verso 1977. P. 165-167.

傳》裡，武功則是社會總動員產生出來的力量的一種寓意。這股力量十分巨大，需要套上韁繩。郭靖和《九陰真經》都是這股力量的不同代號，雖然套在二者的韁繩是不同的，作用亦有別。

郭靖的武功淵源跟《九陰真經》同樣複雜。郭靖的教養加入蒙古因素，《九陰真經》的部分用梵語寫成。《九陰真經》險些被毀，郭靖亦一度要忘記學得的武功。但二者雖然與社會總動員息息相關，卻代表著總動員存在的不同危險——失控或冷漠的回應。防止失控就要限制動員的層面，正如王重陽得到經書後，自己不學其中的武功，亦禁止門人學習。郭靖生性遲鈍，失控是不會的；怕的是不夠積極主動需要不停鞭策。但誰來鞭策？由於郭靖的資質有限，他的眾多師傅都沒有要求他幹一番事業，就連黃蓉亦沒有期望他在事業上會有什麼作為。丐幫出現危機，黃蓉果斷地挑起丐幫幫主的擔子，想也沒想過讓郭靖擔任。但最後郭靖成了大英雄，黃蓉就只是小妖女。誰人鞭策郭靖成為民族英雄？

不是洪七公，也不是任何人，而是整個中國文化的父權主義。本來郭靖就像千千萬萬身處低下層的中國人一樣，對中國文化的認識極之有限。但洪七公怒斥裘千仞一幕扼要地陳述了中國文化的要義。很多人都喜歡把西方文化形容為罪咎文化，而中國文化則是羞恥文化。其實羞恥是假定了罪咎，沒有罪咎應該不會感到羞恥，所謂橫眉冷對千夫指就是了。但罪咎和羞恥之間確是指出了中西文化的巨大差異。犯了罪，如無人知曉，不存在羞恥，只會有焦慮。另一方面，實際的社會運作，如趨炎附勢的社會就會令到貧窮變成羞恥（笑貧不笑娼）。羞恥往往是社會不公的扭曲下產生的。現成的例子是不能負擔自置樓宇的人被譏為無用、沒本事而感到羞恥。而譏笑別人的人本身當然是坐擁巨資，身家豐厚的。羞恥文化的形成也就要假定完美無缺的人格是不難達到的，而中西文化的差距亦在

這裡。西方文化深受基督教影響，從原罪的角度來看，人與生俱來
就是不完美的，只有超越人的位格的神才是完美的。即使本是神，
但甘願降生爲人的耶穌亦有軟弱的時候，亦同樣感受到魔鬼的誘
惑。中國文化則認爲只要有決心，人是可以達到完美的地步。在政
治制度上，西方文化重視制定不同的機制互相制衡，確保不完美的
人不能獨攬大權。中國的政治制度則建基於完美的人獨攬大權，即
使事實屢次證明沒有人是完美的，尤其是獨攬大權的人！

　　《射鵰英雄傳》裡的洪七公卻是完美的，因爲他從沒殺錯一個
人。他的聲明卻是建基在循環論證的謬誤上，他殺了二百八十一人，
這二百八十一人就成了他從來沒殺錯人的佐證。但當他殺第一個人
時，他憑什麼認爲自己不會殺錯人？更根本的問題是，人是否有權
殺人，不管是否殺錯？這是耶穌發出的質疑，也是希望忘記武功的
郭靖的疑惑。在中國父權至上的文化裡，這個根本的問題並不存在。
中國自漢朝以來表面上是獨尊儒術，但行的往往是法家那種單從統
治者（同時是大家長）角度來看待問題的制度。什麼寧枉毋縱、殺
一儆百是歷代統治者（包括現今的中共政權）樂意採用的管治手段，
雖然這些手段明顯是視人命如草芥。表面上，儒家和法家是兩回事，
但儒家將聖人治國作爲統治者的典範，實際上是替法家開路。像洪
七公，一出場頓時把一個拉鋸不下的形勢扭轉過來。洪七公是否真
的如他自己所言，從來沒殺錯一人這點根本無從證實，但做出的效
果卻是顯然而見。法家思想正是抓著這種聲勢（即使是虛張聲勢）
所做成的效果。郭靖也是因著這種聲勢才將先前的疑慮一掃而空。
郭靖的疑團消失後，《射鵰英雄傳》安排他先後跟黃藥師和洪七公
兩大高手比武。結果郭靖都能與兩大高手打個平手，而二次華山論
劍亦草草收場，誰是天下第一亦不了了之。但很明顯郭靖是最大的
贏家，他從此擠上前列高手的隊伍裡。接著故事安排他做了民族英

雄。其實，郭靖早已知道蒙古南侵的意圖和路線。很奇怪，郭靖返
回中原後對此隻字不提；他似乎忘記了，要勞煩《射鵰英雄傳》在
故事快將完結時安排一對大鵰帶來華箏的書函，這才提醒郭靖蒙古
南侵之事。從情節發展而言，這是敗筆，但醉翁之意不在酒，《射
鵰英雄傳》亦不只在於說故事。武功這種徹頭徹尾父權主義的產物
在《書劍恩仇錄》和《碧血劍》都是無用武之地，但金庸這位一方
面寫武俠小說，另一方面創辦報章，並經常親自執筆撰寫報章社評
的作者，比任何人都更深刻體會到推崇父權主義的中國文化面對的
挑戰。他的解決方法是創造他的武俠世界，讓飽讀詩書就悟得武學，
是秀才也是武夫；西方文化不能解決的問題，放在中國則消失於無
形。在金庸的武俠世界裡，《射鵰英雄傳》是父權主義重振聲威的
作品，因此有《九陰真經》的敘事，亦安排了黃蓉這位既聰明、有
主見、有個性但完全服膺於父權主義的女性角色。吳靄儀女士曾批
評金庸不了解女性，不過她的批評是建基於她對金庸武俠小說裡眾
女性角色的分析。在《書劍恩仇錄》和《碧血劍》這兩部武功無用
武之地的小說裡，女性角色亦變得可有可無。但在《射鵰英雄傳》、
《神鵰俠侶》和《倚天屠龍記》這三部曲裡，女性的角色由黃蓉這
樣一位完全服膺於父權主義的女性，蛻變成小龍女這位既是楊過師
父，又是他的情侶的角色。《倚天屠龍記》的眾多女性不是令人生
畏（滅絕師太），便是有不可告人的秘密。上文已提及在這三部曲
裡，女性在主角學武過程中扮演重要角色，在這三部曲裡，女性角
色的轉變其實關乎武功在三部小說裡作為隱喻的作用。雖然隱喻由
作者賦予，但隱喻有別於象徵，隱喻是不穩定的。班雅明更指出：
「隱喻在思想的領域裡，就如在現實世界裡的廢墟一樣。」[3]廢墟固

3　　見Walter Benjamin, *Origin of German Tragic Drama*, London, Verso,

然指向一段光輝的歲月，但從廢墟所見，這段歲月有很多不能確定
的事；另一方面，倒下的構築物同樣訴說著一段衰敗的過去。武功
作為隱喻的不確定性從《九陰真經》便可見一斑。

在《射鵰英雄傳》裡，有關《九陰真經》的敘事把武功看
成是一股蘊藏在中國文化典籍裡的力量，一方面固然是文化自我中
心的人的狂想，另一方面卻一語道破經典和經世的密切關係。《九
陰真經》的故事亦矯正了《碧血劍》的政治錯失。袁承志錯把李自
成看成是更生明朝統治的正義之師。但在《碧血劍》裡，這股來自
民間的新興力量只懂得奸淫擄掠，李自成更是沉迷美色，搶走守邊
大將吳三桂的姬妾，迫使吳三桂引清兵入關。金庸熟悉歷史，但對
吳三桂引清兵入關的動機卻沒有深究，簡單地把事情推諉到兒女私
情上。其實，即使吳三桂沒有引清兵，但如果李自成真如《碧血劍》
所言，淫亂殘暴，清兵入關就只是時間問題。尤為重要的是在《碧
血劍》裡，李自成並非一開始就是大奸大惡或昏庸無道，而是一個
深得民心，四方來投的草莽英雄。只是攻克北京，迫死崇禎後便開
始變質。這點和後來《笑傲江湖》反覆重申的所謂「權力使人腐敗」
的調子是一致的。不過，《笑傲江湖》是全面否定政治，也是說權
力必然使人腐敗。《碧血劍》卻沒有採取這種極端的立場，它更暗
示權力使人腐敗一節是可以防止的，關鍵是親賢臣，遠小人。李自
成卻適得其反，他沉迷酒色，縱容部屬奸淫擄掠的行徑固然令袁承
志反感；但令袁承志完全失去希望，要自我放逐的卻是因為李自成
不再信任李岩這位闖軍中的唯一儒生！

《九陰真經》在吸納民間力量之餘，卻把主動權牢牢的掌握在
黃裳這位士大夫的手裡。但即使如此，《九陰真經》仍指示著一個

（續）
　　1977. p. 178.

嶄新的政治局面。這部矚目巨著有如孫悟空從石頭爆出來一樣，完全無跡可尋。若非《九陰真經》紀錄自己的出處，人們將永遠不會知道它成書的原委。它不屬任何門派，但卻統攝眾多門派的武功。它出自文人之手，卻不屬經史子集任何一類，而是武學寶典。《九陰真經》是新派的武學，它完全沒有師承，是嶄新的事物。《九陰真經》由文字清楚記載，用黑格爾的術語來說，是完全客觀化了。相對於傳統的門派，它的武功是革命性的，因為它是人人可以學的。像全真教的內功心法就是口傳，只有全真教的人才能學到。《九陰真經》代表著一股新興的力量，一股統治者沒有絕對把握可以控制自如的力量。它和傳統武功的分別就有如選舉制和委任制的分別一樣。當然，選舉是可以操縱的。最簡單的方法是限制選民的資格，如功能團體選舉以組織為單位而不是以個人為單位。此外，還可以用等額選舉、記名投票等方式令到投票者有所顧忌，總之不讓選舉作為民意表達的功用發揮出來。人大常委訂下的8.31框架，更是限制民意表達的最新發明！

　　更值得注意的是黃裳並沒有創立什麼門派，他死後，《九陰真經》誰屬的問題，便出現法律真空。在一般的情況下，只有革命時刻才會出現法律真空。黃裳死後，《九陰真經》確實引起一場武林人士的革命。所有既有的武林勢力都深受這部經書的威脅，因為經書破壞了原有勢力之間的平衡。《九陰真經》最後由華山論劍中勝出的王重陽奪得。《射鵰英雄傳》並沒有交待華山論劍的具體安排，更沒有解釋為什麼最後獲勝的人可以把經書據為己有。華山論劍即使是兵不見刃，但仍是以武力服人，也就是以武力來解決法律真空。解決法律真空的問題可以有更好的辦法——用民主手段。只要把《九陰真經》廣為印行，有興趣的就送（或購買）一分，獨霸武林的問題就不再存在。不過在《射鵰英雄傳》裡武功作為隱喻的意義在於

重振父權主義的聲威，因此不是武俠小說的作者民主意識微薄，以致《九陰真經》不但未能廣泛流傳，還險些被王重陽毀了。《射鵰英雄傳》對於應否毀滅《九陰真經》的態度十分曖昧，似乎是保留有保留的道理，銷毀亦有銷毀了的道理。但客觀上，毀滅《九陰真經》，王重陽天下第一的地位便更鞏固。事實上，《九陰真經》的力量無非就是民眾參與的力量。本來，中國之大，外敵實不足畏。像鴉片戰爭，如果清廷能夠動員民間抗英的力量，英人焉能得逞？又如太平天國，若非曾國藩、李鴻章動員了鄉勇的力量，太平軍或許可以直搗北京。事實上，慈禧便一度妄想利用義和團的力量來趕走外國勢力。法國大革命爆發，普魯士、奧地利、英格蘭等列強聯手干預。眼看普魯士軍快將攻陷巴黎，而原有的軍隊士氣低落、潰不成軍之際，全民徵兵的創舉扭轉了危急的軍事形勢。有理由相信金庸這位新派的武俠小說作者亦明白這項中外皆適用的歷史教訓。《神鵰俠侶》的郭靖以長輩身分忠告忽必烈不要妄想吞併中國，因為中國之大，能人義士數不勝數，一旦動員起來，蒙古軍必一敗塗地。《倚天屠龍記》更清清楚楚把驅趕蒙古人的責任，放在明教這個能夠動員民間力量的外來宗教組織身上。

　　既然是整個社會總動員，女性的參與便不可缺少了。但社會總動員的作用無非為了重振父權主義，怎可能由得女性參與？在《射鵰英雄傳》裡，《九陰真經》被梅超風取去便是清晰的警告！金庸的武俠世界令成千上萬的讀者著迷，關鍵在於他成功把重振父權主義和女性參與的矛盾轉化為一部又一部引人入勝的武俠小說。《神鵰俠侶》和之後的小說都是為了處理這個矛盾，而《神鵰俠侶》的處理手法十分成功，令喜愛這部小說的讀者誤以為這是一部寫情寫得盪氣迴腸的小說。《神鵰俠侶》結尾時，主角楊過僅憑一人之力擊斃南侵的蒙古軍元帥，瓦解襄陽城之圍。他亦因而跟郭靖一樣，

躋身民族英雄的行列；但郭靖成為民族英雄是當之無愧，楊過卻不
過是偶然的民族英雄。楊過與郭靖關係密切，一度寄居在桃花島上，
由郭靖、黃蓉撫養。表面上，《神鵰俠侶》和《射鵰英雄傳》的關
係亦同樣密切。前者的故事緊接著後者。蒙古並沒有放棄南侵，在
郭靖的號召下，武林英雄開始組織起來共同抗敵。丐幫在黃蓉的領
導下更是全幫投入救國陣線裡。可是故事的主角楊過卻不十分投
入，他還一度投靠蒙古，又想刺殺郭靖。事實上，當他寄居在桃花
島時，黃蓉已處處提防；只教他孔孟之道，卻不教他半點武功，累
得他被郭靖兩個沒甚出息的徒兒欺負。黃蓉的擔心一方面是由於楊
過之父楊康之死，多少與自己有關；更重要的是黃蓉察覺到楊過的
性情與自己酷似，即是說叛逆、行事不按常理，又詭計多端，難以
對付。

　　事實上，楊過的性情以至於他的武功都與郭靖對立。郭靖學的
武功全是江湖上名門正派的武功，而且雄渾剛勁。楊過雖然與名門
正派頗有淵源（一度加入全真教），但卻沒學到半點武功。反而外
號「西毒」的歐陽鋒教了他倒轉穴道的武功，而他那位亦師亦情人
的小龍女教他的則是一套專門對付全男班的全真教的武功。如果郭
靖代表著群眾質樸敦厚的一面，楊過則似乎代表著刁鑽、狡猾、冥
頑不靈的一面。但為什麼這些負面的描述要和女性連在一起？《射
鵰英雄傳》裡的黃蓉雖是詭計多端，但卻並未引致不安，反而處處
顯得活潑可愛。她小小年紀，卻膽敢逆父意，離家出走。但自從遇
見郭靖之後，比貓兒還馴服；即使對方不顧而去，亦誓死追隨。黃
蓉是小孩的淘氣而已；楊過則不同，除了黃蓉存有戒心之外，全真
教上下當他頑劣成性，無藥可救。後來走進不見天日的墓穴裡，才
能寧靜地渡過少年的時光。重出江湖後，又因為與小龍女的師徒戀
而為世所不容。

　　郭靖成為民族英雄的寓意深遠，他集《九陰真經》和《武穆遺書》於一身，師承多位名家，得到黃蓉的扶助，受益於洪七公的教誨，更有長於蒙古的難得經歷。楊過賴以擊潰蒙古軍的武功卻是一個人孤獨地練成的。本來他和小龍女雙劍合璧的功夫足以打敗任何強敵。但小龍女卻誤信黃蓉之言，以為離開楊過對他會更好，因而把無敵手的玉女劍拆散了，從此再無從發揮。楊過被削去一條手臂的情節也就形象化地點出玉女劍被拆散的事實。本來楊過和小龍女之間堪稱情比金堅，但一次又一次的誤會令二人總是無法在一起。誤會的原因卻不是尋常瑣碎的事情或情侶之間時常出現的猜疑，而是因為小龍女把楊過看作與一般少年無異。她聽信黃蓉之言，以為外面的花花世界會更適合楊過。誰不知楊過甘願與小龍女在墓穴裡渡過一生。小龍女不惜跳崖，因為她估計楊過會像其他人一樣漸漸忘掉她。誰不知十六年後，楊過不但沒有忘記她，更毫不猶疑地追隨她的足跡，跳下懸崖。《神鵰俠侶》被譽為愛情小說的典範，引元好問的詩句，「情之為何物」，令人神魂顛倒。但同樣顛倒的是楊過的身分。若非楊過的性情和行徑有異於一般男子，詭計多端，難以捉摸之餘卻又一往情深，他與小龍女之間的一段情肯定會平淡得多。究竟楊過的身分是什麼？連黃蓉也認為他與自己相似，這是否暗示楊過是女兒身？

　　楊過當然不是女兒身，但在故事裡，他和男性人物的關係不是緊張就是隔膜，但跟女性人物則極合得來。即使黃蓉和郭芙兩母女亦能與楊過冰釋前嫌。楊過與《笑傲江湖》的令狐沖同樣不拘小節，但卻似乎沒有閒情跟田伯光之類的人物飲酒。值得注意的是在金庸的世界裡，只可能有男性或女性，不可能有雙性，連不男不女也不可能。《葵花寶典》的武功要人（其實是男人）先行揮宮，對金庸來說，揮宮等如變性。在《笑傲江湖》裡，無論是東方不敗、岳不

群或林平之，揮宮之後的行為和動靜都變得女性化。聰明如徐克便索性用美艷的林青霞來演東方不敗，大獲好評。楊過不是女兒身，亦不是雙性人，不男不女也不是，餘下的選擇就是男性，但卻是一個寧願在不見天日的墓穴裡與心愛的人渡過一生的男性。吳靄儀在《金庸小說的女子》的總論裡引用了一句話來形容金庸對女子的看法：「愛情是男人生命的一部分，但卻是女子生命的全部」。如果以楊過的愛情觀來測試，他顯然是個女子了。事實上，若非小龍女在跳崖前寫下十六年後相見的字句，而黃蓉又編織了南海神尼的故事，楊過到處行俠仗義的事情便不會發生。十六年過了，小龍女卻沒有出現，他立即跳下懸崖，什麼行俠仗義亦隨他跳入萬丈深淵裡。

　　在中國，俠士的傳統可以追溯至《史記》，但俠女卻是近代才有。另一方面，烈女的傳統卻足以跟俠士媲美。烈女不是俠士，俠士卻可以選擇做烈士。楊過用情之專達到貞烈的地步，但他的俠士身分卻好像是臨時附加的。如果郭靖是一個平民變民族大英雄的故事，楊過則是浪子變英雄。但楊過這個浪子其實是一個用情專一的浪子。可是用情專一還算是浪子嗎？楊過的特徵是無論用什麼形容詞（包括男性或女性）來形容都可能是犯駁的。或許楊過的身分以後殖民理論裡說的「他者」（the other）來描述最為合適。論身世，郭靖本來亦屬於「他者」的範疇，但《射鵰英雄傳》的敘事模式把這個「他者」完全包藏起來，就像《九陰真經》包藏著民間的武功一樣。楊過這個「他者」最終亦被網羅在民族主義者的陣營裡，但這個結果是一再拆散楊過和小龍女這對苦命鴛鴦之後才達到。兒女私情和民族大義其實不一定相抵觸，郭靖和黃蓉夫妻檔堅守襄陽就是最好的反證。為什麼楊過和小龍女不能？

　　雖然楊過和小龍女的孤僻性格可以作為一種解釋，但二人聯手打敗金輪法王，挽回中原武林的厄運。群雄更聲言尊小龍女為武林

盟主，但一旦知道楊過有意娶身為師傅的小龍女為妻時，眾人嘩然，因為違背了長幼有序的傳統禮教。金庸的小說號稱新派武俠小說，其中一個理由是因為小說以現代的愛情觀投射到過去的時空裡。然而，禮教在過去的時空的作用卻並不相同。中國社會素來重視男女之防，在《書劍恩仇錄》裡，鐵膽莊的小姐周綺和紅花會的徐天宏，因為跟大夥兒失散而一起上路，三日後才與大夥兒聯絡上。周綺的母親知道這件事之後私下對女兒說：「你一個黃花閨女，和人家青年男子同路走，同房宿，難道還能嫁給別人嗎？」（《書劍恩仇錄》頁244）幸好後來周綺和徐天宏總算情投意合，傳統禮教並未妨礙自由戀愛。《碧血劍》的溫青青或阿九（長平公主）在公眾場合裡總是女扮男裝。黃蓉出場時也是女扮男裝，與郭靖熟絡以後卻好像沒有須要再扮下去。二人亦一起上路，但《射鵰英雄傳》並沒有提出男女之防的問題。

在金庸小說眾多的女子裡，論聰明才智黃蓉雖有過人之處，但卻不是無可比擬。若論與男性的關係，黃蓉這個角色卻是獨一無二的，她是金庸筆下的眾多女子中，唯一一個智勇雙全而又不致令其他人感到不安、感到受威脅的人物。黃蓉外號小妖女，她的妖是性格使然，不是因為她是女人。《倚天屠龍記》裡，殷素素死前對兒子張無忌的忠告卻是直指女人的本質：「孩子，你長大了之後，要提防女人騙你，越是好看的女人，越會騙人。」（《倚天屠龍記》頁391）《射鵰英雄傳》和其他小說不同之處是既沒有男女之防，又不用提防女人。《書劍恩仇錄》和《碧血劍》不用提防女人，因為已有男女之防。《神鵰俠侶》沒有明言要提防女人，但處處提防玉女劍，不讓楊過和小龍女聯手，逼使楊過獨個兒練什麼黯然銷魂掌。《倚天屠龍記》的女性人物幾乎個個都有不可告人的秘密，個個都要提防。《天龍八部》的天山童姥和李秋水武功屬害得好像妖怪。

《笑傲江湖》沒有提防女人，但卻要提防男人變了女人。不過到了《鹿鼎記》，韋小寶雖然也曾被女人騙了，但卻無傷大雅。不但無須提防女人，更可以把她們玩弄於股掌之間。

　　無論如何，楊過和小龍女的戀情是獨一無二的。如果世間真的有戀人選擇在不見天日的墓穴裡廝守終老，那麼這對戀人必然也像楊過和小龍女一樣，對外間的花花世界毫不感興趣。在別人眼中，這對戀人必是患了嚴重的自閉症。事實上，楊過和小龍女都不是一般意義的正常人；然而兩個不正常的人卻能彼此相愛，而且愛到完全為了對方而活。正常的人做不到的，二人卻做到了。二人的關係便也顛覆了正常的秩序。其實，整部《神鵰俠侶》可分成兩個層面。一個層面是《射鵰英雄傳》的延續，這個層面的事情都是在地面上發生的，而且了無新意。宋室如常無能，蒙古軍志在必得的襄陽城全仗郭靖等平民百姓力拒來犯。《神鵰俠侶》引人入勝的情節都在地下發生的。終南山下的墓穴是其一，絕情谷是其二，而且絕情谷下另有洞天。楊過和小龍女相隔十六年重逢的地點又是懸崖下的洞穴。《神鵰俠侶》以寫情而聞名，但如果其中的愛情情節不是在地下發生，會否同樣吸引？可以肯定是地面上的民族英雄故事已是嚼蠟無味了。金庸在《神鵰俠侶》引用元好問詩句：「問世間，情為何物」？楊過和小龍女的戀情其實是最佳答案，令人發出「情為何物」的戀情必定是顛覆正常秩序的地下情。事實上，只有顛覆正常秩序的情才會轟轟烈烈！不過《神鵰俠侶》寫楊過和小龍女的情寫得盪氣迴腸之餘，更因為武功這元素而分外令人陶醉。《神鵰俠侶》寫二人在古墓一起練古墓派的玉女素心劍時，須要赤身露體，練武功不能心存雜念，否則會走火入魔；楊過和小龍女二人練玉女素心劍時當然也不能例外。二人成功練成這種武功，說明二人的關係嚴格來說並非師徒，而是有如伊甸園裡的亞當和夏娃，根本不自覺自

己赤身露體。從武功作為隱喻的角度而言，《神鵰俠侶》寫楊過和小龍女二人赤身露體練玉女素心劍，是否像洪七公聲稱自己從沒有殺錯一個人，暗示練武可以令人重返伊甸園？《神鵰俠侶》沒有任何這方面的暗示，但二人赤身露體一起練武的情節，已足以為二人的關係加上一般戀人身上不可能見到的色彩。金庸武俠世界的奇特，也在於練武竟然可以為世間的戀情加添色彩！

不過從武功作為隱喻的角度而言，楊過和小龍女二人的練武情節亦可解讀為化解重振父權主義和讓女性參與的矛盾。雖然這種厲害的武功創自古墓派，但卻要等到楊過出現才能練成！況且楊過和小龍女這對璧人如同伊甸園裡的亞當和夏娃，換言之二人之後，恐怕再沒有如此完美的配合能再練成這種絕世武功了。從武功作為隱喻的角度而言，玉女素心劍雖然厲害，但成功練成的機率十分低。換言之，讓女性參與一事沒什麼大不了，只要讓女性的參與減至最低便是了。《神鵰俠侶》的古墓派長年累月活在不見天日的地方，幾乎與世隔絕。小龍女離開楊過後，先走入絕情谷，然後跳下萬丈深淵。《神鵰俠侶》的故事情節跟玉女素心劍作為隱喻正好配合。但《神鵰俠侶》是否解決了父權主義和讓女性參與的矛盾？這個矛盾怎能輕易解決！在《神鵰俠侶》中，楊過雖然浪蕩不羈，但對小龍女一往情深。他聽了黃蓉編造的故事後，耐心等候。十六年過去，小龍女沒有出現，他毫不猶疑，從相同的地方跳下；什麼行俠仗義或民族大業都變成無關宏旨。無論怎樣苦心經營，女性對父權主義的大業始終是隱患，因而出現殷素素死前對兒子那句莫名其妙的忠告。

作為三部曲最後一部著作，雖然《倚天屠龍記》跟之前兩部的關係並不明確，起碼沒有重疊的人物；但在《倚天屠龍記》裡，民族大業兩件最厲害的武器——《九陰真經》和《武穆遺書》——無

處容身，要分別收藏於倚天劍和屠龍刀裡。更值得注意的是民族大業的繼承者已不再是俠義之士，而是一個被名門正派歧視地稱為魔教的明教。《倚天屠龍記》開始時完全沒有解釋為什麼明教會被視為魔教，直到故事說了一大截時才透過楊逍撰寫的《明教流傳中土記》來交待魔教的名稱，實因朝廷長期迫害下不逕而走。故事特別指出明教的兩大特點是素食和團結，即使官府迫害，亦抗爭到底。素食卻並不是出於宗教理由，而是為了省錢。明教團結的也就是廣大的低下階層。明教是民族主義者，但更是對抗權威、挑戰官府的地下力量。在《射鵰英雄傳》裡，社會總動員全由士大夫操控，除了要面對女性參與的問題，沒有其他威脅。《倚天屠龍記》對社會總動員的後果，考慮更全面。

　　另一方面，在《倚天屠龍記》裡，六大派在民族大業方面一直置身事外，即使多次吃了蒙古人的虧，仍是各顧各。聯手圍攻光明頂的敵愾同仇不知去了那裡。事實上，這是群眾動員之後的必然結果。群眾一旦動員起來，權力會轉移，先前的領袖被擠出局外。《倚天屠龍記》的故事開始時，把中原武林和明教的對立寫成正邪不兩立，但屠龍刀落入謝遜手裡一節已說明問題的原委——權力轉移。面對權力轉移的事實，《倚天屠龍記》嘗試找出新舊勢力相處之道。張無忌的角色很大程度上是為了平衡這兩股勢力而設的。他出生的冰火島、寒毒無比的玄冥神掌和至剛至陽的九陽神功都表達了這個角色的象徵意義。他生到世上，立刻化解了謝遜對自己父母的仇怨。光明頂上的傑作更是畫龍點睛。事實上，光明頂之戰就是張無忌事業的顛峰。之後，他週旋在趙敏和周芷若之間，只能左支右撐，事業上再無突破，最後更放棄教主之職。也就是說，被擠出權力中心。

　　金庸在《倚天屠龍記》的後記裡說張無忌這個角色比較軟弱，較少英雄氣慨，不能做政治領袖。反而周芷若和趙敏卻都有政治才

能。不過,能夠化解六大派和明教的仇恨其實已經十分了不起。事實上,故事說光明頂一役,張無忌依次打敗六大派的高手時,盡力留有餘地,使對手雖敗不辱,不致再加添仇怨。被明教上下擁為教主時,他一再約法三章。與其說欠缺政治能力,不如說未能駕馭身邊的女性,被她們牽著鼻子或蒙在鼓裡。《倚天屠龍記》的一大特色是書中的女性,大部分都偽裝,但卻不是女扮男裝。紫衫龍王偽裝為金花婆婆,小昭裝作侍婢,殷離變珠兒,趙敏的名字本身就是偽裝,周芷若偽裝宋夫人,又偷偷練《九陰真經》的武功。似乎是應驗了殷素素對張無忌的忠告。但金庸小說的兩性關係亦因此而變得越來越緊張。

在《射鵰英雄傳》、《神鵰俠女》和《倚天屠龍記》這三部曲裡,怎樣處理兩性的關係出現很大的落差。《射鵰英雄傳》在武功作為隱喻的層次上重振父權主義的聲威,因此毋須處理兩性的關係,更可以接納聰明、詭計多端的黃蓉。《神鵰俠女》寫楊過和小龍女情比金堅的故事,重新發現女性對父權主義始終是隱患。《倚天屠龍記》索性把問題簡化為女人騙人,然而把問題簡化不但不能解決問題,還會自食其果!即使女人真的較男人懂得騙人,也不能貿然說女人比男人壞。所謂騙人其實是騙男人。女人專長騙男人只能說明在兩性關係裡,女人處於劣勢,對付男人就只能智取,不能力敵。滅絕師太的性情比男人更剛烈,但深明女人勝男人之道在於使詐。其實,在《倚天屠龍記》裡,趙敏不惜背叛父親,周芷若不惜違背毒誓,為的就是和張無忌相好。《倚天屠龍記》一方面把男性說成是受害者,另一方面卻處處維護男性的優越地位。故事結尾時還特別安排周芷若被「玄冥神掌」所傷後,存心把寒毒之氣傳給趙敏。張無忌自然出手相救,故事說:

> 玄冥二老再也不敢搶迫，張無忌體內的九陽真氣便盡數傳到趙
> 敏身上。這一全力發揮，周芷若所中的玄冥寒毒立時便驅趕殆
> 盡。但陰陽二氣在人體內交感，此強彼弱，彼強則此弱，玄冥
> 寒毒一盡，九陽真氣便去抵銷她所練的九陰內力。（《倚天屠
> 龍記》頁1614）

這段描述再一次把武功用作兩性角力的場所，同時亦生動地剖析了
金庸對兩性關係的新態度——一場零和遊戲，此強則彼弱，彼強則
此弱。兩性關係既是零和遊戲，女性的地位隨著總動員而提高時，
父權主義下獲益良多的男性大家長的優越地位便告搖搖欲墜，隨時
會全面崩潰。在《倚天屠龍記》裡，武功成了兩性角力的焦點所在。
張無忌年幼時被非常陰寒的玄冥神掌所傷，直至學得「九陽神功」
才能驅去體內的寒氣。名義上，《九陰真經》的武功依然為世景仰，
但實際上卻是另一回事。《九陰真經》的武功雖然仍是光明正大，
但周芷若練出來的武功卻是陰毒無比。《倚天屠龍記》的解釋是：

> 周芷若取得藏在倚天劍中的《九陰真經》後，生怕謝遜和張無
> 忌知覺，只是晚間偷練，而時日迫促，無法從紮根基的功夫中
> 循序漸進，因此內功不深，所習均為真經中落於下乘的陰毒武
> 功。（《倚天屠龍記》頁1614）

這個解釋是否言之成理，很大程度上取決於小說本身對周芷若的描
寫，若然周芷若是另一個梅超風或滅絕師太，那麼急忙練功之說是
可信的。但小說對周芷若的描寫前後有出入，小說上半部的周芷若
予人的印象是柔弱遲疑。另一方面，周芷若取得真經時，她跟張無
忌和謝遜流落荒島，與外界隔絕，根本不知道什麼時候才能返回中

原,時日迫促之說未免牽強。返回中原之後,謝遜被擄,張無忌又
纏上趙敏,與周芷若聚少離多,她根本不用偷偷在夜間練陰毒的武
功。《倚天屠龍記》的女性人物有一個明顯的共通點——生人勿近。
趙敏二十未出頭,當上類似中央情報局的特務組織首腦。周芷若被
形容爲:「外表溫柔斯文,但心計之工,行事之辣,絲毫不在趙敏
之下」(《倚天屠龍記》頁1647)。殷離小小年紀就懂得向母親的
情敵施毒手。小昭表面上是溫柔斯文,但卻是波斯明教的聖女,絕
對不能親近。當然還有滅絕師太,其人一如其名。而且她雄心萬丈
(字面意義已是矛盾之至),致力光大峨嵋這個以女性爲主的門派。
如果將《射鵰英雄傳》、《神鵰俠侶》和《倚天屠龍記》這三部曲
的女性人物排比,得到的印象是女性由賢內助變成障礙,再變成猙
獰可怕的敵人。黃蓉絕頂聰明,但一心輔助郭靖。小龍女飄逸脫俗,
卻不懂世事,妨礙楊過建功立業。趙敏、周芷若和小昭每人都有特
殊任務在身,她們雖鍾情於張無忌,但又與他爲敵。在《倚天屠龍
記》裡,女性是男性所不能駕馭的。不只不能駕馭,按照滅絕師太
的計劃,更要倒過來駕馭男人。而且這個計劃絕非異想天開,而是
有強大的後盾——有關屠龍刀和倚天劍的秘密。

　　屠龍刀虎虎生威,倚天劍鋒利無比,但真正的威力在於內裡的
玄機。兩柄兵刃分別藏了《九陰真經》和《武穆遺書》。這個秘密
卻只有峨嵋派這個以女性爲主的門派才知曉。兩柄兵刃乃郭靖和黃
蓉所鑄,爲了讓日後英雄繼承民族大業。然而,在《倚天屠龍記》
裡,武當、少林等名門正派對民族大業似乎無甚興趣。峨嵋的滅絕
師太雖然知道箇中秘密,並不惜逼周芷若發毒誓,務要奪得兵刃;
但爲的只是光大峨嵋,獨霸武林。周芷若終偷得兵刃,取去經書,
練起《九陰真經》的武功。在《倚天屠龍記》裡,這一段情節是在
結尾時才以三言兩語交代。從學武功的角度而言,金庸顯然是性別

歧視。他的小說極之細緻地描述男性人物如何練成絕世武功，對女性人物學武的過程則鮮有提及。即使提及也是因為練的是邪門的武功，如《倚天屠龍記》的珠兒（殷離）和《天龍八部》的阿紫。金庸的主觀意圖當然無法知道，亦不用深究；學武情節上重男輕女的客觀結果是讀者完全投入男性人物的角色裡。這也是為什麼金庸須要在《倚天屠龍記》的後記裡特別向讀者說明，張無忌的角色缺少英雄氣慨；他卻絕口不提為什麼《倚天屠龍記》中的女性人物不但有不可告人的秘密，更令人生畏甚至不齒。滅絕師太的名字本身已是殺氣騰騰，她的弟子紀曉芙被明教的楊逍污辱，身為人師的不但沒有伸出援手，還怪罪於受害者。《倚天屠龍記》的女性都不能信任，要嚴加提防，但如此一來，透過社會總動員來重振父權主義的如意算盤便打不響了。《倚天屠龍記》預示著父權主義即將全面崩潰，小說的主角張無忌當然缺乏英雄氣慨！

《天龍八部》和《笑傲江湖》寫的就是父權主義全面崩潰的局面。在《天龍八部》裡男性大家長們無論在公在私都把事情弄得一團糟，甚至禍延下一代。在公方面，慕容氏父子為了復國大業，挑撥宋遼交惡，一手設計了雁門關的慘劇。德高望重的玄慈一心以為痛擊敵人，不知枉殺無辜。更嚴重的是知情者個個全力袒護，維持玄慈的尊嚴，令元兇慕容博消遙法外。在私方面，身在佛門的玄慈與婦人有染，並生下私生子。段正淳更淫亂荒唐，差點兒逼使兒子走上絕路。《天龍八部》的命名似乎有意鼓勵讀者從宗教的角度來解釋大家長們的罪孽。但怎樣解釋也不能掩蓋父權主義回天乏術的事實。《射鵰英雄傳》的洪七公聲稱自己一生從沒殺錯一個人，但在《天龍八部》裡，德高望重的玄慈不但枉殺無辜，還摧毀一個大好家庭。從金庸作品本身的張力來看，父權主義的崩潰在《倚天屠龍記》已是山雨欲來，《天龍八部》只是公開承認事實而已。這樣

說卻不表示《天龍八部》了無新意，小說由三段不同情節串成，敘事的技巧比之前的小說高明。但最具意義的是這部作品已開始探索「後父權主義」時代，權力如何表現的問題。福柯指出權力是分散的，甚至無處不在；因此它有種種不同的表現。武功是權力的一種表現，道德威望是另一種。武功和威望結合時形成的又是另一種，金庸武俠世界所呈現的權力往往是最後一種。郭靖、楊過和張無忌三人的武功不同，投射出來的權力形式亦不同。郭靖是憂國憂民，不惜為國捐軀的民族英雄，楊過是獨來獨往的大俠，張無忌則是穿梭於魔教和名門正派的使者。《天龍八部》對武功賦予的隱喻可謂別出心裁。小說的主角之一段譽對練武原本十分抗拒，後來卻練成北冥神功、迷蹤步法和六脈神劍等絕世武功。箇中關鍵在於他在無涯子的洞天內得一帛卷，這個機緣卻是因為洞內的一尊玉像令他神昏顛倒。段譽生於大理王室，六脈神劍是家傳的絕世武功；他的父親段正淳一直催促他勤加練習，他卻充耳不聞，除了父權主義顯然不靈驗，武功作為隱喻的作用亦所餘無幾。但自從得到一幅對他來說是天仙美人的裸體畫像之後卻不知不覺地練起武功來。換言之，學武和性欲的覺醒已連在一起。這個主題在另一主角虛竹身上更加鮮明，在佛門長大，毫無性經驗的虛竹怎樣也不學天山童姥的武功，一旦嘗了禁果即乖乖就範。即使是喬峰亦擺脫不了武功和性欲的糾纏。作為一代豪俠，他早已令馬夫人心儀，後者費盡心思卻得不到喬峰的注意，因而揭發他的身世作報復。換轉喬峰武功平凡，馬夫人不會對他垂青。在《笑傲江湖》裡性和武功的聯繫更加具體和立體！

　　為什麼把武功和性連在一起？《葵花寶典》這部武功秘笈提供了線索。這部秘笈規定練習的人要先行砍去父權主義的象徵——男性的性徵。一方面，這個規定假定了只有男人才能學武功；但另一

方面，《笑傲江湖》把砍去男性性徵等同變性。從生理的角度而言，這個說法當然十分無稽。可是，從心理分析的角度而言，這個說法卻言之成理，因為人們往往以是否擁有男性性徵作為男女性別的性別認同。無論如何，《葵花寶典》是一部顛覆父權主義的武學秘笈，因為學這種武功的男人都會變成女人。這點其實是女人善於欺騙男人的進一步引申。因此《天龍八部》強調要學武功就要先有性欲的覺醒或經驗，因為在後父權主義時代裡，要掌權就得明白和了解女性。喬峰對馬夫人的心事懵然不知，觸怒對方，最後失去丐幫幫主之職。

　　到了金庸最後一部小說《鹿鼎記》，後父權主義的主題更加明顯。陳近南這位大家長教韋小寶武功，韋小寶卻懶得去學。武功連作為隱喻都不成了。事實證明，在後父權主義的時代，即使陳近南武功蓋世，也難免被時代的巨輪輾碎。反而韋小寶憑其靈活的頭腦、下三濫的功夫和一把滿口粗言穢語的嘴巴，卻能幹出一番偉業。後父權主義時代的來臨更因為韋小寶的特殊身分，而在故事的終結時隆重地正式宣佈了。在認知上，《天龍八部》和《笑傲江湖》已清楚知道父權主義的時代已經過去。但在感情上卻未能接受這個事實，令狐沖對岳不群的心情就是最好的寫照。《鹿鼎記》對父權主義不但毫不依戀，而且還指出人們可以從此自由自在地生活，無須背著父親的包袱。假如韋小寶的母親可以說出韋小寶生父是漢人，那麼天地會那位老者的問題就會如鬼魅一樣跟隨著韋小寶。但韋小寶與眾不同的地方是，他永遠不會因為人們罵他的老子而感到懊惱，他是一個先天上毋須背負父親包袱的人。其實父親是負累的主題早在《神鵰俠侶》出現，很明顯楊過是受父親楊康所累的。張無忌亦同樣受謝遜所累。然而，楊過對父親毫無怨言，張無忌亦從不過問謝遜濫殺無辜的罪行。父親的權威是不容挑戰的，無論是喬峰、

虛竹或段譽都對父親恭恭敬敬，令狐沖更由始至終把岳不群當作父
親。韋小寶對陳近南雖然也是十分尊敬，事實上對韋小寶來說，陳
近南就有點像父親；但另一方面，韋小寶是不會完全站在陳近南的
一邊來對付康熙的。他有自己的天地，他有自己的處事方法，陳近
南的愚忠更是韋小寶所不能接納的。事實上，在《鹿鼎記》裡，即
使是民族大義，國仇家恨的問題，也淡得像開水一樣。

　　《鹿鼎記》能夠對父權主義的崩潰處之泰然，那是因爲在韋小
寶身上找到一條在後父權主義社會裡的處身之道──非政治化的政
治。韋小寶是一個徹頭徹尾非政治化的政治人物，他被誤當是小太
監而捲入宮廷鬥爭的情節就是這場非政治化的政治的寫照。在《笑
傲江湖》裡，男人（只是男人）要稱霸武林就要先砍去自己的性徵。
《笑傲江湖》把自行揮宮的行爲視爲萬惡之首，這點不難理解。這
部小說雖然深明父權主義的弊端，雖然明白到父權主義底下不會有
洪七公只會有岳不群或左冷禪之類的人物；但卻未能放下父權主義
的包袱，仍然把男性的性徵看作是神聖不可侵犯的象徵。可是對韋
小寶來說，若非康熙把他看成是一個毫無殺傷力的小太監，他便無
從接近權力中心。更由於康熙認定他是個無權無勇的小太監，才會
把誅殺鰲拜的全功加在他身上，從而被天地會認爲是反清的英雄，
進入另一個權力中心。

　　但韋小寶不至於被兩個權力中心夾死卻是出於真材實學，出自
他那完全沒有思想包袱的思想。韋小寶與一般政客不同的地方是先
天上他免除了父權主義的包袱，後天上他又是目不識丁，同樣沒有
任何思想包袱。換言之，韋小寶的非政治化政治既有別於一般對政
治不感興趣的非政治化，但亦有別於一眾裝腔作勢、掩飾一己政治
野心的政客。想當年彭定康走馬上任，行政局大換血，有人快樂有
人愁。有人得以進身行政局便不再戀棧有權說話、無權決定的立法

局；有人既要退出行政局，便索性一退到底，連立法局議員之職也
不要了。有趣的是各人異口同聲以自己是非政治化作爲退出立法局
的理由。時至今日，非政治化又變了向北京效忠的誓詞。韋小寶的
非政治化卻從來不是手段，即使位居要職，他仍堅持那種看來十分
幼稚的既忠於康熙又聽命於陳近南的政治雜技。在一般情況下，非
政治化就只能是政治中立，但奉行這種政治的人只能注定是政治侏
儒。本來，像韋小寶以至於任何位居權力中心的人焉能非政治化？
只是在後父權主義的時代，政治已失去昔日的權威，失去昔日翻手
爲雲，覆手爲雨的絕對權力。像康熙便有鰲拜和假太后左右挾擊。

後父權主義時代不再是單一權力中心的時代，因此左右逢源，
看風駛舵比擇善固執更派用場。強調自己是非政治化的政客，也往
往是爲了方便替自己自圓其說。韋小寶的非政治化政治亦同樣令他
左右逢源，韋小寶與天地會的關係令他可以以「身在曹營心在漢」
的姿態在一眾反清力量裡出現。這個身分雖然會招致康熙的責罰，
但卻爲他贏得反清英雄的美譽，使他免於刺客的追殺，又令他贏得
雙兒、曾柔、沐劍屏等人的歡心。但左右逢源，凡事看北京的面色
之餘，又寄望美國繼續將香港當作獨立關稅區的政治雜耍必須適可
而止，但卻不是功成身退。左右逢源是不可能辦好任何事的，而且
擅於左右逢源的自然懂得以退爲進。韋小寶也不例外，他退出政治
舞台的決定是因爲禁不住天地會和顧炎武等人把他當作反清大旗手
的危險舉動，策略上只能退。但韋小寶不致於成爲一個令人厭惡的
政客，原因是他心靈深處其實蘊藏著一個大寶藏，而這個寶藏有被
人知的一面，也有不被人知的一面。驟眼看，韋小寶是個毫無深度，
但腦筋靈活的典型香港式世界仔。但細仔觀察，他其實保存了父權
主義的一些行爲模式。他像傳聞裡的黑社會人物一樣，非常講義氣；
也是因爲他講義氣才不致被康熙處死。不過韋小寶卻去除了父權主

義的虛偽，見到自己喜歡的女人會毫不掩飾，完全去除了父權主義底下喜怒哀樂不露形跡的顧忌。另一方面，雖然他對女人得心應手，但自從把阿珂弄到手以後，他似乎已心滿意足，再無所求。而且在通吃島上，他更將其粗糙的欲望提升到另一個層次：

> 韋小寶從蘇荃、方怡、公主、曾柔、沐劍屏、雙兒、阿珂七女臉上一個個瞧過去，但見有的嬌艷，有的溫柔，有的活潑，有的端麗，各有各的好處，不由得心中大樂，此時倚紅偎翠，心中和平，比之當日麗春院和七女大被同眠的胡天胡帝，另有一番平安豐足之樂。（《鹿鼎紀》頁1884）

韋小寶雖然目不識丁，雖然滿口粗言穢語，但卻不是完全欠缺深度，完全缺乏思想內涵。事實上，韋小寶完成了父權主義的現代化，這是韋小寶不為人知的一面。這個先天上不能知道誰是自己的父親的人，在故事進入尾聲時卻搖身一變，成了一個大家長。他的七個老婆五個是破落王孫的後代；即使是建寧公主，由於她已嫁了吳三桂之子，成了待罪之身，而蘇荃在神龍教瓦解之後，已是無處容身，只能乖乖跟著韋小寶了。韋小寶內心感到平安，不只因為七個老婆各有姿色，更可能因為七個人都別無選擇，他的大家長地位穩如泰山。從這個角度看，《鹿鼎記》是父權主義的童話，就如《笑傲江湖》是父權主義的喪鐘一樣。

然而大丈夫不可一日無權，如果韋小寶是個大家長，他怎甘心退出政治舞台？如果他的退出只是策略上的退出，有什麼保障他日後還可以東山再起？《鹿鼎記》沒有忘記解答以上的問題：「韋小寶閒居無聊之際，想起雅克薩城鹿鼎山下尚有巨大寶藏未曾發掘，自覺富甲天下，心滿意足。」（《鹿鼎記》頁2119）這是韋小寶心

靈深處，不為人所知的寶藏。值得注意的是韋小寶還沒有去發掘，
坐在家中想起這個寶藏就覺富甲天下。這個寶藏也就成了韋小寶取
之不盡的精神寄託。其實以韋小寶為官多年所聚歛的財富，比之今
日香港的大富豪也是不遑多讓。但韋小寶的時代不像今日的先進，
他坐擁巨資卻苦無投資的渠道或工具。若非他心中蘊藏著一個取之
不盡的寶藏，他恐怕會悶死家中。同樣，如果有朝一日，香港特別
行政區立了這樣的一條法例，規定凡財產超過某個數額的富豪不得
參與投資（機）活動，必須從此隱退，安享晚年，恐怕一眾富豪們
不是悶死就是精神分裂。當然設立這樣法例的地方不會是金融中心
了。今日金融中心得以正常運作不但是香港社會安定繁榮所繫，更
是億萬富豪精神健康的最佳保證。除了保證財富會不斷增長之外，
金融中心更合理化富豪們醉心的政治模式——左右逢源。今日，各
種金融投資的衍生工具無非是為了讓投資者把風險減到最低。投資
股票和投資期指其實是經濟上的左右逢源。金庸筆下的鹿鼎山有別
於金融中心，但對韋小寶產生的作用卻有異曲同工之妙。《鹿鼎記》
裡的韋小寶夾在康熙和陳近南中間，一時聽這個吩咐，一時任那個
差遣，但有兩件事情卻是他自己採取主動的，也唯有這兩件事情令
他稱心滿意。這兩件事情一是弄到七個老婆，二是砌成鹿鼎山寶藏
的地圖。第一件事確定他作為大家長的地位，第二件事令到他退出
政治舞台後仍不愁寂寞，而且可以隨時東山再起。須要知道鹿鼎山
寶藏所在也是清朝龍脈所在，一旦被掘滿清根基亦斷。即是說，清
朝命運實掌握在韋小寶手上。不少金庸的忠實讀者對《鹿鼎記》和
韋小寶不但沒有好感，甚至頗為反感。如果張無忌缺少英雄氣概，
那麼韋小寶根本就是反英雄，但偏偏是韋小寶這位反英雄掌握了清
朝的命運！在《鹿鼎記》裡，金庸以作者的身分鄭重地指出：「滿
人入關後開疆拓土，使中國的版圖幾為明朝之三倍，勝於漢唐全盛

之時，餘蔭直至今日……」。（《鹿鼎記》頁1526）從另一角度看，
《鹿鼎記》或許是金庸自己最滿意的作品。他苦心營造的武俠世界
不但未能重振與武功並存並生的父權主義，而且無可避免地暴露了
父權主義的種種問題。不過藉著韋小寶這位反英雄，起碼為父權主
義挽回一點聲譽。連反英雄也可以成為大家長，後者也不至成為瀕
臨絕種，更何況韋小寶掌握了清朝的命運，而清朝開疆拓土，餘蔭
直至今日。在疆土的問題上，《鹿鼎記》明顯政治不正確；今日自
稱愛國的人士，劈頭第一句便說：「自古以來」；但根據金庸在《鹿
鼎記》的講法，今日中國的疆土三分之二是清朝開拓得來的。不論
是否政治正確，《鹿鼎記》裡的韋小寶有十足條件躋身民族英雄的
行列。其實在小說裡，韋小寶早被天地會甚至是顧炎武這樣的一代
大儒看成是民族英雄。當然天地會和顧炎武都被狡猾的韋小寶騙
了，但金庸寫得細緻，韋小寶逐一集合了滿清皇室要員收藏的十三
章經後，砌成鹿鼎山寶藏所在的地圖。韋小寶自覺心中富足，沒有
打算到鹿鼎山掘出寶藏，保住清朝的龍脈，間接讓清朝開拓的疆土，
餘蔭至今日！如果《書劍恩仇錄》講述的政治放在當時的香港，別
有一番滋味，那麼把韋小寶放在今日的香港，同樣是另有一番滋味。
不錯，韋小寶依舊是典型的香港醒目仔或世界仔；但他同時是父權
主義年代的大家長；他又是民族英雄，即使不是愛國人士眼中的民
族英雄。《鹿鼎記》寫於大約五十年前，但像韋小寶這樣的醒目仔
或世界仔，依舊活躍在今日香港的各個領域。至於大家長，香港或
許沒有了，但北京卻有一個，而且獨攬大權。金庸的忠實讀者或許
應放下對韋小寶的偏見，假如北京的大家長有韋小寶那樣的見識，
心靈同樣富足，香港和整個中國大陸獲益的人肯定多不勝數！金庸
的最大貢獻恰好在於《鹿鼎記》的政治不正確和文化不正確。政治
不正確已討論過，文化不正確則在於說明大家長其實不一定要板起

面孔，像韋小寶那樣扮作小太監也無傷大雅，扮作小熊維尼更是人見人愛。金庸的武俠世界竭力為父權主義找新的出路，但到了《鹿鼎記》才發現父權主義唯一的出路就是置諸死地而後生。只有像韋小寶那樣懶得學武功，但將一副心思放在能砌成發掘寶藏的地圖，才有望成為大家長，而且是一個心靈富足的大家長。上世紀八十年代初，當北京正式宣佈打算收回香港後，香港流行這樣的講法：「香港是一只生金蛋的鵝」。不難發覺《鹿鼎記》中的鹿鼎山寶藏和香港這隻生金蛋的鵝，起碼有某種家族類似的關係，更何況韋小寶這樣的典型香港醒目仔或世界仔和他的非政治化政治，以金庸這位辦報人，每天都會遇到！香港原本就是金庸武俠世界中的大象，即使在《鹿鼎記》，金庸經營的武俠世界已終結，但活那個世界裡的大象不但健在，而且十分活躍。現在金庸已離開了，我們更須關心那隻仍然活著的大象！

馬國明，經營樓上書屋曙光圖書公司26年，現為嶺南大學文化研究碩士學位課程兼任副教授，同時擔任網上雜誌culturalstudies@lingnan總編輯。著有《從自由主義到社會主義》，《班雅明》，《路邊政治經濟學》，《路邊政治經濟學新編》，《歐洲12國16天遊》。

金庸的晚年心境

李懷宇

一、「小說家言」

我早在讀書時代就熟讀金庸小說。後來機緣巧合,我在母校的石景宜贈書室花了幾個月的時間瀏覽1966年到1996年的《明報月刊》,這是由金庸創辦的學術文化雜誌,主編胡菊人、董橋、潘耀明都是文化界響噹噹的人物。這些年,閒來無聊時,金庸小說是我消磨時光的最佳讀物,一讀再讀,總覺妙趣橫生。算起來,我是一個「金迷」,可是,金庸晚年的一些作為,讓我百思不得其解,不禁心生當面求教的念想。

2008年12月4日,我應約來到香港北角的明河社,但見門口掛著金庸手書的對聯:「飛雪連天射白鹿,笑書神俠倚碧鴛」。金庸的辦公室是一個寬敞的書房,落地窗外,維利多亞港的無敵海景盡收眼底。我見過無數讀書人的書房,以金庸的書房最為豪華。我忍不住隨處看看書架上的藏書,其中一面書架是各種版本的金庸作品集,華文世界的繁簡體版外,還有多種譯文。當天下午的採訪過程中有幾個細節印象深刻:金庸的書桌很特別,寫字板是斜放的,金庸給我題字時,便在上面揮毫;採訪中間,秘書送來熱騰騰的叉燒

包作為點心；公用洗手間在明河社之外，上洗手間時需帶上公司專
用的鎖匙。

　　採訪意外地順利。當天晚上，我剛回到旅館，就接到金庸的太
太用粵語打來電話：「查生想跟你通電話。」隨後我聽到金庸先生
的第一句話竟是：「李先生，吃過晚飯沒有？」原來金庸覺得相談
甚歡，想跟我再談一次。2008年12月9日，我再赴明河社，金庸隨手
從衣袋中取出一張浙江同鄉會成立的邀請函讓我看，表示當天晚上
要赴宴，沒有辦法請我吃飯。又說他現在常常一起吃飯的朋友是有
同鄉之緣的倪匡和陶傑，至於美食家蔡瀾推薦的東西，他沒有興趣。

　　我們在採訪中用普通話，閒談則多用粵語。我發現金庸鄉音未
改，多次提起家鄉：「海寧地方小，大家都是親戚，我叫徐志摩、
蔣復璁做表哥。陳從周是我的親戚，我比他高一輩，他叫徐志摩做
表叔。王國維的弟弟王哲安先生做過我的老師。蔣百里的女兒蔣英
是錢學森的太太，是我的表姐，當年我到杭州聽她唱歌。」

　　我提起圍棋，金庸談興甚濃。「圍棋有五得：得好友，得人和，
得教訓，得心悟，得天壽」之說，他頗為欣賞。「以前我興趣最高
的時候，請陳祖德、羅建文兩位先生到家裡來住。在文化界，我們
朋友中，沈君山的棋最好，沈君山讓我三子，讓余英時先生兩子，
我跟余先生還不及沈君山。牟宗三先生就比我們兩個差一點，他的
棋癮很大，我請他星期天來下棋，他一定來的。余先生喜歡下圍棋，
他棋藝比我好一點。」金庸先生笑瞇瞇地說，「余先生的岳父陳雪
屏圍棋下得很好，好像你要娶我女兒，先下一盤棋看看。」我聽了
這種「小說家言」，不禁笑道：「我聽余先生講，他和太太陳淑平
談戀愛的時候，還不認識陳雪屏先生，是等到1971年結婚七年了才
正式見到陳雪屏先生。」

　　金庸提起老朋友黃苗子、郁風、黃永玉的舊事，感慨郁風過世

了。對書畫，他時有出人意表的品評，偶爾在家也提筆揮毫，又提起啟功先生：「啟功來香港見我，我寫幾個字請啟功先生教教我，他唯一教的就是：『你絕不可以臨碑帖。你的字有自己的風格，一學碑帖，自己的風格完全沒有了。不學碑，不學帖，你的字將來有希望。』我說：『啟功先生，你這句話是鼓勵我。』他說：『不是鼓勵，你的字是有自己的風格。任何碑帖不可碰。』我說：『我碑帖沒有學，但書法極糟。』」

金庸好奇心極重，不時主動問起我採訪過的學者近況。一些學林趣事，他聽得興味盎然。我提起余英時先生的學生陸揚和金庸先生的老師麥大維（David McMullen）相熟，兩人見面時曾細說金庸在劍橋大學研究唐史之事。又提起余英時先生現在戒煙，金庸先生說：「抽煙抽慣的人，要戒很難。鄧小平當年見我，也談到這個問題：『我年紀大了，人家勸我戒煙，我不能戒，戒了反而身體不好。』」

暢談兩個下午，我恍覺曾經聽說「金庸口才不好」不過是一種誤會，原來只要是他感興趣的話題，講起來也像武俠小說一樣引人入勝。我們的話題焦點始終不是武俠人物，而是學界中人，南下香港的錢穆、唐君毅、牟宗三、徐復觀，遠渡重洋的楊聯陞、陳世驤、夏濟安、夏志清，一一道來，如同江湖一樣好玩。

二、「金學」

江湖上傳說「香江四大才子」是金庸、倪匡、蔡瀾、黃霑。這四位，我都見過。記憶裡，第一個見的是黃霑，並不是談他的歌詞，而是談他參演一部舞臺劇。難忘黃霑帶著朗朗笑聲和不遮攔的粗口，想約他另找時間做長篇專訪，沒想到不久他就去世了。其他三位我倒是都長談過。

　　當我跟金庸提起「香江四大才子」之說，金庸即刻說：「這個
講法靠不住，不對的。倪匡本來在美國的。倪匡最滑稽了，講笑話。
從前寫書的時候，我常常和蔡瀾在一起，我跟蔡瀾講：你講好吃的
東西，我絕對不吃。他是新加坡人，喜歡的東西我全部不喜歡，你
美食家再美也跟我沒有關係，你推薦的東西我就不吃。倪匡和陶傑
跟我比較投機，陶傑的媽媽是我們杭州人，他父親做過《大公報》
副總編輯。」

　　在「香江四大才子」之後，陶傑有「香港第一才子」之稱。我
和陶傑第一次見面是在晚上十二點以後，我問他：「香港誰的文章
寫得最好？」他說：「金庸。」我又問：「金庸之後誰的文章寫得
好？」他說：「董橋。」金庸聽了我的轉述，微微一笑：「陶傑媽
媽跟我同鄉，他爸爸跟我同事，倪匡跟我同鄉，吃的東西差不多。
董橋年紀大了，興趣在古董字畫上面了。」

　　我們聊起當年胡菊人和董橋主編《明報月刊》，各有各的精彩。
金庸說：「我和胡菊人先生去訪問過錢穆先生一次，錢先生的眼睛
瞎了，報紙、書都是他太太念給他聽。他講話無錫口音，跟我是一
樣的口音。」

　　我便說：「錢鍾書也是無錫人。」金庸說：「無錫出了很多名
人。章太炎先生在無錫也教過書，錢鍾書的父親錢基博先生也是有
名的。錢鍾書先生送了一套書給我，寫一句『良鏞先生指教』。我
說：《管錐編》當中有些我還看不懂。他送給我書，我就寫了一封
信多謝他。錢先生寫信很客氣，但是口頭講話就不留情面，很鋒利。」
我說：「錢鍾書對陳寅恪的學問就有所保留。」金庸說：「錢鍾書
寫東西一點一點，寫《管錐編》不成為一個系統。陳寅恪喜歡成一
個系統，自己有前後，成為一個系統不容易，中國歷史研究成為一
個系統，這中間一定有毛病。」

　　一談起做學問，金庸十分醉心，尤其對《紅樓夢》有獨到見解：
「一般人不是研究《紅樓夢》，是研究曹雪芹。我認為《紅樓夢》
不見得是曹雪芹寫的，完全沒有證據證明是曹雪芹寫的，現在有人
研究曹雪芹的生平，一寫幾十萬字，我覺得這個路線可能是錯的。
如果最後證明這個小說完全不是曹雪芹寫的，那研究完全是空的。
馮其庸先生跟我也是好朋友，但是我沒有跟他談這個問題。需要肯
定作者是誰，如果連作者都不知道，去研究曹雪芹完全沒有用的。」

　　我說：「現在除了『紅學』，人家還提出『金學』。倪匡先生
說，『金學』是他開創的。」金庸朗聲道：「我不贊成有『金學』！」

三、「事實不可歪曲，評論大可自由」

　　金庸一生功業，以辦《明報》為重，有人還寫了專著來研究。
我說：「聽說您對《資治通鑑》讀得非常熟。」金庸說：「因為那
時候《資治通鑑》比較好看，容易看，我小時候在家裡沒有事，看
《資治通鑑》像看故事一樣，我覺得文筆好。」我接話：「您也把
《資治通鑑》運用到《明報》的領導上來？」沒想到金庸說：「香
港是完全的新聞自由。如果今天晚上港督打個電話給我：『查先生，
這個問題你明天怎麼寫怎麼寫。』我就把這個電話錄音下來了。我
明天去報告英國政府，明天就炒他魷魚了，所以港督是不敢這樣做
的。任何香港政府的人員想要干預輿論，你錄音下來確定證據，告
訴英國政府，英國政府馬上把港督召回。」

　　我問：「您做新聞的信條是什麼？」金庸說：「英國報人史各
特（C. P. Scott）講：『事實不可歪曲，評論大可自由』（Comment
is free，but the facts are sacred）。事實很重要，不能夠歪曲，港督
講過什麼話，做過什麼事情，這個事實不能歪曲，但是評論可以自

由。我們的意見可以不同，但是根據的同樣一個事實是不能歪曲的。這一點是我們辦《明報》必要的信條。」

　　我問：「您從《大公報》出來，到了三十五歲時自己創辦《明報》，重要的緣故是什麼？」金庸說：「我在《大公報》工作時，《大公報》還是獨立、自由的，所以《大公報》被認為是中國最好的報紙。我考進去，當然是希望講真話，後來經過大躍進，全部講假話，我說這個報紙不行了。大躍進餓死幾千萬人，它還是講一畝地出五萬斤糧食，我講這是假的，我親自到廣東去參觀過。」後來《明報》還跟《大公報》打過筆戰，金庸說：「他們要來打《明報》，《明報》就退讓，不跟它真正地打。他們打到《明報》門口，工人就把鉛溶化了，放在樓上：你們過來，我們就倒下來。他們也不敢過來了。」

　　我說：「1966年創辦《明報月刊》時，中國正是風雨飄搖的時候。當年您和朋友姜敬寬通信時，就認為《明報月刊》的風格想辦成『五四時代的北京大學式』、『抗戰前後的大公報式』。」金庸說：「那是很公正，憑良心講話。到《明報月刊》四十年時，我還是講：我當時是拼著性命來辦的，準備給打死的，結果沒有打死，還好。他們覺得我很勇敢，我說在香港做事情，勇敢一點也不奇怪。如果這個事情發生在廣州，勇敢才了不起。香港這個環境中，要勇敢很容易的。」

　　我問：「您投入到辦報的精力比寫小說的精力更多？」金庸答：「辦報是真正拼了性命來辦的，寫小說是玩玩。」

　　在聊起報界前輩的近況後，我問：「您跟新聞界的晚輩交流多嗎？」金庸說：「我在浙江大學做人文學院院長，其中有一個系是傳播系，我在演講的時候，有些同學就問我：你在香港辦《明報》很出名，辦得很成功，而且人家要殺掉你，你也不怕，我們現在學

傳播媒介，應該取什麼態度？我跟學生講：你們要做好人，不要做壞人，這是唯一的標準。不能跟我在香港那樣寫文章，我在香港是拼了命來做的，我是準備把性命犧牲，把報館也準備讓他們鏟掉了。你們現在不能犧牲性命，犧牲報紙事業，你的報紙事業還沒有犧牲，人已經先被炒了魷魚。如果做壞人的話，不做報紙也可以做壞人，男人可以做強盜小偷，女人可以做妓女舞女，寧願做壞人的話，不一定做新聞工作，什麼壞人都可以做。假設浙江一個高官老是貪污，老是欺壓老百姓，你寫一篇文章美化他，違背良心，這是不可以。這些同學就接受這個觀點。香港的新聞自由在以前英國人統治的時候，跟英國是完全一樣的。」

我問：「您在香港辦報紙和寫小說，最核心的精神是什麼？」金庸說：「最核心的精神是講老實話。中國好的，我就講好的，有人講大話，我就揭穿他的大話。寫武俠小說是為了寫正義的人，好人就講他好的，壞人就講他壞的。社會上有這種人，我就要把他表現出來。」

四、改小說

作為「金迷」，我對金庸晚年喜歡改自己的小說不以為然，便說：「沈從文先生晚年喜歡改自己的小說，張兆和就跟他說：你不要再改了，越改越沒有以前那麼好。」金庸說：「小說是自己的作品，自己看總是覺得不好，需要修改一下。人家的作品我覺得不好，但是不好去修改人家的。魯迅也講，一篇文章寫好了放在那裡，不要發表，過十幾二十天拿出來看看，覺得不好，再修改一下，又覺得好一點，還是放在那裡，再一年半載拿出來看看，再改一下會好一點。」

　　我說：「您的小說在四十八歲以前精力最旺盛的時候就寫完了，後來做了第一次修訂，還有第二次，還有第三次，這個我就覺得很好奇。」金庸笑了笑，說：「我自己不是好的作家，好的作家都是這樣子的。托爾斯泰寫《戰爭與和平》，寫好以後要交給印刷廠去付印了，印刷工人覺得這個字勾來勾去看不懂，他太太就重抄一遍，抄好了放在那裡。托爾斯泰看這完全是根據自己修改的來抄，當然好得多，但是他覺得自己寫得不好，又把他太太抄的草稿改得一塌糊塗。印刷工人還是看不懂，他太太又幫他抄一遍，托爾斯泰又把它改了。所以自己寫的文章，一定可以改的。」

　　我隨即說：「問題是人家覺得您的小說已經可以不朽了，還要那麼改？」金庸說：「不敢當！我這個明河社是專門出我的小說的，我修改之後要重新排過，每修改一次要花很多錢。普通作家寫了以後，叫他修改一個字，他也不肯修改的，改一個字花錢太多了。這個明河社本來是可以賺錢的，賺的錢都花在修改上面。普通作家沒有這個條件，給了印刷廠，印刷廠就不肯給你改的，要拿回來修改一個字也很麻煩的。當時看看改過已經不錯了，但是再過十天八天看看，覺得如果這樣寫會好一點。我寫武俠小說還是比較認真，比較用心的。」

　　我說：「有人說，您是中國歷史上最暢銷的小說家。」金庸笑道：「我的小說容易看，像沈從文的小說我比較喜歡，但是比較高深，比較難懂。魯迅的小說也很好看，但是我的小說比較熱鬧。」

　　我問：「如果沒有香港這個地方，也不可能產生這樣的小說？」金庸說：「在內地不可能，在台灣可以，古龍也蠻不錯的。」

　　我問：「您相信一百年以後還有人讀您的小說嗎？」金庸說：「我希望有。」

　　我對金庸的小說改編成影視常感失望，便問：「您的小說大概

是在中國最多被改編成為電影、電視的吧？」金庸說：「很多改編把我的小說歪曲了。香港人看了也不滿意，他們說：如果你有金庸這個本事，自己寫一個好了。他們不會照我原來的小說這樣拍的。」

我又問：「張紀中拍的電視劇改編得怎麼樣？」金庸說：「我跟他說：你改了，我不承認。他拍的，我有些看，有些不看。有些拍不好，我就不看，我跟他說：你有些拍得不好。」我笑道：「我覺得《天龍八部》拍得比較好。」金庸也笑道：「《天龍八部》沒有什麼改動的。以前我說：你不要改了，要改不如讓編劇自己去寫好了。編劇寫不出來就沒有本事吃飯了。」

我說：「其實您在創辦《明報》之前曾經做過電影編劇，您的很多小說一章一節就是電影、電視的寫法。」金庸說：「是的。我寫劇本，當時是在左派電影公司，他們要講階級鬥爭，講貧富懸殊，要打倒有錢人，但是電影老是講階級鬥爭，人家是不喜歡看的。」我問：「您原來看過許多西方電影，然後把電影手法溶入到小說裡？」金庸一聽，不禁微笑：「對，西方電影、電視我都看。當時在香港寫影評，就每天看一部電影，香港放電影很多，每天看一部都看不完的。現在沒有這麼多電影看了……」

五、金博士

金庸晚年不太喜歡聊辦報紙與寫小說，而念念不忘的是做學問。我最感興趣的問題是金庸以八十歲高齡遠赴劍橋大學求學之事。金庸說：「劍橋大學先給了我一個榮譽博士，排名在一般教授、院士之上，所以我再申請念博士，他們說：不用念了，你這個榮譽博士已經比他們都高了。我說：我的目的是來跟這些教授請教。後來校長就同意了。在劍橋念博士有一個條件，就是博士論文一定要

有創見，如果是人家寫過的文章，就不要寫了。」

金庸想了幾個問題。首先，提出一個匈奴問題：因為中國學者認為在漢朝時，衛青、霍去病跟匈奴一打仗，匈奴打不過，就撤退到西方去。西方人就不同意這種講法，認為匈奴是在東亞、西亞、中亞自己發展出來的一個民族，所以跟中國講法不同。「我準備用中國的史料寫關於匈奴的研究，有一位教授在這方面可以說是專家了，他用匈牙利文講了一些話。我說：我不懂匈牙利文，對不起，你講的意見我不懂。他說：這個意見已經翻譯成法文、英文了，如果你去匈牙利，我可以推薦你，你可以念三年匈牙利文再來研究這個問題。我說：我年紀也大了，再去念匈牙利文恐怕不行了。他說：你最好另外寫一個問題。」

隨後，金庸就想寫一篇關於大理的論文：「因為我到雲南去，大理送了我一個榮譽市民稱號，送了我一塊地：如果你喜歡在這裡住，我們歡迎你。我說：我有一些研究大理的資料，也去過幾次，我寫大理成立一個國家的經過是怎麼樣的。大理是很好的，西方也不大瞭解。不過，有一個教授就講了許多古怪的話，我也不懂，他說：這是藏文，本來南詔立國是靠西藏的力量來扶植的，所以大理等於是西藏的附屬國，後來唐朝的勢力擴張過去，才歸附唐朝，大理跟西藏的關係是很深的。我說：我也不懂藏文。他也覺得寫大理不大容易。」

兩個論題都被推翻後，金庸考慮到中國考古學家從西安發掘出來的東西。以前說唐朝玄武門之變，兵是從東宮從北向南走，再打皇宮。金庸認為這條路線不通，為什麼要這樣大兜圈子呢？直接過去就可以。金庸說：「我心想唐朝寫歷史的人，是在李世民控制之下的，他吩咐這樣寫就這樣寫了。我研究發現是皇太子和弟弟過來，李世民在這裡埋伏，從半路殺出來，把他們打死了。歷史上這條路

線根本就是假的，因為李世民作為弟弟殺掉哥哥不大名譽。我認為唐朝的歷史學家全部受皇帝指揮，不但是唐朝，從唐朝、宋朝，一直到現代，所謂真的歷史是假的，喜歡怎麼寫就怎麼寫。」金庸的碩士論文就以玄武門之變為主要內容：《初唐皇位繼承制度》（*The imperial succession in early Tang China*），得了很高的分數。

接著，金庸的博士論文研究安祿山造反，唐玄宗派了他的兒子榮王去抵抗，後來榮王死掉了，歷史上也沒有講為什麼會死，他手下的兩個大將也給殺掉了。金庸說：「這中間一定大有問題，是太子派人把弟弟害死了，把兩個大將殺掉了。我找了很多證據，證明這個事件是歷史上造假，其實是太子在發動政變，把弟弟殺掉了，而且他佔有軍隊，連父親也不敢動他。我的基本論點是中國的皇位從來不講傳統或憲法，實際上是哪個有兵權，哪個會打仗，就傳給哪個。中國是不講憲法，講兵權，外國也講兵權，但是外國做得表面上漂亮一點。」

金庸的老師麥大維早已到了退休年齡，為了等金庸把博士論文寫好，特意延遲兩年才退休。而劍橋大學校長對金庸說：「劍橋大學現在你是年紀最大的學生，我們最喜歡。」

金庸在劍橋大學真正讀書差不多兩年。「在劍橋大學，本來我騎單車就很快過去，我太太說：年紀大了騎單車很危險，汽車也不大守規矩。所以要我坐的士去上課，坐的士就很貴，差不多一百塊錢港幣一次，也是她陪我去的。後來，我去一次，我的老師也會騎單車到我家裡來教一次。」

我問：「您在世界上很多大學都拿了榮譽博士學位和教授稱號，還是那麼感興趣到大學讀書？」金庸說：「我到劍橋，目的不是拿學位。我喜歡跟有學問的教授討論問題。」

在我訪問金庸兩年後，他終於在2010年獲得劍橋大學博士學

位,時年八十六歲。

六、中國通史

　　在劍橋大學,金庸除了寫論文,還喜歡和教授們探討學問。他說:「有一個問題就是,以前歷史學家認為投向清朝的那些有學問的人是漢奸,現在我們的種族觀念跟以前不同了,不大分漢族、滿族,大家互相團結、互相幫助。我到北大演講也主要講這個問題。好像大家都是兄弟民族,我們漢族辦得不好,你滿族管管中國也不差的。」我接話:「《書劍恩仇錄》的民族觀念就比較濃一點,到了《鹿鼎記》已經沒有太強的民族觀念了。」金庸說:「進步了。我到了《天龍八部》已經很反對這種民族觀念了。」

　　我問:「我聽說您的小說封筆之後,有人問您有什麼感興趣的事,您說想寫一本中國通史,現在還有這個興趣嗎?」金庸說:「我研究歷史越多,越來越覺得困難了,歷史的觀點也不同了。北京大學教授蘇秉琦先生,現在過世了,他說研究中國歷史有兩個怪圈,第一個怪圈就是我們用漢族觀點,你滿族人來侵略我們,投向滿族的人就稱為漢奸。我的觀點跟蘇先生一樣,認為中華民族之所以強大,是因為各種種族文化融合在一起,一起發展。還有一個怪圈,他認為馬克思主義這種西方的觀點來套到中國頭上,是不對的,中國歷史的性質跟外國歷史的性質是不同的。我覺得馬克思主義有一部分觀點是對的,馬克思有一個觀點我是很同意的:他認為歷史的發展是因為經濟問題,經濟因素是很重要的。馬克思主義者認為中國歷史要經過五個階段這一套,蘇先生認為是不對的。我覺得蘇先生這個觀點對,中國歷史不是照西方這樣發展的。」

　　我說:「余英時先生認為陳寅恪先生到了中年以後,已經沒有

寫中國通史的想法了。」金庸說：「我將來還是想寫中國通史的，但是我覺得越來越難了。當時年紀輕，還不知道這樣難，覺得照以前錢穆或者范文瀾的中國通史改一下就可以了，現在我覺得他們很多都寫錯了，其實中國通史不應該照朝代來寫，應從最早的舊石器時代、新石器時代一路發展下來，你到西安、杭州看看哪一代的文化，不應該照朝代來寫，而是照文化來寫。中國通史是很複雜的。」

金庸的小說裡深含中國歷史，而他在小說中的「注」常常寫成一篇歷史考證的論文。我說：「其實您的一些歷史觀點已經表達在小說裡了。」金庸說：「像明代最後，李自成的手下到了北京城以後就姦淫擄掠，有些朋友就不贊成我這樣寫，他們認為李自成很好的。上海華東師範大學有一位老師，專門把李自成放縱部下在北京做很多壞事的資料給我，我把這些資料都寫到裡面。」

我問：「您是不是對明代歷史讀得比較深？」金庸說：「明代歷史比較懂，明代、清代跟現代比較近一點。」我笑道：「有人考據說，《笑傲江湖》就是發生在明代的。」金庸也笑了：「噯，有人認為《笑傲江湖》就是明代的故事。」

我說：「您的小說沒有寫過唐代，但是論文現在寫到唐代了。」金庸說：「我覺得唐代歷史比較難寫一點，因為唐朝離開我們太遠了。我的《射鵰英雄傳》最早寫到宋朝，宋朝還可以，唐朝的人坐在地下，喝的酒、茶跟現在不一樣，宋朝已經跟現在不大同了。唐朝在中國歷史上是輝煌的，但是唐朝的生活習慣我不大瞭解，所以我不寫，因為寫武俠小說要寫到一個人的生活習慣。」

閒讀金庸小說時，我留意到一些生活細節。比如《天龍八部》中說段譽喝了碧螺春，北宋本地人叫做「嚇煞人香」。估計金庸以宋人飲明清茶。據鄭培凱《茶道的開始》，宋代主要煮茶方式為點茶法。而王稼句《懷土小集》則證碧螺春的流行，約在清初。

七、舊日朋友

在閒談中，我和金庸聊起他的老朋友。現在回望，這些舊日的風流人物多已仙逝。

當我問起：「您跟同輩的羅孚先生、梁羽生先生還有聯繫嗎？」金庸說：「我跟他們都是《大公報》同事，後來辦《新晚報》。羅孚和梁羽生都是我的好朋友。羅孚常常見面的。梁羽生跟我也要好的，現在澳洲，生病生得很厲害，我準備過年的時候去看望他。他在香港中風進醫院，我去看過他。現在我年紀大了，以前很多老同事都過世了。」

我到北京採訪過李君維先生，當年李君維和金庸一起考進《大公報》。金庸即刻說：「他是聖約翰大學畢業的，跟我一起考進《大公報》的。我到香港來跟他有關，本來要派他到香港來，他剛剛結婚，不來香港，那麼，報館就派我來了。他現在怎麼樣？」

李君維年輕時寫小說很像張愛玲，後來不寫小說，就在北京的電影公司任職，自稱：「1949年後，我所寫的小說從內容到文字已不適應時代的號角了，只好收攤。」金庸說：「這個人蠻好的，當時在上海，他穿得漂漂亮亮的。如果他不是結婚，派他到香港來，我就不到香港來，那我就糟糕了，我在上海要經過反右，一定反進去，文革一定糟糕，反右和文革兩次一定非常糟糕的。說不定文革的時候就死了，武俠小說也不會寫了。李君維後來不寫文章也好，逃過反右，逃過文革了。」

我感慨：「人生有很多偶然性。」金庸說：「我和李君維相識也是非常偶然的。我在中央政治學校念書，後來給學校開除了，那時候孫國棟比我高兩班，也是歷史學家，周策縱也是校友，我們學

校最出名的就這兩位。孫國棟就講柏楊翻譯《資治通鑑》有很多毛病。柏楊第一次來香港，我跟他辯論了一次。他認為秦始皇很好，我認為秦始皇壞到透頂，我們辯論得好劇烈，他認為秦始皇統一中國，把一些亂七八糟的小國統一成為一個國家，所以秦始皇對中國有貢獻。那時候張徹、董千里都是我的好朋友，大家圍攻他一個人。後來我們不談了，去吃飯。討論學術問題也不損害友誼，後來我們也是蠻要好的。柏楊認為秦始皇好，我說：你是受到毛澤東洗腦，中了毛澤東的毒。這個是很奇怪，柏楊其實有很多意見很好，像『醬缸』、『醜陋的中國人』，講秦始皇這一點，中國歷史學家講秦始皇好的就很多，我認為不好。張藝謀也講秦始皇好。」我說：「後來張藝謀拍《英雄》不就說秦始皇好嗎？」金庸說：「人家來訪問我，我說：『張藝謀拍《英雄》一塌糊塗。』」

我問：「您是不是有這樣一種心理，覺得自己沒有很完整地讀過大學，所以退休之後想到大學裡去讀點書？」金庸答：「我喜歡讀書，我覺得跟大學生做做朋友很有味道的。年輕人什麼話也不客氣的，大家放肆地隨便講，在浙大、在北大，這些同學談天蠻好的。」

我接著問：「當年您在中央政治學校被開除是怎麼回事？」金庸答：「我到台北，我的表哥蔣復璁在故宮博物院做院長。他是我們海寧人，我們海寧地方小，世家大族通婚就這幾個人，所以徐志摩、蔣百里、蔣復璁都是我的親戚。蔣復璁帶我去見李濟、屈萬里，我說，以前在重慶中央政治學校念書，蔣介石是我們的校長，一聽到蔣介石的名字要立正敬禮，我就說：『對校長當然要尊敬了，可是這樣子就像對希特勒一樣。』那些學生就打我：『你為什麼把我們校長比作希特勒，怎麼可以比呢？』後來學校就把我開除了，說：『你污辱校長。』我說：『我對校長很尊敬的。』這一次到台灣去，現在政大的校長說：『查先生，以前我們把你開除了，很對

不起，現在言歸於好，好不好？」我說：『我當時應該開除的，我把校長比作希特勒。』他說：『我們言歸於好，送你一個文學博士，你接不接受？』我說：『當然接受，不是言歸於好，是我向你們道歉。』我和張忠謀、林懷民三個人一起拿了文學博士。我在政治學校是念外交系，現在外交系這些年輕學生都是我的師弟師妹了，他們讓我去演講：我們現在台灣念外交有什麼出路？我說：你們學外語，現在台灣外交當然沒有什麼希望，你們學一些偏門的外文像阿拉伯文或非洲的文字，將來你是全中國唯一懂阿拉伯文、非洲文的人，人家如果跟他們做生意，非得請教你不可。這些師弟師妹們很興奮，見了我就問學什麼文字好？我說東南亞這些小國家文字、伊朗文、土耳其文都有用，他們以後就去研究這些文字了。」

我說：「李濟、屈萬里、張光直都過世了。」金庸說：「我認識的這些人都過世了。我的表哥蔣復璁研究宋史的，他也過世了。柏楊生病的時候，我去看過他，他這個人蠻好的。沈君山中風了，以後能不能走路都不知道。」我隨即說：「這一代人中，余光中最近剛過八十大壽，他的詩名氣很大。」金庸說：「余光中最近不大寫什麼東西了吧。他如果再早一點，跟徐志摩他們寫文章，這樣子蠻好的。生得遲了！徐志摩是我表兄。他爸爸是哥哥，我媽媽是小妹妹。他跟我媽媽差不多同年，現在已經一百多歲了。他的詩比散文好一點。」

我說：「以前余英時先生和張光直先生在哈佛大學談武俠小說，嚴耕望先生從來不看武俠小說，聽他們談，最後受感染了，臨行時向余先生借了一部武俠小說作為途中的讀物。」金庸馬上問：「嚴先生算不算余先生的老師？」我答：「不算，是師兄，他們都是錢穆先生的學生。很有意思，黃仁宇先生比余英時先生大十二歲，卻是他的學生。」沒想到金庸說：「余先生的學問做黃仁宇的老師綽

綽有餘，我認為黃仁宇非常不對，余先生教得不好。余先生學問很好，不應該教出這樣的學生來，這個學生很差。余先生我很佩服，可是余先生這個學生我一點都不佩服。」

陳之藩先生曾跟我講過一個王浩喜歡武俠小說的掌故，可入當代「世說新語」。我說：「在哈佛大學的學者，王浩也非常迷金庸小說。」金庸說：「我見何兆武先生，何兆武先生跟王浩是好朋友，他就跟我講王浩，王浩很迷武俠小說。我到浙江大學去，何兆武先生推薦一個學生來考我的博士，這個女學生研究是五行的，我說：我不懂五行，你另外去找導師吧。浙江大學束景南先生就比我更懂。照我瞭解，五行是迷信，沒有什麼意思。」

我說：「許多我採訪過的先生喜歡看您的武俠小說。」金庸笑道：「他們拿武俠小說來換腦筋。很多科學家喜歡武俠小說，北京天文臺發現一個行星，來徵求我的意見，叫『金庸星』，我說：那歡迎得很。這些天文學家說：我們空下來就談金庸小說。」

我問：「您有沒有想過『不朽』的問題？」金庸答：「創作沒有人生這樣好，人生可以不朽，創作故事很難不朽。」

臨別時，我問：「很多人給您寫傳記，您自己看嗎？」金庸答：「人家寫的傳記不對，全部是假的，我可以肯定講一句，完全沒有一個人來跟我談過。我自己不寫自傳。寫自己的事情，有好的，有壞的，壞的事情自己不大會寫的。一本書全部講我自己好的，那這本書就是假的。」

李懷宇，出版人，作品有《訪問歷史》、《世界知識公民》、《知人論世》、《訪問時代》、《思想人》、《與天下共醒》、《各在天一涯》等。

致讀者

　　今年是五四運動一百週年，本期《思想》發表余英時先生的專文與唐小兵先生對余先生的訪談，縱論五四運動在思想上的複雜結構與歷史上的持續作用。這兩篇文字的意義主要不在於紀念百年前的一場學生運動，而在於闡釋、發揮這場新文化運動在百年中國歷史中所積累的一筆精神遺產。

　　如余先生所再三強調的，「五四」精神在近代中國是「一股實實在在的歷史潛力」。他指出，這個精神用胡適先生的話說，即是一種「評判的態度」或者批判的精神。五四的傳統一路發揮這種批判精神，在中國大陸鼓舞了歷次的民主思潮，在台灣則經由《自由中國》在思想上啟發了日後的民主運動。在海峽兩岸，它都確實是「真實的歷史動力」。

　　但是從1980年代末期開始，由於本土的民主化取得了一定成果，加上後現代與去中國化的潮流沖刷，五四在台灣似乎失去了立足之地。在今天的中國大陸，官方固然對五四的批判精神多所壓抑，即使在知識界，自由派批評五四的激進主義，保守派不滿五四的反傳統，「中國道路」論則否定五四的普遍主義，五四與這個時代彷彿失去了有機的聯繫。余先生的分析與論證兼顧政治與思想，旨在展現廣義五四運動的豐富內容，值得我們參考、反思。

　　本期的另一個主題是翻譯。在中文世界的文化積累中，來自翻譯的比重堪稱驚人，構成了我們文化資源的主要部分。不過兩岸皆然，都不視翻譯為「正業」，無論物質的酬報還是專業地位的認可

都遠遠不足。但即使如此，仍有不少人投身翻譯，藉著引進另一個語種的文化精華為中文讀者開拓視野，自己也在嘔心瀝血的翻譯過程中發揮才情、文采、知識的儲備，尤其是跨文化的文化涵養，獲得了成就感。

在台灣，彭淮棟先生正是一位以翻譯為志業的有心人。他的譯筆精湛高雅，除了忠實轉達原文，往往還能引讀者含咏玩味，一些經典譯著在海峽兩岸乃至於華人世界擁有無數讀者。淮棟兄在去年去世，在本期，我們邀請到他的摯友彭錦堂、魏淑珠記述他的為人與譯筆，聊表紀念之意。我們也獲得李奭學、賴慈芸兩位分別撰文，探討翻譯史上的兩段故事。譯書人的遭遇極為多樣，本刊36期發表訓練先生的〈清河翻譯組蠡測〉，讀來令人感慨萬千，或可與本期的文章對觀。

內藤湖南的史學著作非常知名，在中國史的領域中有著可觀的影響。他也是明治、大正年間的中國問題專家，多次以記者身份或者受命於日本政府到中國調查，與中國政界的來往也稱頻繁。他所著《支那論》對於中國的國情與走向提出許多觀察與建議，即使在一百年之後，其獨特處依然值得參考。戴燕教授正在從事此書的中譯，先將所撰的譯本導讀交給本刊發表，對於內藤湖南的經歷、《支那論》的內容，以及生前身後幾代學者的回應與評論，做了細緻的梳理介紹，相信會引起讀者們的興趣。

編　者
2019年春分

WINGS：Monograph 政治與思想系列

政治哲學，能促進我們表達自身立場和參與國際對話的能力，能善盡我們身為國際社會或世界公民社會一分子的責任。政治哲學的素養普遍提升，更能讓一國之內意見相左甚至對立的公民進行理性對話、走出對立，且能在清楚各種選項以及價值排序的前提之下，尋求真正的共識或適當的安協。

本叢書正是在如此背景與期待下誕生，已出版的四本書，是以思想家為主題，為讀者開啟一扇門，深入思想家的人生與思想歷程，見證思想家們的心靈偉大，也見證一個時代的發展。

以撒·柏林
Isaiah Berlin
葉浩 著

以自謙、開放態度探詢真理，不宥於理論框架，聚焦具體存在的自由主義者。

定價290元

弗雷德里希·海耶克
Friedrich Hayek
張楚勇 著

20世紀最具影響力的學界巨人，凱因斯可畏的敵手，可敬的夥伴，超越時代的經濟學家、哲學家。

定價290元

麥可·歐克秀
Michael Oakeshott
葉浩 著

跳脫所有「主義」限制，最具顛覆性的保守主義政治哲學家。

定價380元

漢娜 · 鄂蘭
Hannah Arendt
李建章 著

當代共和主義的旗手，20世紀最偉大、最具原創性的思想家。

定價380元

聯經出版

如沐春風｜余英時教授的為學與處世
余英時教授九秩壽慶文集

余英時先生是一位休休有容、含弘光大的學者，並以身教感化所有門生。

其學問、天資、創造力、努力與成就，更是一代典範。

余英時先生師從國學大師錢穆和當代漢學泰斗楊聯陞。1974年當選中央研究院院士，

在中文與西方的漢學界以及史學領域，早已是研究傳統中國思想史的代表權威。

其六十多年的學術思想論述，涵蓋了對傳統與現代中國文化各個主要面向的考索，

也構成了一個具有整合性的通貫系統。

余英時先生於中國文化傳統的天人範圍用功之餘，

數十年來始終堅持著將自己學術思想上的信念落實為日常生活中的具體行動。

誠如本書作者之一丘慧芬教授所言：「余先生令人敬重感佩的就不僅僅是一般意義上的學術研究貢獻，

而是因為他的論說與行動，已經和中國傳統文化價值在現代的存續發展，形成了一個獨特且密不可分的關係。」

為慶祝余英時先生的九秩華誕，其門生故舊各自書寫與余先生互動的種種，

文章的內容以余先生的教學與治學為主，間及行事、做人的態度。相信讀者可以透過本書的各篇文章，

對余先生的為學與處世有更真切的瞭解。

主編/
林載爵

撰文/
王汎森、田浩、丘慧芬、何俊、河田悌一、林富士、周質平、陳珏、陳弱水、彭國翔、葛兆光、鄭培凱、冀小斌、謝政諭、羅志田、陶德民

定價580元

五四@100
文化，思想，歷史

May Fourth@100:
Culture, Thought, History

五四一百週年，回顧文學史和思想史上的五四！51位學者，
從文學、思想、文體、人物等角度，重看五四及其影響。
「五四」一百週年，從各種角度來解析「五四」及其影響，
以小觀大，對「五四」以來的文學、歷史、思想有所回顧和反省。

「五四」發生一百年後，除了學術界的思考之外，一般社會中的「五四」記憶已湮沒於時間之河中。
與此同時，權力當局的刻意介入或刻意忽視，恰恰顯示「五四」的被政治化或去政治化的痕跡——
「五四」原所富含的政治潛能反而被埋沒了。
「五四」的意義不應僅止於此。「五四」不遠，卻已有考掘的必要。《五四@100：文化，思想，歷史》
邀請51位來自不同領域的學者於不同面相揭開「五四」的問題性與論爭性。
本書旨在回顧文化史、文學史和思想史上的「五四」。這三者息息相關，
構成「五四」論述和想像的基礎，以此觸動種種社會實踐，乃至革命。

《五四@100》以眾聲喧嘩的形式呼應「五四」精神：
各抒己見，自由表達。
回望過去這一百年中國與華語世界動盪不安，
我們見證種種最好與最壞的可能。
回顧「五四」，我們理解我們所處的位置未必不同於「五四」：
吶喊與徬徨，激情與幻滅，神話「五四」與否想「五四」，
相互糾纏，導入下一輪的思考與行動。

主編／
王德威、宋明煒

王德威、王汎森、宋明煒、陳平原、李孝悌、
葛兆光、彭小妍、胡曉真、梅家玲、李奭學、
鄭毓瑜、高嘉謙、陳國球、潘光哲、黃克武、
夏曉虹、錢理群、黃英哲、陳曉明、宋明煒 等著

定價390元

聯經出版

《思想》徵稿啓事

1. 《思想》旨在透過論述與對話，呈現、梳理與檢討這個時代的思想狀況，針對廣義的文化創造、學術生產、社會動向以及其他各類精神活動，建立自我認識，開拓前瞻的視野。

2. 《思想》的園地開放，面對各地以中文閱讀與寫作的知識分子，並盼望在各個華人社群之間建立交往，因此議題和稿源並無地區的限制。

3. 《思想》歡迎各類主題與文體，專論、評論、報導、書評、回應或者隨筆均可，但請言之有物，並於行文時盡量便利讀者的閱讀與理解。

4. 《思想》的文章以明曉精簡為佳，以不超過1萬字為宜，以1萬5千字為極限。文章中請盡量減少外文、引註或其他非必要的妝點，但說明或討論性質的註釋不在此限。

5. 惠賜文稿，由《思想》編委會決定是否刊登。一旦發表，敬致薄酬。

6. 來稿請寄：reflexion.linking@gmail.com，或郵遞221新北市汐止區大同路一段369號1樓聯經出版公司《思想》編輯部收。

思想37
「五四」一百週年

2019年4月初版　　　　　　　　　　　　　　　定價：新臺幣360元
2019年10月初版第二刷
有著作權・翻印必究
Printed in Taiwan.

編　　　著	思　想　編　委　會			
叢書主編	沙　　淑　　芬			
校　　對	劉　　佳　　奇			
封面設計	蔡　　婕　　岑			
編輯主任	陳　　逸　　華			

出　版　者	聯經出版事業股份有限公司	總編輯	胡　金　倫
地　　　址	新北市汐止區大同路一段369號1樓	總經理	陳　芝　宇
編輯部地址	新北市汐止區大同路一段369號1樓	社　長	羅　國　俊
叢書主編電話	(0 2) 8 6 9 2 5 5 8 8 轉 5 3 1 0	發行人	林　載　爵
台北聯經書房	台 北 市 新 生 南 路 三 段 9 4 號		
電　　　話	(0 2) 2 3 6 2 0 3 0 8		
台 中 分 公 司	台 中 市 北 區 崇 德 路 一 段 1 9 8 號		
暨 門 市 電 話	(0 4) 2 2 3 1 2 0 2 3		
台 中 電 子 信 箱	e - m a i l：l i n k i n g 2 @ m s 4 2 . h i n e t . n e t		
郵 政 劃 撥 帳 戶	第 0 1 0 0 5 5 9 - 3 號		
郵 撥 電 話	(0 2) 2 3 6 2 0 3 0 8		
印　刷　者	世 和 印 製 企 業 有 限 公 司		
總 經 銷	聯 合 發 行 股 份 有 限 公 司		
發 行 所	新北市新店區寶橋路235巷6弄6號2樓		
電　　　話	(0 2) 2 9 1 7 8 0 2 2		

行政院新聞局出版事業登記證局版臺業字第0130號

本書如有缺頁，破損，倒裝請寄回台北聯經書房更換。　　ISBN　978-957-08-5292-9 (平裝)
聯經網址：www.linkingbooks.com.tw
電子信箱：linking@udngroup.com

國家圖書館出版品預行編目資料

「五四」一百週年思想編委會編著 . 初版 .
新北市 . 聯經 . 2019年4月（民108年）. 328面 .
14.8×21公分（思想：37）
ISBN　978-957-08-5292-9（平裝）
[2019年10月初版第二刷]

1.學術思想　2.文集

110.7　　　　　　　　　　　　　　108003922